Sozialistisches Zivilrecht

Eine rechtsvergleichende Einführung unter Berücksichtigung der Rechte der Volksrepublik Bulgarien, der ČSSR, der DDR, der Volksrepublik Polen, der Rumänischen Sozialistischen Republik, der Ungarischen Volksrepublik und der UdSSR

von

Valentin Petev

W DE G

1975

Walter de Gruyter · Berlin · New York

SAMMLUNG GÖSCHEN 2851

Dr. *Valentin Petev*
ist Dozent für Zivil- und Wirtschaftsrecht der sozialistischen Staaten an der Westfälischen Wilhelms-Universität Münster

Dem Andenken meiner Eltern gewidmet

CIP-Kurztitelaufnahme der Deutschen Bibliothek

Petev, Valentin

Sozialistisches Zivilrecht: eine rechtsvergleichende Einf. unter Berücks. d. Rechte d. Volksrepublik Bulgarien, der ČSSR, der DDR, der Volksrepublik Polen, der Rumän. Sozialist. Republik, der Ungar. Volksrepublik u. d. UdSSR.

(Sammlung Göschen; Bd. 2851)
ISBN 3-11-004697-0

 Satz und Druck: Max Schönherr KG, 1 Berlin 51
Bindearbeiten: Lüderitz & Bauer, Buchgewerbe - GmbH, 1 Berlin 61

Vorbemerkung

In der vorliegenden Arbeit habe ich nach mehreren Jahren Forschung und Lehre im Recht der sozialistischen Staaten den Versuch unternommen, ein zusammenhängendes Bild vom sozialistischen Zivilrecht zu entwerfen. Ich bin mir dabei durchaus bewußt, daß eine Arbeit, die Themen aus mehreren Bereichen des Zivilrechts, und zwar in vergleichender Sicht behandelt, bei dem umfangreichen Stoff dieses Rechtsgebietes nur eine Einführung in die Problematik darstellen kann.

Das Buch richtet sich nicht nur an Wissenschaftler. Es ist auch für den Praktiker geeignet, der einen ersten „Einstieg" in das sozialistische Zivilrecht sucht. Darüber hinaus wird in dem Buch ein breiter Leserkreis, der sich für rechtliche Probleme der Wirtschaftsverfassung und der Wirtschaftsplanung in den sozialistischen Staaten interessiert, viele Informationen finden. Nicht zuletzt ist die Darstellung als Leitfaden für die Lehrveranstaltungen zum sozialistischen Recht gedacht, die an vielen deutschen Universitäten im Rahmen des Wahlfaches „Internationales Privatrecht und Rechtsvergleichung" gehalten werden.

Valentin Petev

Danksagungen

Für die freundliche Durchsicht des Manuskripts und für viele sachliche Bemerkungen und Diskussionen bin ich Herrn Dr. Drobnig, Hamburg, zu besonderem Dank verpflichtet. Teile der Arbeit haben auch Herr Professor Dr. Sandrock, Frau Dr. Witte und Herr Liesegang von der Universität Bochum sowie Herr Rechtsdirektor Scheidler, Bochum, gelesen. Ihnen allen möchte ich an dieser Stelle herzlich danken. Für die großzügige Untierstützung, die mir das Max-Planck-Institut für ausländisches und internationales Privatrecht Hamburg zuteil werden ließ, bin ich besonders seinem Direktor, Herrn Professor Dr. Zweigert, und dem stellvertretenden Direktor des Instituts, Herrn Dr. Drobnig, sehr verbunden.

Inhalt

Abkürzungen

GVV	Gesetz über die Verpflichtungen und die Verträge v. 22. 11. 1950 (Bulgarien)
JfO	Jahrbuch für Ostrecht
OER	Osteuroparecht
OG	Oberstes Gericht
OGZ	Oberstes Gericht Zivilsachen
RabelsZ	Rabels Zeitschrift für ausländisches und internationales Privatrecht
ROW	Recht in Ost und West
RSFSR	Russische Sozialistische Föderative Sowjetrepublik
WGB	Wirtschaftsgesetzbuch
WGO	WGO-Monatshefte für osteuropäisches Recht
ZGB	Zivilgesetzbuch
ZfRV	Zeitschrift für Rechtsvergleichung

Einleitung

I. Aufgabenstellung und Methode

1. In einer Welt voller Spannungen und Konflikte zwischen den bestehenden gegensätzlichen ökonomischen, politischen und sozialen Systemen sollte ein ernsthaftes Bemühen um ein besseres gegenseitiges Kennenlernen vordringliche Aufgabe aller Gesellschaftswissenschaften sein. Denn abgesehen vom wesentlich Gegensätzlichen lassen sich nicht wenige Konflikte letztlich auf mangelnde Information und auf Mißdeutungen der Positionen des jeweils anderen zurückführen. Absichten lassen sich leichter erkennen und Handlungsweisen besser begreifen, wenn man sich in die Vorstellungswelt seines Gegenüber hineinversetzen kann. Ein großer Anteil an dieser ständigen Aufgabe des gegenseitigen Kennen- und Verstehenlernens fällt naturgemäß vergleichenden wissenschaftlichen Disziplinen und somit auch der Rechtsvergleichung zu.

Eine Darstellung des sozialistischen Rechts soll nicht nur konkrete Kenntnisse geltender Vorschriften vermitteln, sondern auch in die spezifische Denkweise dieses Rechtskreises einführen. Beides ist wichtig – und in einer schnellebigen Zeit wie der unseren ist vielleicht der zweite Aspekt wichtiger als der erste –, um zunächst die Möglichkeit des Dialogs herbeizuführen und allmählich die rechtlichen Fundamente einer wie auch immer gearteten Zusammenarbeit zwischen den Ländern mit verschiedener Gesellschaftsordnung vorzubereiten. Denn vernünftiger- und verantwortungsvollerweise kann in wissenschaftlichen Überlegungen nur davon ausgegangen werden, daß die Weltsysteme sich in einem friedlichen Wettstreit befinden werden. Er setzt wiederum ein Mindestmaß am Kooperation voraus.

Das *sozialistische Zivilrecht* ist ein Bereich, dem bei der ökonomischen Zusammenarbeit zwischen westlichen und sozialistischen Ländern und für die Beziehungen zwischen Privatpersonen besondere Bedeutung zukommt. Denn seine Normen sind, im Gegensatz zu den Bestimmungen des sozialistischen Wirtschaftsrechts, nicht ausschließlich auf die spezifischen Verhältnisse einer Planwirtschaft ausgerichet. Die Bestimmungen des Zivilrechts kommen auch nach einheitlicher Auffassung im sozialistischen Internationalen Privatrecht als materielle Regelungen bei Sachverhalten mit Auslandsberührung zur Anwendung. Andererseits bietet das sozialistische Zivilrecht – trotz Neuerungen und eigentümlicher Entwicklungen – mit seinen vielen überlieferten Begriffen und vertrauten Konstruktionen einen geeigneten Zugang zu anderen Zweigen des geltenden sozialistischen Rechts.

Es ist das Anliegen dieses Buches, dem Juristen aus Wissenschaft und Praxis ein möglichst adäquates Bild vom geltenden sozialistischen Zivilrecht zu vermitteln, indem auch auf seine sozio-ökonomischen Bezüge hingewiesen wird. Ferner soll dieses Recht einer systemimmanenten kritischen Analyse unterzogen werden. Dies bedeutet, die rechtspolitischen und rechtstechnischen Konzeptionen der jeweiligen gesetzlichen Regelungen herauszuarbeiten und zu prüfen, ob sich die rechtstechnischen Mittel als geeignet für die Förderung der betreffenden gesellschaftlichen Verhältnisse erwiesen haben.

2. Das sozialistische Zivilrecht blickt bereits auf eine Geschichte von mehr als 50 Jahren zurück. Viele Lösungen des sowjetischen Zivilrechts, der ersten sozialistischen Rechtsordnung, sind vom Gesetzgeber in den anderen, nach dem zweiten Weltkrieg entstandenen, sozialistischen Ländern direkt übernommen worden oder haben ihm als Muster gedient. Dennoch kann man von einer Rezeption des sowjetischen Zivilrechts im ganzen nicht sprechen. Die anderen sozialistischen Rechte sind in vielen rechtstechnischen Konstruktionen ihrer eigenen Tradition gefolgt und haben ein eigenes juristisches Gedankengut hervorgebracht.

Die wesensgleiche gesellschaftliche und politische Ordnung und die weitreichenden Gemeinsamkeiten in den rechtspolitischen Konzeptionen erlauben eine vergleichende Untersuchung der Zivilrechtssysteme der Sowjetunion und der anderen sozialistischen Länder in Mittel- und Osteuropa. Sie ist sogar erforderlich, weil sich alle sozialistischen Rechtsordnungen zu einem neuen Rechtskreis, dem sozialistsichen Rechtskreis, zusammengeschlossen haben, der sich durch einen eigenen Stil auszeichnet.

Dem sowjetischen Recht sind in westlichen Ländern, insbesondere in den letzten Jahrzehnten, zahlreiche Studien gewidmet worden, unvergleichbar weniger jedoch den anderen sozialistischen Rechten. Vor allem fehlt es jedoch an rechtsvergleichenden Darstellungen, zumal an solchen, die mehr als zwei Rechtsordnungen in die Betrachtung einbeziehen. In den sozialistischen Ländern selbst erscheinen wenige Untersuchungen, die dem Zivilrecht anderer sozialistischer Länder gewidmet sind. Noch seltener begegnen uns hier vergleichende Arbeiten zum sozialistischen Zivilrecht.

Auf einige größere Arbeiten, die in westlichen Ländern erschienen sind, sei hier hingewiesen: *R. David/J. N. Hazard*, Le droit soviétique, 2 Bände, Paris 1954; *R. David*, Les grands systèmes de droit contemporains, 2. Aufl., Paris 1966 (Teil II); *J. N. Hazard*, Communists and Their Law, Chicago 1969; *J. N. Hazard/J. Shapiro/P. B. Maggs*, The Soviet Legal System (Dokumentation) neubearb. Aufl., New York 1969; *G. Geilke*, Einführung in das Sowjetrecht, Darmstadt 1966; *ders.*, Einführung in das Recht der polnischen Volksrepublik, Darmstadt 1971; *D. A. Loeber*, Der hoheitlich gestaltete Vertrag, Berlin 1969; *A. Bilinsky*, Das sowjetische Wirtschaftsrecht, Tübingen 1968; *J. Markovits*, Sozialistisches und bürgerliches Zivilrechtsdenken in der DDR, Köln 1969; *K. Pleyer*, Zentralplanwirtschaft und Zivilrecht, Stuttgart 1965; *K. Pleyer/J. Lieser*, Das Zivil- und Wirtschaftsrecht der DDR im Ausgang eines Reformjahrzehnts. Beiträge aus 1969–1972, Stuttgart 1973; *W. Meder*, Sowjetrecht, Berlin 1971; *K. Zweigert/H. Kötz*, Einführung in die Rechtsvergleichung, Bd. I, Tübingen 1971 (§§ 23–27); *N. Reich*, Sozialismus und Zivilrecht, Frankfurt/Main 1973.

Von den in den sozialistischen Ländern erschienenen einschlägigen Werken seien folgende vermerkt: *D. M. Genkin* (Hrsg.) Graždanskoe pravo stran narodnoj demokratii (Das Zivilrecht der Länder der Volksdemokratie) Moskau 1958. Diese Arbeit bietet eine komprimierte Darstellung zivilrechtlicher Materien, die nach Ländern aufgeteilt ist. Die Arbeit ist durch die Entwicklung der Zivilgesetzgebung in diesen Ländern und insbesondere durch die vorwiegend in den 60iger Jahren verabschiedeten neuen Zivilgesetzbücher weitgehend überholt; *B. T. Blogojević/W. Czachórski/T. Ionasco/V. Knapp/M. A. Kroutogolov/I. Szabo/V. A. Toumanov*, Introduction aux Droits Socialistes, Budapest 1971 (Abschnitt III und IV).

Die vorliegende Untersuchung bezieht sich auf die Zivilrechtsordnungen der Volksrepublik Bulgarien, der ČSSR, der DDR, der Volksrepublik Polen, der Rumänischen Sozialistischen Republik, der Ungarischen Volksrepublik und der UdSSR. Auf das Recht der DDR und Rumäniens wird vornehmlich dann verwiesen, wenn es sich um Materien handelt, deren positivrechtliche Regelung in neueren, nach der sozialistischen Umwälzung der gesellschaftlichen Verhältnisse entstandenen Gesetzen erfolgt ist und seltener auf Bestimmungen der dort noch teilweise geltenden alten Zivilgesetzbücher (des Bürgerlichen Gesetzbuches von 1896 und des Codul civil von 1864). Das albanische Recht mußte gänzlich unberücksichtigt bleiben, da dem Verfasser nur unzureichende Informationen über dieses Recht zugänglich waren.

Das jugoslawische Recht wird nicht in die Betrachtung einbezogen, da es auf einer anders gearteten sozial-ökonomischen Grundlage beruht und von z. T. abweichenden rechtspolitischen Konzeptionen getragen wird. Hier bietet sich direkt ein kontrastierender Vergleich zu den anderen sozialistischen Rechten an, der jedoch im Rahmen dieser Untersuchung nicht beabsichtigt ist.

Die Arbeit ist als eine Einführung in das sozialistische Zivilrecht konzipiert. Als solche behandelt sie nicht alle Gebiete des Zivilrechts, sondern greift nur einige zentrale Teile heraus: Personenrecht, Eigentumsrecht, Vertragsrecht und Deliktsrecht. Aber auch innerhalb dieses Rahmens ist eine erschöpfende Darstellung nicht möglich. Bei der erforderlichen Auswahl hat der Verfasser ein doppeltes Anliegen verfolgt: einmal, in charakteristische Regelungen und Konstruktionen des sozialistischen Zivilrechts einzuführen; zum anderen jedoch aufzuzeigen, welche Lösungen dieses Recht für Kardinalprobleme (in der überkommenen Sicht) des Zivilrechts bietet. Darüber hinaus sind in die Darstellung gewisse Regelungen und Problemstellungen einbezogen, die das sozialistische Wirtschaftsrecht tangieren, oder aber, nach verbreiteter Auffassung in den sozialistischen Ländern, ihm direkt angehören. Dies ist geschehen z. B. bei der Rechtsstellung der staatlichen Wirtschaftsunternehmen, die in der Arbeit als eine charakteristische Art von juristischen Personen behandelt werden, bei den rechtlichen Problemen der staatlichen Wirtschaftsplanung oder bei den Verträgen der genannten Unternehmen (Wirtschaftsverträgen).

3. Die vorliegende Arbeit ist *rechtsvergleichend* angelegt. Demnach ist die Darstellung so aufgebaut, daß sie nicht in der Art von Länderberichten die gesetzlichen Regelungen in den einzelnen sozialistischen Ländern zu dem jeweils behandelten Rechtsinstitut nacheinander präsentiert. Vielmehr wird versucht, zunächst im Kern des jeweils behandelten Rechtsinstituts die übereinstimmenden Regelungen der einzelnen Rechtsordnungen herauszuarbeiten, um so die Grundsatzlösung zu umschreiben. Aber auch abweichende Lösungen werden dargestellt, um markante Besonderheiten der einzelnen Rechtsordnungen aufzuzeigen oder aber um das Bild abzurunden. Bei weniger wichtigen Problemen wird prinzipiell in derselben Weise verfahren, allerdings naturgemäß weniger vollständig, d. h. mit illustrativen Hinweisen auf die eine oder andere Rechtsordnung. In den Fällen, in denen sich eine übereinstimmende Regelung nicht ausmachen läßt, werden, soweit dies aufschlußreich erscheint, die Lösungen aller hier in Betracht gezogenen Rechtsordnungen dargestellt oder aber es wird nur auf einige hingewiesen.

In der Arbeit wird nicht von einer Rechtsordnung als einem Muster ausgegangen, sondern wird versucht, die sieben hier herangezogenen Zivilrechtsordnungen in ihrer Gleichgewichtigkeit darzustellen. Wenn dennoch nicht immer im gleichen Umfang auf die einzelnen nationalen Regelungen eingegangen wird, so deshalb, weil im Rahmen einer Einführung die zu untersuchende Materie nicht ausführlich dargelegt werden kann und soll. Vielmehr wird hier auf der Suche nach markanten Regelungen und Lösungswegen in den einzelnen Rechtsordnungen jeweils eine Auswahl dessen getroffen, was präsentiert wird. Nicht selten jedoch lag dem Verfasser auch unterschiedlich umfangreiches Material zu den einzelnen Rechtsordnungen vor.

In der Arbeit wird eine Vergleichung zu westeuropäischen Zivilrechtsordnungen nicht unternommen. Eine solche intersystemare Vergleichung – wenn sie nicht im formalen stecken bleiben soll – wäre ohnehin nur dann sinnvoll, wenn nicht ganze Zivilrechtssysteme, sondern nur bestimmte Rechtsinstitute in die Betrachtung einbezogen werden, und zwar solche, bei denen gesichert erscheint, daß sie in ihrem sozio-ökonomischen Kontext eine Entsprechung im jeweils anderen System haben. Die intersystemare Vergleichung von Rechtsinstituten stellt jedoch ein ganz anderes Forschungsanliegen dar, das sich mit den Aufgaben und der Anlage der vorliegenden Arbeit nur schwerlich vereinbaren läßt.

Bei Untersuchungen im sozialistischen Zivilrecht – wie übrigens auch in den anderen Zweigen des sozialistischen Rechts – empfiehlt es sich, der Rechtslehre große Aufmerksamkeit zu widmen. Dieses methodische Postulat, das in der Arbeit durchweg befolgt wird, entspricht dem gewichtigen Platz, den die Lehre im sozialistischen Rechtskreis einnimmt. Die sozialen Prozesse werden hier direkt durch den hierarchischen Mechanismus der kommunistischen Partei gesteuert, deren richtungsweisende Entscheidungen Rechtsetzung wie Rechtsverwirklichung bestimmen. Die Rechtslehre greift sie auf und beeinflußt in ihrem Sinne sowohl die normsetzende Tätigkeit staatlicher Organe wie auch die gerichtliche und außergerichtliche Interpretation der geltenden Gesetze.

Die Rechtsprechung hat nach sozialistischem Rechtsverständnis – anders als in westlichen Rechten – nicht den Rang einer Rechtsquelle. Dem Richter ist durch die Verfassung die Befugnis, das geltende Recht fortzubilden, nicht zuerkannt. Wohl gibt es eine Bindung des Richters an das Gesetz, nicht jedoch die Bindung an ein „Recht“ im Sinne einer präpositiven Norm.

Vgl. *I. Szabó*, Die theoretischen Fragen der Auslegung der Rechtsnormen, Berlin (Ost) 1963.

Daher mangelt es im sozialistischen Rechtskreis an markanten Gerichtsentscheidungen, die eine neue Rechtsentwicklung einleiten. Die Richtlinien des Plenums des Obersten Gerichts sind ebenfalls keine Rechtsquelle. Sie interpretieren verbindlich für die unteren Gerichte geltende gesetzliche Bestimmungen. Wenn sich die Gesetze als lückenhaft oder überaltert erweisen – und letzteres geschieht in ziemlich kurzen Zeitspannen – greift man im sozialistischen Rechtskreis lieber zu Gesetzesänderungen. Dies erklärt, warum auf die Rechtsprechung seltener Bezug genommen wird.

II. Gegenstand des sozialistischen Zivilrechts

1. Im sozialistischen Rechtskreis begnügt man sich nicht mit einer formalen Bestimmung des Gegenstandes des Zivilrechts, etwa derart, daß das Zivilrecht die Lebensverhältnisse regelt, die durch die Zivilgesetze erfaßt werden. Vielmehr konzentrieren sich hier die Bemühungen der Lehre darauf, *inhaltlich* zu bestimmen, welche diejenigen gesellschaftlichen Beziehungen sind, die den Gegenstand zivilrechtlicher Regelungen ausmachen.

Die Zivilgesetzbücher und andere Zivilgesetze enthalten nur zuweilen Hinweise über ihren Regelungsgegenstand.

Wenn es im polnischen Zivilgesetzbuch (Art. 1 § 1 und im tschechoslowakischen Zivilgesetzbuch (§ 1) heißt, daß diese Gesetze „zivilrechtliche Beziehungen“ regeln, so nimmt sich dies etwas tautologisch aus. Für die Bestimmung des Gegenstandes des Zivilrechts ist es nicht weiter hilfreich. Denn „zivilrechtlich“ werden bestimmte gesellschaftliche Beziehungen erst dann ,wenn sie durch Zivilgesetze geregelt werden. Die primäre Frage bleibt nach wie vor, welche gesellschaftlichen Beziehungen dies sind. Die Unterscheidung muß also in außerjuristischen Merkmalen gesucht werden.

Das Zivilgesetzbuch der RSFSR (Art. 1 und 2) und das ungarische Zivilgesetzbuch (§ 1 Abs. 1) weisen darauf hin, daß sie „Vermögensbeziehungen“ regeln. Welche gesellschaftlichen Beziehungen als Vermögensbeziehungen zu qualifizieren sind, sagen diese Gesetze jedoch nicht.

Die sozialistischen Zivilgesetze regeln grundsätzlich die Vermögensbeziehungen aller Rechtssubjekte, d. h. der Bürger wie der sozialistischen Organisationen (der staatlichen Wirtschaftsunternehmen, der Genossenschaften und Vereine, der sonstigen staatlichen Einrichtungen). Vermögensbeziehungen dieser Rechtssubjekte, die besondere Elemente aufweisen (z. B. Elemente der Über- und Unterordnung im Rahmen eines Steuerrechtsverhältnisses oder eines Verwaltungsrechtsverhältnisses bei Zuteilung von Vermögensobjekten an staatliche Wirtschaftsorganisationen, oder aber Elemente der inneren Organisation innerhalb einer bestimmten Produktionseinheit), gehören zu anderen Rechtszweigen (Finanzrecht, Verwaltungsrecht, Arbeitsrecht oder Recht der landwirtschaftlichen Produktionsgenossenschaften).

Das tschechoslowakische Zivilgesetzbuch macht hier eine Ausnahme. In ihm sind allein die Vermögensbeziehungen der einzelnen untereinander sowie die Beziehungen zwischen Bürgern und staatlichen und genossenschaftlichen Versorgungsorganisationen (sog. Dienstleistungsverhältnisse) geregelt. Die Vermögensbeziehungen der staatlichen und genossenschaftlichen Organisationen untereinander bleiben nach tschechoslowakischer Auffassung außerhalb des Zivilrechts. Sie gehören dem Wirtschaftsrecht als einem besonderen Rechtszweig an.

Das sozialistische Zivilrecht regelt außer Vermögensbeziehungen auch persönliche Beziehungen der Bürger. Hier muß jedoch hervorgehoben werden, daß nach einheitlicher Konzeption in den sozialistischen Ländern die ehelichen und familiären Beziehungen nicht zum Regelungsgegenstand des Zivilrechts gehören. Die Spezifik dieser Beziehungen, insbesondere das Übergewicht der persönlichkeitsgebundenen gegenüber den Vermögenselementen sowie die nicht durchweg gegebene Gleichstellung der Subjekte dieser Beziehungen, sollen zur Bildung eines selbständigen Rechtszweiges, nämlich des sozialistischen Familienrechts nötigen.

Vgl. *A. Stelmachowski,* Wstęp do teorii prawa cywilnego (Einführung in die Theorie des Zivilrechts) Warschau 1969, S. 36–38.

2. Als *Vermögensbeziehungen* werden allgemein diejenigen gesellschaftlichen Beziehungen bezeichnet, die materielle Güter zum Gegenstand haben (z. B. Kaufbeziehungen, Mitverhältnisse oder Beziehungen aus Werkverträgen). In der Lehre wird jedoch darauf hingewiesen, daß nicht nur materielle Güter

(Produktionsmittel oder Konsumgüter), sondern auch andere Produkte (Resultate) menschlicher Arbeit Objekte von Vermögensbeziehungen darstellen können.

Vgl. O. *S. Joffe,* Sovetskoe graždanskoe pravo (Sowjetisches Zivilrecht) Moskau 1967, S. 9; *V. G. Verdnikov/A. Ju. Kabalkin,* Graždansko-pravovye formy tovarnodenežnych otnošenij (Die zivilrechtlichen Formen der Ware-Geld-Beziehungen), Moskau 1970, S. 10.

Konkreter gesprochen, handelt es sich dabei um Produkte wissenschaftlicher, literarischer oder künstlerischer Tätigkeit (Immaterialgüter). Vermögensbeziehungen entstehen aber auch dann, wenn Dienstleistungen ausgeführt werden, die zwar einen ökonomischen Wert haben, mit einem materiellen Gut jedoch nicht verbunden sind (Aufträge, Leistungen von Ärzten, Anwälten, Touristikunternehmen u. a.).

Manche Autoren sehen die Vermögensbeziehungen dadurch charakterisiert, daß sie einen Zusammenhang zum Eigentum aufweisen.

Vgl.*L. Vasilev,* Graždansko pravo na NR Bůlgarija (Zivilrecht der Volksrepublik Bulgarien) Sofia 1956, S. 25; *S. N. Bratus',* Predmet i sistema sovetskogo graždanskogo prava (Gegenstand und System des sowjetischen Zivilrechts), Moskau 1962, S. 28; *G. Eörsi,* Fundamental Problems of Socialist Civil Law, Budapest 1970, S. 24, 25.

Diese Auffassung vermag jedoch keine weitere Präzisierung des Gegenstandes des sozialistischen Zivilrechts zu geben. Denn die oben gegebene Definition der Vermögensbeziehungen schließt die Beziehungen zwischen Eigentümern und auch alle weiteren Beziehungen bei der Nutzung von Eigentum ein. Darüber hinaus kann diese Auffassung die Fälle nicht erklären, in denen Dienstleistungen kein materielles Gut zum Objekt haben und unentgeltlich erfolgen: hier fehlt nämlich eine Beziehung zum Eigentum.

Das sozialistische Zivilrecht regelt nicht alle Vermögensbeziehungen, sondern nur diejenigen, die in der Sphäre des (ökonomischen) Wertgesetzes entstehen, und das sind die Ware-Geld-Beziehungen, also die Beziehungen des Warenverkehrs. Daher gehören z. B. die Vermögensbeziehungen, die bei der Verteilung von Vermögensobjekten zwischen staatlichen Wirtschaftsunternehmen durch Verwaltungsakte übergeordneter staatlicher Organe entstehen, nicht zum Regelungsgegenstand des Zivilrechts. Sie entfalten sich außerhalb des Warenverkehrs und entziehen sich somit der Wirkung des Wertgesetzes. Weitere Beispiele für Vermögensbeziehungen dieser Art bilden die Beziehungen zwischen den sozialistischen Wirtschaftseinheiten und dem Staat, die sich aus dem Haushaltsplan ergeben, ferner die Beziehungen zwischen dem Staat und den Bürgern, die aus steuerlichen Tatbeständen entstehen. Sie alle zeichnen sich durch eine hierarchische Struktur aus. Deren Subjekte stehen im Verhältnis der Über- und Unterordnung zueinander. Sie werden vom Finanzrecht erfaßt. Demgegenüber ist es typisch für die Vermögensbeziehungen, die wir als Ware-Geld-Beziehungen qualifiziert haben, daß ihre Subjekte rechtlich gleichgestellt sind.

Vgl. V. *Knapp,* Prédmet a systém československého socialistického práva občanského (Gegenstand und System des tschechoslowakischen sozialistischen Zivilrechts) Prag 1959, S. 303, 304; *S. N. Bratus',* Predmet i sistema sovetskogo graždanskogo prava (Gegenstand und System des sowjetischen Zivilrechts), Moskau 1962, S. 52 und 56; *A. Stellmachowski,* Wstęp do teorii prawa cywilnego (Einführung in die Theorie des Zivilrechts), Warschau 1969, S. 38 ff.

Es gibt letztlich Vermögensbeziehungen, die sich im Wirkungskreis des Wertgesetzes entfalten und deren Subjekte rechtlich gleichgestellt sind, und die dennoch nicht der Regelung durch das sozialistische Zivilrecht unterliegen. Dies sind die Vermögensbeziehungen, die aus Dienstverträgen (Arbeitsverträgen) entstehen, und solche, die innerhalb der landwirtschaftlichen Produktionsgenossenschaften begründet werden. Erstere werden durch das Arbeitsrecht, letztere durch das Recht der landwirtschaftlichen Produktionsgenossenschaften (LPG-Recht), also durch selbständige Rechtszweige geregelt. Die Begründung dafür sieht die Lehre in der Natur der genannten Vermögensbeziehungen, konkreter gesagt, in Besonderheiten des organisierten Arbeitsprozesses, in dem sie entstehen.

Die Vermögensbeziehungen, die das Zivilrecht regelt, tragen in der Regel entgeltlichen und äquivalenten Charakter. Dies braucht jedoch nicht immer der Fall zu sein. So ist z. B. die Schenkung begrifflich unentgeltlich, die Leihe, der Auftrag und auch andere Beziehungen können wiederum unentgeltlich oder nicht äquivalent nach dem Willen der Parteien sein. Ein weiteres Institut des sozialistischen Zivilrechts kann hier angeführt werden, nämlich die Nutzung von Grundstücken, die der Staat unentgeltlich (oder gegen geringes Entgelt) Bürgern zu Bauzwecken überläßt.

In der Lehre wird darauf hingewiesen, daß in der sozialistischen Gesellschaft mit der Zeit immer mehr Leistungen zugunsten des einzelnen unentgeltlich erfolgen werden, und zwar nicht im Verwaltungswege als Sozialleistungen, sondern in der Form von zivilrechtlichen Verträgen. Auf die so prognostizierte Entwicklung darf man sehr gespannt sein. Vgl. *M. Mühlmann*, Probleme der Gestaltung des sozialistischen Zivilrechts in der DDR, Staat und Recht 1974, 1, S. 87 ff.

3. Das sozialistische Zivilrecht regelt auch *persönliche Beziehungen*. Dies sind nicht die ehelichen und die familiären Beziehungen, die, wie bereits erwähnt (siehe oben 1), zum Regelungsgegenstand des Familienrechts gehören. Die Beziehungen, die mit der menschlichen Persönlichkeit verbunden sind und durch das Zivilrecht geregelt werden, entstehen außerhalb des Verhältnisses zwischen Staat und Bürger, entbehren also des Machtmoments, und sind auch unabhängig von Verletzungshandlungen, die vom Strafrecht erfaßt werden. Zum Regelungsgegenstand des Zivilrechts gehören demnach die Beziehungen, die mit dem Namen, der Rechts- und Geschäftsfähigkeit der Bürger sowie mit Vertretung und Wohnsitz zusammenhängen. Darüber hinaus regelt das Zivilrecht Beziehungen, die aus der Beeinträchtigung primärer persönlicher Güter, wie Leben, Gesundheit, Freiheit, Ehre und Würde hervorgehen. Die Auffassung, nach der die erwähnten gesellschaftlichen Beziehungen nicht zum sozialistischen Zivilrecht gehören, weil sie durch letzteres nur geschützt, jedoch nicht geregelt seien, kann nicht geteilt werden. Denn die persönlichen Güter der erwähnten Art werden vom Recht eigentlich nur insofern erfaßt, als es sich um ihre Beeinträchtigung und somit um ihren Schutz handelt. Und wenn das Zivilrecht hier spezifische Schutzformen bietet, so kann man die Beziehungen, die bei

der Verletzung der geschützten persönlichen Güter entstehen, nicht aus dem Regelungsbereich des Zivilrechts ausschließen.

Das sozialistische Zivilrecht regelt ebenfalls die Beziehungen der intellektuellen Kreativität, und zwar in doppelter Hinsicht: einmal, indem es den persönlichen Status des Urhebers, des Erfinders usw. festlegt, und zum anderen, indem es die damit zusammenhängenden Vermögensbeziehungen einer Reglementierung unterzieht. Es ist jedoch allgemein ein Trend zur Verselbständigung dieser Regelungen in besonderen Rechtszweigen (Urheberrecht, Patentrecht) festzustellen.

III. Überblick über die Zivilgesetze in sozialistischen Ländern

1. Die Zivilgesetzgebung in den europäischen sozialistischen Ländern ist in den letzten zweieinhalb Jahrzehnten von Grund auf erneuert worden. Alte, vor der sozialistischen Umwälzung erlassene Gesetze gelten nur noch vereinzelt (z. B. in der DDR und Rumänien). In Bulgarien wurde in einem besonderen Gesetz (vom 9. 11. 1951) verfügt, daß alle Rechtsnormen, die vor dem 9. 9. 1944 verabschiedet worden waren und nicht ausdrücklich aufgehoben worden sind, außer Kraft gesetzt werden.

Das sozialistische Zivilrecht ist ein „geschriebenes" Recht. Die Rolle der Rechtsgewohnheiten ist hier gering. Als Rechtsquelle gilt die Gewohnheit vornehmlich im Bereich internationaler Geschäftsbeziehungen, an denen sich sozialistische Länder beteiligen.

Das sozialistische Zivilrecht ist weitgehend kodifiziert. In den 60er Jahren wurden in vielen Ländern neue Zivilgesetzbücher erlassen. Sie geben eine umfassende Regelung der Vermögensbeziehungen gleichgestellter Rechtssubjekte, und zwar sowohl für Bürger wie auch für staatliche, genossenschaftliche oder andere gesellschaftliche Organisationen. Der Gesetzgeber hat sich für die Konzeption eines einheitlichen Zivilrechts entschlossen. Nur in der ČSSR trennt man Zivilrecht und Wirtschaftsrecht und hat dementsprechend die Regelungen des neuen Zivilgesetzbuches auf die Vermögensbeziehungen und persönlichen Beziehungen allein der Bürger abgestellt. Ähnliche Bestrebungen sind in der Diskussion und den Vorarbeiten zu einem neuen Zivilgesetzbuch der DDR festzustellen.

Vgl. *H. Lüers,* Das Zivilrecht in der DDR, JuS 1970, 10, S. 542-543 m. w. N.

2. Das Zivilrecht der Volksrepublik *Bulgarien* ist nicht kodifiziert. Jedoch sind alle Bereiche des Zivilrechts durch neue, sozialistische Spezialgesetze geregelt worden. Es seien hier hervorgehoben: Das Gesetz über die Personen und die Familie vom 9. 8. 1949, das in seinem I. und III. Teil die grundlegenden Bestimmungen über natürliche und juristische Personen enthält; das Gesetz über das Eigentum vom 16. 9. 1951, das alle Eigentumsarten (staatliches, genossenschaftliches und persönliches Eigentum) grundsätzlich regelt. Letzteres hat eine neue und eingehende Regelung im Gesetz über das Eigentum der Bürger vom 30. 3. 1973 erfahren; das Gesetz über die Verpflichtungen und die Verträge vom 22. 11. 1950, in dem auch Institute des Allgemeinen Teils des Zivilrechts (wie Rechtsgeschäfte, Verjährung, Vertretung und andere) geregelt sind, das Gesetz über die Verträge zwischen den sozialistischen Organisationen vom 1. 11. 1963 und die Verordnung des Ministerrates Nr. 50/1968 über die Verträge der sozialistischen Organisationen; das Erbgesetz vom 29. 1. 1949.

3. Das Zivilrecht der *ČSSR* ist seit 1945 bereits zweimal kodifiziert worden. Das Zivilgesetzbuch von 1950 ging von der Konzeption eines einheitlichen Zivilrechts aus und erstreckte seine Regelungen auf Vermögensbeziehungen sowohl der Bürger wie auch der sozialistischen Organisationen. Demgegenüber ist das neue Zivilgesetzbuch (vom 26. 2. 1964) darauf beschränkt, allein die Beziehungen der Bürger bei der Befriedigung ihrer materiellen und kulturellen Interessen zu regeln. Daraus erklärt sich auch die eigenartige Systematik des Gesetzes. In einem ersten Teil sind allgemeine Bestimmungen über die Zivilrechtsverhältnisse, deren Schutz und über die an diesen Verhältnissen beteiligten Rechtssubjekte (natürliche und juristische Personen) enthalten. Darüber hinaus sind hier Bestimmungen über Rechtsgeschäfte (Entstehung, Sicherung, Änderung und Beendigung von Schuldverhältnissen) sowie über Verjährung zu finden. Der zweite Teil des Gesetzes widmet eine detaillierte Regelung dem persönlichen Eigentum der Bürger (§ 125–151). Der dritte Teil regelt die Beziehungen,

die zwischen Bürgern und staatlichen oder sonstigen sozialistischen Organisationen entstehen, wenn Wohnobjekte, andere Räumlichkeiten oder Grundstücke zu persönlicher Nutzung übergeben werden. Der umfangreichste Teil des Gesetzes ist der vierte, der mit „Dienstleistungen" überschrieben ist (§ 222–383). Hier handelt es sich jedoch nicht um Dienstleistungen im üblichen Sinne. Vielmehr sind unter diesem Begriff die wichtigsten Vertragstypen, die der einzelne im täglichen Leben in Anspruch nimmt, zusammengefaßt. Das Modell, von dem die Regelungen ausgehen, ist jeweils ein Vertrag zwischen dem Bürger und einer staatlichen oder sonstigen Versorgungsorganisation. So finden sich hier z. B. folgende Verträge: Einzelhandelskauf in staatlichen und genossenschaftlichen Handelsgeschäften, Leihe, Werkvertrag, Verträge über Instandsetzungsarbeiten, Transportverträge, aber auch Verträge über Anwaltsleistungen, Bankgeschäfte und Versicherungen.

Die Verträge zwischen Bürgern als Privatpersonen wie Kauf, Tausch, Schenkung, Auftrag u. a. sind gesondert im Teil V geregelt. Teil VI behandelt anschließend unerlaubte Handlungen und ungerechtfertigte Bereicherung. Teil VII ist dem Erbrecht gewidmet, Der letzte, achte Teil des Gesetzes enthält u. a. auch Regeln über Zivilrechtsverhältnisse an privatem, also nicht persönlichem Eigentum der Bürger.

Vgl. allgemein zu diesem Zivilgesetzbuch *S. Zoulik,* Das neue Zivilgesetzbuch der ČSSR, Staat und Recht 1962, 8.

Die innerstaatlichen Vertragsbeziehungen der sozialistischen Wirtschaftsorganisationen sind hauptsächlich durch das Wirtschaftsgesetzbuch vom 4. 6. 1964, das auch ziemlich ausführliche Bestimmungen über Planung und Organisation der staatlichen und genossenschaftlichen Unternehmen enthält, geregelt.

Vgl. *O. Karen,* Das tschechoslowakische Wirtschaftsgesetzbuch, Staat und Recht 1964, 7.

4. In der *Deutschen Demokratischen Republik* gilt noch das Bürgerliche Gesetzbuch von 1896, soweit es um Zivilrechtsverhältnisse zwischen Bürgern (und zwischen Bürgern und sozialistischen Versorgungsorganisationen) geht. Dieses Gesetzbuch wird freilich entsprechend den Grundsätzen der Ver-

fassung der DDR und den neuen sozialistischen Rechtsprinzipien sowie ausgehend von den Grundmaximen der offiziellen politischen und Staatsdoktrin angewandt. Bestimmte Teile des Gesetzbuches sind durch neue Gesetze ganz oder teilweise ersetzt worden: das vierte Buch des BGB ist durch das Familiengesetzbuch der DDR ersetzt worden; die Materie der Dienstverträge hat eine weitgehende Regelung im Gesetzbuch der Arbeit erfahren. Auch eine kleine Zahl von Einzelbestimmungen sind geändert worden (z. B. über den Status von natürlichen und juristischen Personen oder über das gesetzliche Erbrecht des überlebenden Ehegatten). Der Gesetzgeber der DDR hat sich hierbei in Erwartung einer Neukodifizierung des Zivilrechts zurückgehalten. Auf verschiedenen Gebieten (z. B. bei Wohnungsmiete, Einzelhandelskauf) sind neue ergänzende Regelungen durch nachgeordnete Normativakte erlassen worden. Der ursprüngliche Text des Gesetzbuches ist an verschiedenen Stellen mit ergänzenden und auf neue Bestimmungen verweisenden Anmerkungen versehen.

Vgl. die BGB-Textausgabe des Ministeriums der Justiz der DDR, Nachdruck von 1965, Berlin: Staatsverlag der DDR.

Ein weiteres Gesetzeswerk, das hier hervorgehoben werden muß, ist das Gesetz über das Vertragssystem in der sozialistischen Wirtschaft vom 25. 2. 1965, allgemein als Vertragsgesetz bezeichnet (vordem galt das Vertragsgesetz vom 11. 12. 1957). Es gibt eine grundlegende Regelung der Vertragsbeziehungen zwischen den Wirtschaftseinheiten: den staatlichen Wirtschaftsunternehmen (Volkseigene Betriebe, Kombinate, Vereinigungen Volkseigener Betriebe), den Genossenschaften, anderen gesellschaftlichen Organisationen sowie den Betrieben mit staatlicher Beteiligung und den wenigen noch bestehenden privaten Wirtschaftsunternehmen. Zu dem Vertragsgesetz mit seinen 115 Paragraphen sind mehrere Durchführungsverordnungen erlassen worden. Sie beziehen sich zumeist auf einzelne Vertragstypen wie z. B. auf die Wirtschaftsverträge zur Durchsetzung des wissenschaftlich-technischen Fortschritts, die Ausfuhr- und Einfuhrverträge, auf die Investitionsleistungsverträge, Wirtschaftsverträge über Konsumgüter, Wirtschaftsverträge der sozialistischen Landwirtschaftsbetriebe und andere mehr. Auch ist im einzelnen durch Ausführungsbestimmungen die Einbeziehung privater Betriebe in das Vertragssystem (siehe die gleichlautende Durchführungsverordnung vom 25. 2. 1965) geregelt. Auf diese Weise finden praktisch weite Partien des BGB keine Anwendung, obwohl § 2 des Vertragsgesetzes auf die Möglichkeit der subsidiären Anwendung von Vorschriften des allgemeinen Zivilrechts hinweist. Die Heranziehung solcher Vorschriften soll jedoch „unter Beachtung der Grundsätze des Vertragsgesetzes“ geschehen.

5. Die Volksrepublik *Polen* hat mit dem Zivilgesetzbuch vom 24. 4. 1964 ihre erste umfassende zivilrechtliche Kodifikation erfahren. In den Jahren nach 1945 war eine Reihe von Spezialgesetzen und Dekreten über den Status von natürlichen und juristischen Personen, über Sachenrecht, Erbrecht sowie über Ehe-, Familien- und Vormundschaftsrecht u. a. m. erlassen worden. Besonders sei hier das Gesetz über die Allgemeinen Vorschriften des Zivilrechts vom 18. 7. 1950 vermerkt. Sie alle setzten die Grundsteine des neuen Zivilrechts. Zeitweilig wurden jedoch noch Bestimmungen des alten Gesetzbuches über die Schuldverhältnisse aus dem Jahre 1933 entsprechend angewendet.

Das Zivilgesetzbuch von 1964 weist ein traditionelles System auf. Im ersten Buch sind die allgemeinen Bestimmungen des Zivilrechts zu finden: Bestimmungen über den Status der natürlichen und der juristischen Personen, über Vermögen, Rechtsgeschäfte, Fristen und Verjährung. Das zweite Buch regelt das Eigentum und die anderen Sachenrechte. Im dritten Buch sind die allgemeinen Bestimmungen über die Schuldverhältnisse sowie über die einzelnen Vertragstypen enthalten. Das letzte, vierte Buch ist dem Erbrecht gewidmet.

Dem Zivilgesetzbuch liegt die Konzeption des einheitlichen Zivilrechts zugrunde. Danach erfaßt das Gesetzbuch die Vertragsbeziehungen aller Rechtssubjekte, d. h. einschließlich der staatlichen und genossenschaftlichen Wirtschaftsorganisationen. Bestimmungen, die nur die vertraglichen Beziehungen zwischen sozialistischen Organisationen betreffen, sind im Gesetz jeweils zusammengefaßt, so z. B. die Vorschriften über den Vertragsabschluß bei bestehender Vertragsabschlußpflicht (Art. 397–404), über den Liefervertrag (Art. 605–612), über Bauverträge (Art. 647–658) u. a.

Darüber hinaus sind die Vertragsbeziehungen der sozialistischen Wirtschaftsorganisationen durch nachgeordnete Normativakte detailliert geregelt. Hier sei auf die Verordnung des Ministerrates der Volksrepublik Polen vom 3. 8. 1973 über die allgemeinen Bedingungen der Kauf- und Lieferverträge im Verkehr zwischen Einheiten der vergesellschafteten Wirtschaft hingewiesen.

6. Für das Zivilrecht der *Rumnäischen Sozialistischen Republik* ist charakteristisch, daß hier in vielen Bereichen noch das Zivilgesetzbuch von 1864 gilt. Durch drei Verfassungen nach der sozialistischen Umgestaltung der gesellschaftspolitischen und ökonomischen Ordnung aus den Jahren 1948, 1952 und 1965 (letztere mittlerweile mit vielen Änderungen) wurden u. a. die Grundprinzipien der neuen Zivilrechtsordnung festgelegt (z. B. das Prinzip der vorrangigen Bedeutung des Staatseigentums, des Schutzes und der Förderung des persönlichen Eigentums, das Prinzip der staatlichen Planung und Leitung der Volkswirtschaft mit den sich daraus ergebenden Konsequenzen für die Gestaltung und Erfüllung von Verträgen der sozialistischen Wirtschaftsorganisationen u. a. m.). Bestimmte Materien wurden im Anschluß an diese verfassungsrechtlichen Grundsätze in spezialgesetzlichen Bestimmungen geregelt. Es sei hier auf folgende hingewiesen: Dekret Nr. 31 vom 30. 1. 1954 über die natürlichen und die juristischen Personen; Dekret Nr. 78 vom 3. 4. 1952 über die Wohnungsmietverträge; Dekret Nr. 321 vom 18. 6. 1956 über das Urheberrecht; Gesetz vom 29. 12. 1969 über die Wirtschaftsverträge.

Seit geraumer Zeit sind in Rumänien Arbeiten zur Neukodifizierung des Zivilrechts im Gange. Ein Entwurf des neuen Zivilgesetzbuches ist bereits veröffentlicht worden. Er geht von der Konzeption eines einheitlichen Zivilrechts aus.

Vgl. *T. Popescu,* Zum rumänischen Entwurf eines neuen Zivilgesetzbuches, JfO 1972, 2.

7. Mit dem Gesetz IV von 1959 über das Zivilgesetzbuch der *Ungarischen Volksrepublik* (in Kraft seit dem 1. 5. 1960) ist

die erste Kodifizierung des ungarischen Zivilrechts gelungen. Ein sehr bekannt gewordener „Entwurf des Privatgesetzbuches“ von 1928, der in der Rechtsprechung Ungarns damals und auch später tatsächlich breite Beachtung gefunden hat, ist nie geltendes Recht geworden. Die Zivilgerichte haben ihre Entscheidungen bis in die 50er Jahre hinein auf viele alte Gesetzesnormen, auf Präjudizien und Gewohnheitsrecht gestützt. Dieser Zustand war untragbar. Daran vermochte auch das Oberste Gericht mit seiner Kompetenz, verbindliche Auslegung der Gesetze zu geben und zeitweilig zu bestimmen, welche frühere Normen als unvereinbar mit den Grundprinzipien der neuen politischen, ökonomischen und Rechtsordnung nicht mehr anwendbar sind, wenig zu ändern. All dies machte eine Erneuerung und Kodifizierung des ungarischen Zivilrechts dringend erforderlich.

Vgl. *F. Mádl*, Das erste ungarische Zivilgesetzbuch, in: G. Eörsi u. a., Das ungarische Zivilgesetzbuch in fünf Studien, Budapest 1963.

Schon vor dem Kodifikationswerk von 1959 sind in Ungarn – wie übrigens auch in den anderen sozialistischen Ländern – die Grundlagen des neuen Zivilrechts durch die Verfassung von 1949 (jetzt in der Fassung des Gesetzes I von 1972) gesetzt worden: z. B. Schutz der Persönlichkeitsrechte, Eigentumsordnung, Stellung und Tätigkeitsbereiche der sozialistischen Wirtschaftsorganisationen, Erbrecht. Eine Reihe von Spezialgesetzen und Verordnungen hat sich daran angeschlossen. Es sei hier auf die neuen Regelungen in bezug auf die Geschäftsfähigkeit der natürlichen Personen, die Rechtsstellung der Genossenschaften und Vereine, die gesetzliche Erbfolge, den Grundstücksverkehr, die Pachtverträge und verschiedene neue Vertragstypen aus dem Bereich der vergesellschafteten Wirtschaft hingewiesen.

Im ungarischen Zivilgesetzbuch ist die Konzeption des einheitlichen sozialistischen Zivilrechts verwirklicht: Es werden hier die Vermögensbeziehungen der Bürger sowie der sozialistischen Organisationen geregelt, soweit diese Rechtssubjekte untereinander im jeweiligen Rechtsverhältnis gleichgestellt sind. Das Zivilgesetz besteht aus vier Teilen. In den einleitenden Bestimmungen des ersten Teils ist der Zweck des Gesetzes umrissen und sind die Grundsätze der Ausübung der Rechte und der Erfüllung der Verpflichtungen festgelegt. Im zweiten Teil „Personen“ finden sich die grundlegenden Bestimmungen über den Status von natürlichen und juristischen Personen. Mehrere Bestimmungen (§ 31–80) sind den einzelnen Arten von juristischen Personen (staatlichen Unternehmen, Haushaltsorganisationen des Staates, Genossenschaften, gesellschaftlichen Organisationen) gewidmet. Im letzten Abschnitt ist der Schutz der Persönlichkeitsrechte geregelt. Teil drei behandelt das Eigentumsrecht und den Besitz. Im vierten Teil ist das Recht der Schuldverhältnisse angesiedelt. Das Gesetzbuch schließt mit dem fünften Teil über das Erbrecht.

Vgl. allgemein G. *Eörsi*, Einige Erfahrungen mit dem ungarischen Zivilgesetzbuch von 1959, Staat und Recht 1965, S. 577 ff.

Es ist charakteristisch für das ungarische Zivilgesetzbuch, daß es den üblichen allgemeinen Teil nicht enthält. Die Bestimmungen, die sonst dazu gehören, sind den einzelnen Sachgebieten zugeordnet. Die Bestimmungen über die Personen bilden, wie erwähnt, einen selbständigen Teil des Gesetzes, während die allgemeinen Bestimmungen über die Rechtsgeschäfte im vierten Teil des Gesetzes (Recht der Schuldverhältnisse) zu finden sind, ebenso die Rechtsinstitute der Vertretung und der Verjährung. Bestimmungen über Sachen begegnen uns im dritten Teil des Gesetzes (Abschnitt IX „Gegenstände des Eigentumsrechts“).

Die Verträge zwischen den sozialistischen Wirtschaftsorganisationen haben entsprechend der Konzeption des einheitlichen Zivilrechts ihre grundsätzliche Regelung im Zivilgesetzbuch erhalten. Durch eine Reihe von nachgeordneten Normativakten, die in relativ kurzen Zeitabständen geändert wurden, ist diese Regelung detailliert worden, so z. B. mit den Verordnungen des Ministerrates über die Lieferverträge vom 14. 2. 1966 und über die Werkverträge vom 5. 11. 1967.

8. Die erste Kodifikation im sowjetischen Zivilrecht geht auf das Zivilgesetzbuch der *Russischen Sozialistischen Föderativen Sowjetrepublik* (RSFSR) vom 31. 10. 1922 zurück. Dieses Gesetz regelete alle traditionellen zivilrechtlichen Materien und wurde darüber hinaus als subsidiäre Regelung für die zivilrechtlichen

Beziehungen in der vergesellschafteten Wirtschaft benutzt. Es galt bis in die 60er Jahre hinein.

Vgl. *H. Roggemann,* Entwicklung und allgemeine Grundlagen des sowjetischen Zivilrechts, JfO 1971, 1.

Einen markanten Punkt in der Zivilrechtsentwicklung der Sowjetunion stellen die sog. Grundlagen für die Zivilgesetzgebung der UdSSR und der Unionsrepubliken vom 8. 12. 1961 dar. Das Gesetz ist einzigartig in der Geschichte der sowjetischen Zivilgesetzgebung. Es enthält nicht nur Orientierungsgrundsätze, sondern fertige Regelungen für alle Bereiche des Zivilrechts (Allgemeiner Teil, Eigentumsrecht, Schuldrecht, Erbrecht sowie Urheber- und Erfinderrecht). Insofern ist es kein Rahmengesetz. Dennoch müssen die Gesetzgeber der Unionsrepubliken manche Regelungen von ihm übernehmen, andere jedoch selber gestalten. Konkreter gesagt, ist das Verhältnis zwischen den Grundlagen und den Zivilgesetzbüchern der einzelnen Unionsrepubliken, die inzwischen ebenfalls erlassen worden sind, folgendes: Die Grundlagen, die einen Gesetzgebungsakt der Union darstellen, enthalten grundsätzliche Regelungen fast aller zivilrechtlichen Materien. Diese Regelungen können und werden durch die Gesetzgebung der Unionsrepubliken detailliert bzw. den jeweiligen Besonderheiten angepaßt, soweit die Grundlagen selbst (oder die Verfassung der UdSSR) die Regelung bestimmter Materien nicht in die ausschließliche Kompetenz der Union stellen. So sind gemäß Art. 3 der Grundlagen z. B. die Beziehungen bei Warenlieferungen, Investitionsbauvorhaben, beim staatlichen Aufkauf landwirtschaftlicher Erzeugnisse der jeweiligen genossenschaftlichen und staatlichen Güter, die Beziehungen des Eisenbahn-, See- und Lufttransports sowie Versicherungs- und Verrechnungsverhältnisse ausschließlicher Regelungsgegenstand der Unionsgesetzgebung. Dies bedeutet, daß die entsprechenden Regelungen der Grundlagen von den Zivilgesetzbüchern der einzelnen Unionsrepubliken zu übernehmen sind. Eine ausschließliche Kompetenz der Unionsrepubliken ist wiederum durch Art. 55 und 66 der Grundlagen bei Verträgen über den Verleih von Gebrauchsgegenständen durch staatliche oder genossenschaftliche Organisationen sowie bei Dienstleistungsverträgen festgelegt. Einige Vertragstypen wie Tausch, Schenkung, Auftrag, Kommission, Verwahrung u. a. sind nur in den Zivilgesetzbüchern der Unionsrepubliken geregelt. Der Gesetzgeber der Unionsrepublik kann aber auch dann zivilrechtliche Regelungen schaffen, wenn die Materie zwar im Kompetenzbereich des Unionsgesetzgebers liegt, dieser jedoch noch nicht tätig geworden ist. Es versteht sich, daß die Regelungen der Unionsrepubliken später erlassenen Allunionsregelungen angepaßt werden müssen.

Die Grundlagen für die Zivilgesetzgebung der UdSSR und der Unionsrepubliken stellen geltendes Recht dar, auf das sich Gerichte wie andere staatliche Organe der Union und der Unionsrepubliken unmittelbar beziehen können.

Das Zivilgesetzbuch der RSFSR vom 11. 6. 1964 folgt nach Konzeption und System den Grundlagen und geht von der Einheit des Zivilrechts aus. Es regelt den personenrechtlichen Status der Bürger und die Vermögensbeziehungen zwischen gleichgestellten Rechtssubjekten (Bürgern, staatlichen, genossenschaftlichen und anderen gesellschaftlichen Organisationen).

Der erste Abschnitt enthält den Allgemeinen Teil des Zivilrechts. Darauf folgen Bestimmungen über das Eigentumsrecht und über das Schuldrecht. In dem Teil über die einzelnen Arten von Schuldverhältnissen ist ein neues Rechtsinstitut aufgenommen, nämlich Schuldverhältnisse, die bei „Rettung sozialistischen Vermögens" entstehen (Entschädigung von Personen, die Schäden vom sozialistischen Eigentum abgewendet haben). In den Abschnitten IV–VI sind – wie in den Grundlagen – jeweils das Urheberrecht und da Recht an Entdeckungen und Erfindungen geregelt. Abschnitt VII ist dem Erbrecht gewidmet, Abschnitt VIII dem Internationalen Privatrecht.

Für die Wirtschaftsverträge gelten – ergänzend zu den allgemeinen Regeln des Zivilrechts – unter anderem folgende Normativakte: Verordnung des Ministerrates der UdSSR vom 9. 4. 1969 über die Lieferung von Erzeugnissen für produktionstechnische Versorgung; Verordnung des Ministerrates der UdSSR vom 9. 4. 1969 über die Lieferung von Konsumgütern; Verordnung des Ministerrates der UdSSR vom 6. 4. 1964 über den Eisenbahntransport.

ERSTES KAPITEL

Personenrecht

LITERATUR:

A. Natürliche Personen

O. S. Joffe, Sovetskoe graždanskoe pravo (Sowjetisches Zivilrecht), Moskau 1967 (II. Abschnitt, 3. Kapitel); *P. E. Orlovskij/S. M. Korneev u. a.,* Graždanskoe pravo (Zivilrecht), Bd. I, Moskau 1969 (IV. Kapitel); *A. Wolter,* Prawo ciwilne. Zarys części ogólnej (Zivilrecht. Grundriß des Allgemeinen Teils), Warschau 1970 (VII. Abschnitt); *V. Knapp/K. Plank,* Učebnice československého občanského práva (Lehrbuch des tschechoslowakischen Zivilrechts), Bd. 1, Prag 1965; *Z. Kratochvil u. a.,* Nove občanské právo (Das neue Zivilrecht), Prag 1965; *S. Luby u. a.,* Le droit civil tchécoslovaque, Bratislava 1969; *L. Vasilev,* Graždansko pravo na NRB. Obšta čast (Zivilrecht der VR Bulgarien. Allgemeiner Teil), Sofia 1956 (VIII. u. IX. Kapitel); *H. Kleine u. a.,* Das Zivilrecht der DDR. Allgemeiner Teil, Berlin (Ost) 1955 (VII. Abschnitt); *C. Statescu,* Drept civil. Persoana fizica. Persoana juridica. Drepturile reale (Zivilrecht. Natürliche Personen. Juristische Personen. Sachenrechte), Bukarest 1970 (II. Abschnitt); *D. M. Genkin u. a.,* Graždanskoe pravo stran narodnoj demokratii (Das Zivilrecht der Volksdemokratien), Moskau 1958.

B. Juristische Personen

V. P. Gribanov, Juridičeskie lica (Juristische Personen), Moskau 1961; *B. Bůrov,* Graždansko-praven režim na dŭržavnoto socialističesko predprijatie (Die zivilrechtliche Stellung des sozialistischen Staatsbetriebes) Sofia 1962; *V. V. Laptev,* Pravovoe položenie gosudarstvennych promyšlennych predprijatij v SSSR (Die Rechtsstellung der staatlichen Industriebetriebe in der UdSSR), Moskau 1963; *I. Kosik,* Zdolność panstwowych osób prawnych w zakresie prawa cywilnego (Die Rechtsfähigkeit der staatlichen juristischen Personen auf dem Gebiet des Zivilrechts), Warschau 1963; *J. W. Christian,* Teoria persoanei juridice (Theorie der juristischen Personen), Bukarest 1964; *T. Ionascu u. a.,* Organizatiile socialiste ca persoane juridice in Romania (Die sozialistischen Organisationen als juristische Personen in Rumänien), Bukarest 1967; *H. Slapnicka*, Die sozialistische Kollektivperson. Funktion und Struktur der juristischen Person in den europäischen Volksdemokratien, Wien-Köln-Graz 1969.

S. Szer, Gosudarstvennoe predprijatie (Das Staatsunternehmen), Droit polonais contemporain 1963, 2; *G. Hanser/F. Niethammer*, Die Regelung der juristischen Personen im neuen ZGB, Staat und Recht 1965, 7; *K. Pleyer*, Die juristische Person in der Planwirtschaft, in: Zentralplanwirtschaft und Recht (Studien zum Vergleich von Wirtschaftsordnungen, 7) Stuttgart 1965; *D. M. Genkin*, Pravovoe položenie gosudarstvennogo socialističeskogo predprijatija (Die Rechtsstellung des sozialistischen Staatsunternehmens), Sovetskoe Gosudarstvo i Pravo 1965, 9; *H. Langer/R. Streich*, Zur Rechtsfähigkeit der staatlichen Wirtschaftsorganisationen im neuen ökonomischen System, Staat und Recht 1966, 1; *G. Pflicke/H. Langer*, Die Entwicklung der Rechtsstellung der volkseigenen Produktionsbetriebe in: Sozialistische Wirtschaftsentwicklung und Recht, Berlin (Ost) 1967; *J. Spišiak*, Wirtschaftsrechtliche Aspekte der neuesten Gesetzgebung in der ČSSR, ZHR (1968) Bd. 130; *G. Brunner*, Die rechtliche Stellung der Staatsbetriebe nach der Wirtschaftsreform in Ungarn, Rabels Zeitschrift für ausländisches und internationales Privatrecht, 1968, 2; *K. Popov*, Reorganizacija na důržavnite predprijatija (Die Reorganisation der Staatsunternehmen) Socialističesko Pravo 1969, 10; *A. Bilinsky*, Die sozialistische juristische Person in der Rechtsordnung der UdSSR und Polens, Jahrbuch für Ostrecht 1969, 1; *V. Knapp*, Le concept de "personne morale" dans le droit tchécoslovaque, Revue internationale de droit comparé 1959, 3; *V. V. Laptev*, Rechtliche Stellung der sozialistischen Staatsbetriebe in der UdSSR, ZHR (1970), Bd. 134; *K. Müller/H. Such*, Zur Rechtsstellung des Kombinats und der Kombinatsbetriebe, Wirtschaftsrecht 1970, 6; *E.-U. Barten*, Die Rechtsstellung des staatlichen Industrieunternehmens in Rumänien, WGO, Monatshefte für osteuropäisches Recht 1970, 6; *Ju. S. Cimmermann/L. M. Rutman*, Proizvodstvennye ob'edinenija v novych uslovijach upravlenija promyšlennostiju (Die Produktionsvereinigungen unter den neuen Bedingungen der Leitung der Industrie) Sovetskoe Gosudarstvo i Pravo 1971, 2; *V. Tadžer*, Reformata v režima na obedinenijata (Die Reform in der Stellung der Vereinigungen) Pravna Misůl 1971, 3; *L. Vékás*, Die rechtliche Regelung der Wirtschaftsvereinigungen in Ungarn, Jahrbuch für Ostrecht 1971, 2; *S. Petzold*, Die Verordnung über Aufgaben, Rechte und Pflichten der volkseigenen Betriebe, Kombinate und VVB – ein wichtiges Instrument zur einheitlichen staatlichen Leitung der sozialistischen Volkswirtschaft, Neue Justiz 1973, 11.

A. Natürliche Personen

I. Allgemeines

Die personenrechtliche (zivilrechtliche) Stellung der Bürger wird in den sozialistischen Rechten vor allem durch *Rechts-* und *Geschäftsfähigkeit* gekennzeichnet. Zu dieser Stellung gehören aber auch die Institute der Vormundschaft und der Pflegschaft sowie die der Verschollenheits- und Todeserklärung, selbstverständlich auch die Bestimmungen über Namen und Wohnsitz. Von Bedeutung sind darüber hinaus die verwandtschaftlichen und die ehelichen Beziehungen sowie alle Akte, die Änderungen darin bewirken, wie z. B. Eheschließung oder Annahme an Kindes Statt. Die Schutzregelung der Persönlichkeitsrechte, wie Namensrecht, Autorenrechte oder Erfinderrechte, kann ebenfalls zur personenrechtlichen Stellung der Bürger gerechnet werden.

Ehe und Verwandtschaft, Vormundschaft und Pflegschaft und Annahme an Kindes Statt werden üblicherweise vom Familienrecht geregelt, während die Rechte der persönlichen Kreativität vom Urheber- und Patentrecht erfaßt sind. Der Platz der letztgenannten Gebiete ist im System des sozialistischen Rechts nicht unumstritten. Mancherorts zählen sie zum Zivilrecht (z. B. nach sowjetischer Rechtsauffassung) anderswo (z. B. in der DDR) tendiert man dazu, sie zu selbständigen Rechtszweigen zu erheben. Das Familienrecht beansprucht dagegen in allen sozialistischen Rechtssystemen einen selbständigen Platz: Zivil- und Familienrecht sind hier zwei voneinander abgegrenzte Rechtszweige.

Die Begründung dafür wird im Regelungsgegenstand der genannten Rechtszweige gesehen. Nach einheitlicher Auffassung regelt das Familienrecht wesentlich persönliche, nicht vermögensrechtliche Beziehungen, obwohl letztere auch diesem Rechtszweig nicht unbekannt sind (z. B. Vermögensbeziehungen zwischen Ehegatten). Das Zivilrecht reguliert dagegen primär Vermögensbeziehungen, aber auch im bestimmten Umfang persönliche Nichtvermögensbeziehungen. Die Grenzen sind flüssig, die Unterscheidungen hier sehr relativ.

Für den Personenstatus der Bürger sind die genannten Differenzierungen in der Systemauffassung praktisch ohne Bedeutung. Auch dürfte es nicht besonders sinnvoll sein, die Einheitlichkeit des Personenstatus der Bürger allein wegen der Komplexität seiner rechtlichen Regelung in Frage zu stellen. Denn der Bezugspunkt der Normen der verschiedenen Rechtszweige ist die Persönlichkeit des einzelnen, und zwar als Privatperson, d. h. isoliert von ihren Bezügen zur Staatsmacht. Dies erfordert eine Verzahnung der sie betreffenden Rechtsnormen.

Im folgenden wird auf die Rechts- und Geschäftsfähigkeit natürlicher Personen eingegangen. Insbesondere die Geschäftsfähigkeit hat im sozialistischen Zivilrecht eine signifikante Regelung erhalten.

II. Inhalt der Rechtsfähigkeit. Rechtspolitische Grundlagen

1. *Rechtsfähigkeit* bedeutet im sozialistischen Recht die dem einzelnen vom Gesetz zuerkannte Fähigkeit, Träger von Rechten und Pflichten zu sein. Diese Fähigkeit ist insofern abstrakt, als sie bei gegebenen Voraussetzungen eintritt, unabhängig davon, ob man tatsächlich Rechtspflichten übernimmt oder subjektive Rechte ausübt.

2. Die Aussage, daß der Mensch Rechtsfähigkeit besitzt, hat im sozialistischen Rechtskreis normativen Wert. Diese Aussage ist nicht an naturrechtliche Prämissen gebunden. Demnach ist Rechtsfähigkeit keine angeborene und unverzichtbare Eigenschaft des Individuums, sondern ist ihm positivrechtlich verliehen. Die Tatsache, daß alle Bürger rechtsfähig sind, erklärt sind allein aus der Notwendigkeit ihrer (direkten oder vermittelten) Teilnahme am sozialen Verkehr.

Diese Grundsätze machen eine wesentliche Komponente des sozialistischen Rechtsverständnisses sichtbar: Es gibt keine präpositiven Werte, z. B. solche, die der menschlichen Person immanent sind, wie Freiheit, Würde, Rechtsfähigkeit usw., die der Gesetzgeber als solche zu berücksichtigen hat. Der Gesetzgeber verkörpert einen allmächtigen (als demokratisch legitimiert vorausgesetzten) Herrschaftswillen, der in seiner Rechtsetzungsbefugnis ungebunden ist.

3. Alle sozialistischen Rechtssysteme der Gegenwart erkennen dem Individuum grundsätzlich uneingeschränkte Rechtsfähigkeit zu. Daher haben alle Menschen die gleiche Rechtsfähigkeit.

Gleichwohl knüpfte das sozialistische Recht seiner positivistischen Einstellung entsprechend die gleiche Rechtsfähigkeit zunächst doch wesentlich an den Besitz der inländischen Staatsbürgerschaft. Ausländische Staatsbürger blieben in verschiedener Hinsicht eingeschränkt. Die Entwicklung der internationalen Kommunikation im Bereich der privaten Rechtsbeziehungen hat mit der Zeit jedoch eine weitgehende Angleichung der Rechte der Ausländer an die der inländischen Staatsbürger bewirkt. Der Grundsatz des "régime national", den das internationale Privatrecht der sozialistischen Staaten nunmehr breit praktiziert, bringt diese Angleichung zum Ausdruck. Dennoch sind auch hier Einschränkungen möglich, z. B. bezüglich des Erwerbs von Immobilien oder der Errichtung gewerblicher Niederlassungen von Ausländern. Weitgehend restriktiv bleibt das öffentliche Recht. Die Bürger eines sozialistischen Staates sind nur in ihrem eigenen Land wahlberechtigt. Wenn sie ihren Wohnsitz in einem anderen sozialistischen Land haben, können sie sich dort nicht aktiv am politischen Leben beteiligen, da die Mitgliedschaft in den führenden politischen Parteien die inländische Staatsangehörigkeit voraussetzt. Die Bekleidung bestimmter öffentlicher Ämter ist ebenfalls an die Staatsbürgerschaft gebunden.

III. Der maßgebende Zeitpunkt für die Entstehung der Rechtsfähigkeit. Voraussetzungen

1. In den einzelnen sozialistischen Rechtssystemen gelten einheitliche Regeln bezüglich des Zeitpunktes der Entstehung der Rechtsfähigkeit von natürlichen Personen. So bestimmen z. B. Art. 9 ZGB RSFSR, Art. 8 polnisches ZGB und Art. 1 des bulgarischen Gesetzes über die Personen und die Familie, daß die Rechtsfähigkeit mit dem Zeitpunkt der Geburt eintritt. Im Recht der DDR gilt noch die Vorschrift des § 1 des Bürgerlichen Gesetzbuches, die, in der Absicht präziser zu sein, auf die Vollendung der Geburt abstellt. In der Tat sind alle diese Vorschriften gleichbedeutend, denn mit „Geburt“ ist die Vollendung der Geburt gemeint.

Das Kind muß lebend geboren sein. Wann dies der Fall ist, wird nach dem jeweiligen Erkenntnisstand der Medizin entschieden. Weitere Voraussetzungen, wie z. B. Lebensfähigkeit oder eine bestimmte Lebensdauer, sind nicht erforderlich. Darüber hinaus gilt allgemein die Vermutung, daß ein geborenes Kind auch lebend geboren ist. Diese Vermutung ist allerdings widerlegbar. Ausdrücklich ist sie im polnischen Recht (Art. 9 ZGB) statuiert.

2. Aus Gründen eines integralen Rechtsschutzes räumen alle sozialistischen Rechte bereits dem Erzeugten (nasciturus) Rechtsfähigkeit ein, allerdings nur unter der Voraussetzung, daß er lebend geboren wird (vgl. § 7 tschech. ZGB). Die diesbezüglichen Vorschriften finden sich zumeist im Erbrecht (z. B. Art. 2a des bulgarischen Erbgesetzes).

IV. Geschäftsfähigkeit

1. *Begriff*

Geschäftsfähigkeit bedeutet die vom Recht zuerkannte Fähigkeit der Personen, rechtlich relevante Handlungen, insbesondere Rechtsgeschäfte, vorzunehmen, anders gesagt, durch eigene Akte Rechte und Pflichten zu begründen. Die Geschäftsfähigkeit verlangt eine bestimmte, in der Regel altersbedingte Persönlichkeitsreife.

Das Problem der Geschäftsfähigkeit bildet einen Aspekt der allgemeinen Handlungslehre und tangiert damit Grundlehren der marxistischen Philosophie, insbesondere die der Handlungsfreiheit und des Willensdeterminismus. Ihnen zufolge ist das Individuum in seinen Willensakten von den Bedingungen der Umwelt stark, wegen Besonderheiten des individuellen Bewußtseins jedoch nicht unbedingt abhängig. Es kann in diesem Rahmen Handlungen nach seiner Wahl vornehmen. Frei ist jedoch der Mensch nicht, wenn er jede beliebige Entscheidung treffen kann, sondern dann, wenn er die Gewißheit hat, die richtige Entscheidung treffen zu können. Dies erlaubt ihm die Kenntnis der objektiven Gesetze in Natur und Gesellschaft. Die sozialistische Rechtsdoktrin hält sich streng an diese philosophischen Thesen und hat es bisher unterlassen, weitergehende rechtsspezifische Varianten der Handlungslehre zu entwickeln (s. Kap. IV, II, 1, a).

2. *Altersgrenze*

Nach allen sozialistischen Rechten erreicht die Person ihre *volle Geschäftsfähigkeit* mit Vollendung des 18. Lebensjahres (vgl. Art. 11 ZGB RSFSR; Art. 10 polnisches ZGB; § 8 Abs. 2 tschech. ZGB; § 12 Abs. 2 ungarisches ZGB; Art. 2 bulgarisches Gesetz über die Personen und die Familie; für die DDR § 2 BGB i. d. F. des § 1 Gesetz über die Herabsetzung des Volljährigkeitsalters vom 17. 5. 1950). Bis zu dieser Altersgrenze ist die Geschäftsfähigkeit gestuft.

Die Fähigkeit, rechtsgültig eine Ehe einzugehen, ist generell ebenfalls auf 18 Jahre festgesetzt. In Ausnahmefällen ist sie jedoch nach den meisten Gesetzen bereits mit 16 Jahren gegeben. Durch die Eheschließung erlangen die Personen volle Geschäftsfähigkeit, die auch dann nicht wegfällt, wenn die Ehe vor Erreichung des 18. Lebensjahres aufgelöst oder für nichtig erklärt wird (so ausdrücklich § 8 Abs. 2 tschechoslowakisches ZGB).

3. *Die beschränkte Geschäftsfähigkeit*

Nach sozialistischem Recht sind die natürlichen Personen bis zur Vollendung des 18. Lebensjahres nicht voll geschäftsunfähig. Die Gesetze kennen eine Zwischenstufe der beschränkten Geschäftsfähigkeit, die in den einzelnen Ländern jedoch durch unterschiedliche Altersgrenzen markiert ist. Die beschränkte Geschäftsfähigkeit tritt nach sowjetischem Recht mit Vollendung des 15. Lebensjahres (Art. 14 ZGB RSFSR), nach bulgarischem des 14. (Art. 13 Gesetz über die Personen und die Familie), nach polnischem Recht des 13. Art (Art. 12 ZGB) und nach ungarischem Recht mit Vollendung des 12. Lebensjahres (§ 12 ZGB) ein. Für das Recht der DDR gilt § 104 Ziff. 1 BGB, der bekanntlich auf das 7. Lebensjahr abstellt. Demgegenüber setzt der Entwurf für ein neues Zivilgesetzbuch der DDR die untere Grenze der beschränkten Geschäftsfähigkeit auf sechs Jahre herab. Diese stark voneinander divergierenden gesetzlichen Bestimmungen zeigen, wie relativ die Auffassungen von einer altersbedingten Persönlichkeitsreife sind.

Die Gesetzgebung der ČSSR hat versucht, das Problem anders zu lösen. Sie verzichtet auf die Zwischenstufe der beschränkten Geschäftsfähigkeit und teilt die Personen in volljährige und somit auch voll geschäftsfähige und solche Personen ein, deren Geschäftsfähigkeit noch nicht in vollem Umfang eingetreten ist, weil sie das 18. Lebensjahr noch nicht vollendet haben.

Letztere verfügen über eine flexible Geschäftsfähigkeit, die abhängt von dem Verhältnis zwischen der Art des Rechtsgeschäftes und der Persönlichkeitsreife, die dem jeweiligen Alter eigentümlich ist. Demnach muß bei nicht volljährigen Personen in jedem Fall geprüft werden, ob sie für die konkrete Rechtshandlung, die sie ausführen, Geschäftsfähigkeit haben oder nicht. Dies ist der Sinn von § 9 des tschechoslowakischen Zivilgesetzbuches, der besagt: „Nichtvolljährige haben die Fähigkeit nur zu solchen Rechtshandlungen, die ihrer Art nach der verstandesmäßigen und sittlichen Reife angemessen sind, die dem Alter des Nichtvolljährigen entspricht."

Die Bezeichnung „Minderjährigkeit" wird in den einzelnen Rechten nicht einheitlich verwendet. Die ungarische Gesetzgebung z. B. bezeichnet alle Personen bis zur Vollendung des 18. Lebensjahres als minderjährig, wobei sie zwischen minderjährigen Personen bis zum 12. Lebensjahr, die geschäftsunfähig, und Personen vom 12. bis 18. Lebensjahr, die beschränkt geschäftsfähig sind, unterscheidet. Im bulgarischen Recht werden dagegen natürliche Personen nur bis zu ihrem 14. Lebensjahr als minderjährig qualifiziert. Von 14 bis 18 Jahren sind sie „nicht volljährig". Die sowjetischen Gesetze sprechen wiederum nur von „Nichtvolljährigkeit", wobei sie bis zum 15. Lebensjahr mit Geschäftsunfähigkeit und vom 15. bis 18. Lebensjahr mit beschränkter Geschäftsfähigkeit verbunden ist. Der Text vermeidet daher bewußt diesen Begriff.

Diejenigen, die zum Personenkreis der beschränkt Geschäftsfähigen gehören, können selbst Rechtsgeschäfte mit Zustimmung ihrer gesetzlichen Vertreter tätigen. Dies ist ein allgemeiner Grundsatz für alle sozialistischen Rechtsordnungen. Die Prüfung des konkreten Rechtsaktes, die der gesetzliche Vertreter vor der Erteilung seiner Zustimmung vornimmt, ist als Gewähr dafür gedacht, daß der beschränkt Geschäftsfähige nur solche Rechtsbindungen eingeht, die seinen Interessen nicht zuwiderlaufen. Es gibt aber auch Rechtsgeschäfte, die die beschränkt geschäftsfähigen Personen ohne ausdrückliche Zustimmung ihrer gesetzlichen Vertreter vornehmen können. Dies sind geringfügige Geschäfte des täglichen Bedarfs (Art. 13 Abs. 2 ZGB RSFSR; Art. 4 Abs. 2 bulgarisches Gesetz über die Personen und die Familie; Art. 20 polnisches ZGB; § 14 Abs. 2 „b" ungarisches ZGB). So würde der Einkauf von

Lebensmitteln, Büchern und nicht teuren Kleidungsstücken sowie z. B. der Besuch jugendfreier Vorstellungen zu den erlaubten Rechtsgeschäften für beschränkt geschäftsfähige Personen gehören, nicht jedoch das Kaufen von Möbeln, Mieten von Wohnungen u. ä.

Vgl. allgemein darüber O. *S. Joffe,* Sovetskoe graždanskoe pravo (Sowjetisches Zivilrecht), Moskau 1967, S. 124; *A. Wolter,* Prawo cywilne. Zarys części ogólnej (Zivilrecht. Grundriß des Allgemeinen Teils), Warschau 1970, S. 148; *G. Dornberger,* in: *H. Kleine u. a.,* Das Zivilrecht der DDR. Allgemeiner Teil, Berlin (Ost) 1955, S. 160; *C. Statescu,* Drept civil. Persoana fizica. Persoana juridica. Drepturile reale (Zivilrecht. Natürliche Personen. Juristische Personen. Sachenrechte), Bukarest 1970, S. 231–232.

Die beschränkte Geschäftsfähigkeit reicht noch weiter. Alle Zivilgesetze weisen darauf hin, daß die in Frage kommenden Personen über ihr Arbeitseinkommen, Lehrlingsgeld, ihre Stipendien u. ä. frei verfügen können. Das ungarische Zivilgesetzbuch knüpft allerdings diese Befugnis an eine zusätzliche Bedingung, nämlich, daß die Person das 14. Lebensjahr vollendet hat (§ 14 Abs. 2 „c“).

Beschränkt geschäftsfähige Personen können allein Sparverträge abschließen und über ihre Sparguthaben verfügen.

Die Befugnis der beschränkt Geschäftsfähigen, über ihre Arbeitseinkommen und Ausbildungsgelder zu verfügen, kann nach einigen Rechten, wenn wichtige Gründe vorliegen, durch Beschluß des Vormundschaftsorgans eingeschränkt oder ausgeschlossen werden (vgl. z. B. Art. 13 Abs. 3 ZGB RSFSR; Art. 21 polnisches ZGB).

Nach ungarischem und nach dem Recht der DDR ist es zulässig, daß beschränkt geschäftsfähige Personen, über die genannten zwei Kategorien von Rechtsgeschäften hinaus, auch solche Verträge abschließen, durch die sie ausschließlich Vorteile erlangen (§ 14 Abs. 2 „b“ ungarisches ZGB; Umkehrbeschluß aus § 107 BGB).

4. *Die äußerst beschränkte Geschäftsfähigkeit*

Die Personen, die geschäftsunfähig sind – entsprechend der in den einzelnen Rechten gesetzten unteren Altersgrenze der beschränkten Geschäftsfähigkeit – können durch eigene Handlungen keine rechtlichen Bindungen eingehen. In ihrem Namen und mit Wirkung für sie führen alle Rechtshandlungen ihre gesetzlichen Vertreter aus (vgl. Art. 14 Abs. 1 ZGB RSFSR; Art. 3 Abs. 2 bulgarisches Gesetz über die Personen und die Familie; § 18 Abs. 1 ungarisches ZGB). Der Ausschluß Geschäftsunfähiger von rechtsverbindlichen Handlungen kann – angesichts der weiten Umschreibung der Geschäftsunfähigkeit in einigen Rechtsordnungen – nicht absolut gehalten werden, da jedenfalls den älteren unter ihnen eine angemessene Teilnahme an alltäglichen Lebensverhältnissen ermöglicht werden soll. Daher ist fast in allen sozialistischen Rechten der Grundsatz verankert, nach dem Geschäftsunfähigen doch die Fähigkeit zuerkannt wird, geringfügige Geschäfte des täglichen Bedarfs abzuschließen (vgl. Art. 14 Abs. 2 ZGB RSFSR; Art. 14 § 2 polnisches ZGB; § 18 Abs. 2 ungarisches ZGB; trotz seines anderen Ausgangspunktes dürfte das tschechoslowakische Recht zu demselben Ergebnis gelangen). In der Praxis richtet man sich nach der jeweiligen allgemeinen Anschauung darüber, welche Rechtsgeschäfte für Personen einer bestimmten Altersgruppe als angemessen und daher als zulässig angesehen werden können. In diesen Fällen wird das Einverständnis des gesetzlichen Vertreters vorausgesetzt. Im Zweifel soll das objektive Kriterium der Angemessenheit des Rechtsgeschäfts ausschlaggebend sein: Offensichtlich geringfügige Rechtsgeschäfte kann der gesetzliche Vertreter nicht verbieten.

Im bulgarischen Recht fehlt eine entsprechende Bestimmung und auch die Lehre schweigt. Wahrscheinlich werden solche Geschäfte einfach geduldet, zumal sie das Gesetz (Art. 27 GVV) lediglich für anfechtbar erklärt.

Rechtsgeschäfte, welche die oben dargelegte äußerst beschränkte Geschäftsfähigkeit überschreiten, sind nichtig. Der Gesetzgeber hat dies zum Schutz der besagten Personen statuiert. Daher kann die Nichtigkeit dieser Geschäfte nur im Interesse der geschützten Personen geltend gemacht werden (so ausdrücklich § 21 Abs. 1 ungarisches ZGB).

Nach polnischem (Art. 14 § 2 ZGB) und ungarischem Recht (§ 18 Abs. 2 ZGB) können sogar die im Rahmen der äußerst beschränkten Geschäftsfähigkeit abgeschlossenen Rechtsgeschäfte für nichtig erklärt werden, solange sie noch nicht erfüllt sind.

5. *Ausschluß und Einschränkung der Geschäftsfähigkeit von Volljährigen*

Die Geschäftsfähigkeit kann nicht durch Rechtshandlungen des einzelnen begründet werden, sondern entsteht ex lege. Sie ist auch ein unveräußerliches Rechtsgut. Natürliche Personen können daher über ihre Geschäftsfähigkeit nicht verfügen. Sie können insbesondere keine Rechtsgeschäfte vornehmen, durch die ihre Geschäftsfähigkeit ausgeschlossen oder eingeschränkt wird. Dieser Grundsatz gilt in allen sozialistischen Rechtssystemen (ausdrücklich Art. 10 Abs. 2 ZGB RSFSR).

Die Geschäftsfähigkeit volljähriger Personen kann eingeschränkt oder ausgeschlossen werden nur im Interresse dieser Personen. Dies erfolgt in einem gerichtlichen Entmündigungsverfahren. Der Grund zur Entmündigung ist dann gegeben, wenn die betreffenden Personen ihre Angelegenheiten nicht mehr allein besorgen können, weil ihnen die dafür erforderliche Einsicht ganz oder teilweise fehlt, insbesondere weil sie die Bedeutung ihrer Handlungen nicht ermessen oder ihr Verhalten nicht adäquat steuern können. Die Zivilgesetze charakterisieren diesen Zustand fehlenden oder eingeschränkten Einsichtsvermögens als Folge einer Geisteskrankheit oder angeborener Geistesschwäche oder aber übermäßigen Genusses von Alkohol oder Drogen. Die gesetzlichen Regeln über Gründe und Folgen der Entmündigung stimmen in den einzelnen Ländern weitgehend überein (vgl. Art. 15 und 16 ZGB RSFSR; § 13 und 16 polnisches ZGB; § 10 tschechoslowakisches ZGB; Art. 5 bulgarisches Gesetz über die Personen und die Familie; § 13 und 16 ungarisches ZGB; für das Recht der DDR § 114 BGB). Die voll entmündigten Personen sind geschäftsunfähig. Der Status der teilweise Entmündigten gleicht dem der beschränkt geschäftsfähigen Personen.

B. Juristische Personen

I. Notwendigkeit und Aufgabenbereich der juristischen Personen in der sozialistischen Gesellschaft

1. Das Leben in der Gesellschaft ist schwer vorstellbar als Zusammenspiel isoliert voneinander handelnder Individuen. Vielmehr erfordert jeder soziale Bereich, zumal in der modernen Gesellschaft, die Bildung von Interessengruppen, die nach außen Aufgaben der Gruppe effektiv wahrnehmen. Dieser Notwendigkeit trägt das sozialistische Recht Rechnung, indem es die Koalitionsfreiheit in gesetzlich festgelegtem Rahmen sichert und bestimmten Gruppierungen von Personen die Fähigkeit verleiht, am Rechtsverkehr teilzunehmen. So entstehen Gebilde, die Rechtssubjekte sind, nämlich juristische Personen. Nicht nur Personengruppen, sondern auch zweckgebundene Vermögensmassen (Stiftungen, wissenschaftliche und andere Einrichtungen) werden rechtlich personifiziert, um ihre Funktionen besser zu erfüllen. Hier gilt jedoch nicht die Vermögensmasse als Träger von Rechten und Pflichten, sondern die zu ihrer Verwaltung und Nutzung autorisierten Personen.

Die Verleihung von Rechtspersönlichkeit entspricht nach sozialistischem Rechtsverständnis nicht einer „naturrechtlichen" Notwendigkeit, sondern wird allein durch Erwägungen gesellschaftlich-praktischer Zweckmäßigkeit begründet.

In früheren Jahren wurden in der Lehre heftige Auseinandersetzungen mit bürgerlichen Auffassungen über das Wesen der juristischen Personen, wie der Organismustheorie oder der Fiktionstheorie, geführt. Was letztere anbetrifft, wurde hervorgehoben, daß die juristischen Personen keine fiktiven Gebilde sind, sondern als Vereinigungen von Menschen oder als Einrichtungen des Staats- und Wirtschaftsapparates reale Existenz haben und zur Verwirklichung gesellschaftlicher Ziele unentbehrlich sind. Die Konstruktion, nach der nicht die juristische Person, sondern ihr Vermögen der eigentliche Rechtsträger sei, wurde ebenfalls verworfen. Die Begründung wurde vom allgemeinen Grundsatz der sozialistischen Rechtstheorie, daß Rechtsverhältnisse nur zwischen Personen und nicht zu Sachen möglich sind, abgeleitet. Demnach gibt es keine subjektlosen Rechte, d. h. solche Rechte, die nicht an eine Person, sondern allein an Vermögen geknüpft sind.

2. Die überwiegende Zahl der juristischen Personen im sozialistischen Staat ist auf wirtschaftlichem Gebiet tätig. Ihre Rechtsstellung und Aufgaben werden durch die Belange der sozialistischen Planwirtschaft bestimmt. Sie sind Träger von Planverbindlichkeiten und werden zur Erfüllung ihrer Aufgaben mit Rechten und Befugnissen ausgestattet. Die auf diesem Gebiet tätigen juristischen Personen sind vor allem die staatlichen Wirtschaftsunternehmen (Staatsbetriebe, volkseigene Betriebe) und die Genossenschaften. Unter den gegenwärtigen Bedingungen des neuen ökonomischen Modells sind die staatlichen Wirtschaftsunternehmen keine bloßen Ausführungsorgane wirtschaftsadministrativer Weisungen einer Planzentrale, sondern gestalten bei erheblicher Erweiterung ihres Kompetenzbereiches den Prozeß der Produktion und Verteilung materieller Güter (den gesellschaftlichen materiellen Reproduktionsprozeß) mit.

Auf dem Gebiet der staatlichen Leitungstätigkeit wird verschiedenen Staatsorganen und Einrichtungen Rechtspersönlichkeit zuerkannt. So sind z. B. die örtlichen Volksvertretungen (Volksräte), die zentralen Exekutivorgane (Ministerien, mitunter auch deren Einrichtungen), die Organe mit übergreifender Ressortkompetenz (staatliche Komitees u. a.) sowie die örtlichen Exekutivorgane (Hauptabteilungen und Einrichtungen der Volksräte) juristische Personen.

Auf kulturellem Gebiet wird neben den betreffenden staatlichen Organisationen auch Vereinen, Künstler- und Schriftstellerverbänden, Gesellschaften zur Förderung der Wissenschaften und der Technik u. a. m. Rechtspersönlichkeit zuerkannt. Diese Einrichtungen und Organisationen verfolgen keine wirtschaftlichen Zwecke, sondern üben kulturelle, wissenschaftliche, sportliche oder andere Tätigkeiten aus. Die Notwendigkeit, sie mit Rechtspersönlichkeit auszustatten, folgt daher nicht unmittelbar aus ihrer Zweckbestimmung, sondern ergibt sich aus der Tatsache, daß diese Organisationen und Einrichtungen zur Erfüllung ihrer Ziele vermögensrechtliche Beziehungen im nationalen oder internationalen Rechtsverkehr eingehen.

II. Konstitutive Merkmale der juristischen Person

Nach herrschender Meinung in der Zivilrechtslehre der sozialistischen Länder zeichnen folgende Merkmale eine jede juristische Person im sozialistischen Recht aus:

1. Die juristische Person weist immer eine bestimmte innere Organisation auf;

2. sie hat ein, rechtlich gesehen, selbständiges Vermögen, gesondert vom Vermögen der beteiligten physischen Personen und vom Vermögen anderer Oganisationseinheiten;

3. sie tritt im Rechtsverkehr im eigenen Namen auf;

4. für die eingegangenen Verbindlichkeiten haftet die juristische Person selbst mit ihrem Vermögen.

Diese Merkmale rechtfertigen die Annahme, daß wir es mit einer juristischen Person des privaten Rechts zu tun haben.

Davon ist die Rechtspersönlichkeit staatlicher Organe als Träger von Machtbefugnissen zu unterscheiden. Diese Rechtspersönlichkeit wird auch als Kompetenz bezeichnet und hat Bedeutung für die Gültigkeit der von dem betreffenden Organ erlassenen Verwaltungs- oder anderen Rechtsakte. Die Staatsorgane können, brauchen jedoch nicht gleichzeitig juristische Personen des privaten Rechts zu sein.

Die Gesetze geben keine Legaldefinition der juristischen Personen. Sie enthalten jedoch Hinweise darauf, daß die juristische Person im Rechtsverkehr in eigenem Namen auftritt, selbständig haftet und durch ihre Organe vertreten wird (vgl. z. B. § 19 und 20 tschechoslowakisches ZGB; Art. 131 bulgarisches Gesetz über die Personen und die Familie; § 31 ungarisches ZGB bezüglich der staatlichen Wirtschaftsunternehmen).

Das Zivilgesetzbuch der RSFSR gibt eine Definition der juristischen Personen des sowjetischen Rechts. Art. 23, der den Titel „Begriff der juristischen Personen“ trägt, besagt, daß juristische Personen Organisationen sind, die selbständiges Vermögen haben, in eigenem Namen Vermögensrechte und persönliche Nichtvermögensrechte erwerben und Pflichten tragen können; daß sie als Kläger und Beklagte vor dem Gericht, der Arbitrage oder dem Schiedsgericht auftreten können.

Vgl. *P. E. Orlovskij/S. M. Korneev u. a.*, Graždanskoe pravo (Zivilrecht) Bd. 1, Moskau 1969, S. 138 ff.; *A. Wolter*, Prawo cywilne,

Zarys części ogólnej (Zivilrecht. Grundriß des Allgemeinen Teils), Warschau 1970, S. 162 ff.

Die juristische Person ist stets ein rechtmäßiges Gebilde. Sie entsteht aufgrund einer Rechtsnorm, basiert während ihres Bestehens auf der jeweiligen Rechtsordnung und darf nur vom Recht erlaubte Ziele verfolgen. Insofern ist sie nicht allgemein deliktsfähig. Die juristische Person haftet demnach nur für solche rechtswidrige Handlungen, die ihre Organe oder Mitarbeiter im Zusammenhang mit der Erfüllung ihrer Obliegenheiten begangen haben.

III. Arten von juristischen Personen

1. Das sozialistische Zivilrecht kennt verschiedene Arten von juristischen Personen. Nach dem Kriterium der *Zugehörigkeit* zum staatlichen, genossenschaftlichen oder allgemein gesellschaftlichen Sektor werden die juristischen Personen in staatliche juristische Personen und gesellschaftliche Organisationen eingeteilt. Diese Zugehörigkeit indiziert zugleich die Eigentumsform, die hier im Spiel ist. Zur ersten Gruppe gehören alle rechtlich personifizierten Organe und Einrichtungen des Staatsapparates, wie die örtlichen Volksräte und ihre Abteilung sowie Ministerien, Staatskomitees und ihre selbständigen Struktureinheiten. Staatliche juristische Personen sind darüber hinaus die staatlichen Wirtschaftsunternehmen, deren Vereinigungen und die sogenannten Kombinate (Betriebe verschiedener Branchen, die in ökonomischer, technischer und organisatorischer Hinsicht zusammenhängen). Zur zweiten Gruppe gehören die verschiedenen Genossenschaften (Produktionsgenossenschaften u. a.) und die gesellschaftlichen Organisationen im engen Sinne, d. h. Vereine, Verbände und Gesellschaften, die kulturelle, wissenschaftliche, sportliche und andere nicht wirtschaftliche Ziele verfolgen.

Nach dem Merkmal der *Finanzierung* unterscheidet man juristische Personen, die nach dem sogenannten Prinzip der wirtschaftlichen Rechnungsführung arbeiten, und die als Haushaltsorganisation bezeichneten juristischen Personen. Diese Unterscheidung trifft ausschließlich auf die staatlichen juristischen Personen zu. So haben die meisten staatlichen Wirtschaftsunternehmen den Status eines Betriebes auf wirtschaftlicher Rechnungsführung, was bedeutet, daß sie ihre Kosten selbst erwirtschaften und auch Gewinn erzielen müssen (vgl. unten VII). Die Haushaltsorganisationen dagegen bekommen jährlich alle ihre Mittel vom Staatshaushalt und, soweit sie selbst Einkünfte haben, werden diese an den Staatshaushalt abgeführt. Die Haushaltsorganisationen besitzen eigene Konten bei den Staatsbanken, über die der Leiter der Organisation verfügen kann. Dem Regime der Haushaltsorganisationen unterliegen die staatlichen Organe und Einrichtungen, die eigene Rechtspersönlichkeit haben. Früher gab es auch Wirtschaftsunternehmen, die direkt haushaltsgebunden waren.

Juristische Personen werden ferner nach *Körperschaften* und *Einrichtungen* unterschieden. Das Unterscheidungsmerkmal ist, ob die juristische Person ein personelles Substrat (Mitglieder) aufweist. Demnach sind die staatlichen juristischen Personen, die auf dem Gebiet der staatlichen Leitungstätigkeit fungieren, Einrichtungen, da die Personen oder Kollektive, die als Machtorgane auftreten, nicht als Mitglieder der juristischen Personen angesehen werden können. Eindeutig zu den Körperschaften werden dagegen die Genossenschaften und die gesellschaftlichen Organisationen mit nichtwirtschaftlicher Zweckbestimmung gerechnet. Strittig ist dagegen die Qualifizierung der *staatlichen Wirtschaftsunternehmen* als Körperschaften. Gegenwärtig überwiegt die Auffassung, daß sie Körperschaften darstellen, deren personelles Substrat die Arbeiter und Angestellten bilden und deren Leiter und Administration als Organe der juristischen Person tätig sind (zu den einzelnen Theorien über das Wesen des staatlichen Wirtschaftsunternehmens vgl. unten VII, 2).

In der sozialistischen Rechtsterminologie bedient man sich der Bezeichnung Anstalt des öffentlichen Rechts nicht. Die früheren einschlägigen Anstalten sind rechtlich umorganisiert und zu staatlichen juristischen Personen vom Typ der staatlichen Einrichtungen erhoben worden.

Man kann noch eine weitere Einteilung der juristischen Personen vornehmen, je nachdem auf welchem Gebiet sich ihre Tätigkeit vollzieht: auf wirtschaftlichem, kulturellem, wissenschaftlichem, sportlichem, wohltätigem, sozialpolitischem u. a. Diese Einteilung hat keine selbständige Bedeutung, da die betreffenden juristischen Personen durch die oben dargestellten Merkmaale bereits gekennzeichnet und hinreichend qualifiziert sind. Der Tätigkeitsbereich als Merkmal ergänzt nur diese Charakteristik. So ist z.. B. ein staatliches Wirtschaftsunternehmen eine staatliche juristische Person vom Typ der Körperschaften, die nach dem Prinzip der wirtschaftlichen Rechnungsführung auf einem Gebiet der Wirtschaft tätig ist.

2. Der sozialistische *Staat* tritt nach herrschender Lehre ebenfalls als juristische Person auf. Manche Gesetzgebungen wie z. B. die polnische (Art. 33 und 34 ZGB) enthalten ausdrückliche Bestimmungen in diesem Sinne. Das ungarische Zivilgesetzbuch normiert sogar die Rechtspersönlichkeit des Staates in einem gesonderten Abschnitt (Art. 26 u. 27). Sorgfältig zu unterscheiden ist die Rechtspersönlichkeit des Staates nach dem Zivilrecht von seinen Befugnissen und Kompetenzen als Hoheitsträger. Erstere ist dann gegeben, wenn der Staat an zivilrechtlichen Verhältnissen als gleichgestelltes Rechtssubjekt teilnimmt.

Die Auffassung von *S. Luby* (Le droit civil tchécoslovaque, Bratislava 1969, S. 24), nach der der Staat Subjekt von Rechten und Pflichten sui generis sei, weil er nicht nur die Rechtspersönlichkeit nach privatem Recht, sondern eine „vielgestaltige Rechtspersönlichkeit“ besitze und daher eine juristische Person schlechthin nicht sein könne, kann nicht geteilt werden. Abgesehen davon, daß es mißverständlich ist, wenn man behauptet, daß der Staat zwar die Rechtspersönlichkeit nach Zivilrecht besitze, jedoch keine juristische Person darstelle, gibt es keine Argumente für die besondere Rechtspersönlichkeit des Staates, wenn man diese von seinen Machtbefugnissen korrekt auseinanderhält. In den Fällen, in denen der sozialistische Staat als juristische Person des Zivilrechts auftritt, ist er eine solche wie alle anderen.

Der sozialistische Staat fungiert als juristische Person des Zivilrechts, wenn er z. B. über Vermögensteile des staatlichen sozialistischen Eigentums, die in seiner Regie geblieben sind, verfügt. Dies sind Eigentumsobjekte, die ausnahmsweise keiner staatlichen, rechtlich personifizierten Organisation zugewiesen worden sind (z. B. Wohnungsobjekte, Grundstücke). Wenn der Staat jedoch Vermögensobjekte umverteilt, indem er sie neuen Rechtsträgern – staatlichen Organisationen oder Einrichtungen – zuweist, übt er nicht die Verfügungsbefugnis eines privatrechtlichen Eigentümers, sondern fungiert in seiner Eigenschaft als oberster Planer und Verwalter des gesamtgesellschaftlichen Vermögens.

Auch in vielen anderen Fällen beteiligt sich der sozialistische Staat an zivilrechtlichen Verhältnissen, so z. B. wenn er durch Testament oder bei Eröffnung eines Nachlasses – sofern keine Erben zu ermitteln sind, oder wenn letztere den Nachlaß ausgeschlagen haben – Vermögensrechte erwirbt, oder wenn ihm bei Beendigung der Rechtspersönlichkeit von Stiftungen deren Vermögen zufällt. Ebenfalls in seiner Eigenschaft als juristische Person des privaten Rechts nimmt der Staat Anleihen bei Privatpersonen auf.

3. Letztlich seien auch die überkommenen *Handelsgesellschaften* erwähnt, die in der Form einer Aktiengesellschaft oder einer Gesellschaft mit beschränkter Haftung noch auf privatwirtschaftlichem Sektor zumeist als Kleinbetriebe bestehen, z. B. in Polen und in der DDR.

Vgl. *A. Wolter*, Prawo cywilne. Zarys części ogólnej (Zivilrecht. Grundriß des Allgemeinen Teils), Warschau 1970, S. 184; *H. Kleine u. a.*, Das Zivilrecht der DDR. Allgemeiner Teil, Berlin (Ost) 1955, S. 193.

Diesen Gesellschaften kommt unter den gegenwärtigen sozialökonomischen Bedingungen der sozialistischen Länder geringe Bedeutung zu, obwohl sie vom Volkswirtschaftsplan erfaßt und in das System der Vertragsbeziehungen der Wirtschaft einbezogen sind. Tendenziell ist ihre Umwandlung in staatliche Wirtschaftsunternehmen zu erwarten.

Gegenwärtig entstehen in verschiedenen sozialistischen Ländern gemischte Unternehmen mit außenwirtschaftlichem Tätigkeitsbereich, zumeist mit Kapitalbeteiligung westlicher Firmen. Sie sind als GmbH oder Aktiengesellschaften ausgestaltet.

IV. Entstehung und Beendigung der juristischen Personen

1. *Die gesetzlichen Bestimmungen*

Die Rechtsstellung der juristischen Personen ist grundsätzlich in den Zivilgesetzbüchern und sonstigen Zivilgesetzen geregelt.

Manche Zivilgesetze, wie z. B. das ungarische ZGB, enthalten ziemlich eingehende Regeln über die einzelnen Arten von juristischen Personen (§ 26–80 ungarisches ZGB). Weitere Regelungen finden sich z. B. in den Gesetzen und Verordnungen über die Staatsbetriebe, den Genossenschaftsgesetzen und in Musterstatuten.

2. *Entstehung der juristischen Personen*

Juristische Personen werden ins Leben gerufen durch einen Gründungs- oder Anerkennungsakt des sozialistischen Staates. Dies geschieht jedoch nicht einheitlich in den einzelnen Ländern. Man könnte allgemein drei Systeme angeben, nach denen juristische Personen verschiedener Art entstehen.

Vgl. *P. E. Orlovskij/S. M. Korneev u. a.*, Graždanskoe pravo (Zivilrecht) Bd. 1, Moskau 1969, S. 149–151; *A. Wolter*, Prawo cywilne, Zarys części ogólnej (Zivilrecht, Grundriß des Allgemeinen Teils), Warschau 1970, S. 184–185.

a) *Das Verfügungssystem.* Die juristische Person wird hier durch einseitige staatliche Verfügung ins Leben gerufen. Dies kann eine Rechtsnorm sein, die die Entstehung einer staatlichen Einrichtung als juristische Person vorsieht (z. B. die einschlägigen Gesetze über die Errichtung der Akademien der Wissenschaften der sozialistischen Länder), oder aber ein Verwaltungsakt des Ministerrates, eines Ressortleiters oder eines örtlichen Volksrates. Nach diesem überall praktizierten System werden die staatlichen Wirtschaftsunternehmen und staatlichen Einrichtungen geschaffen. Eines Gründungsaktes von seiten der so entstehenden Organisationen bedarf es nicht.

b) *Das Genehmigungssystem* (Konzessionssystem). Dieses System erfordert einen Gründungsakt der Mitglieder der im Entstehen begriffenen Organisationen, hinzu kommt dann die Genehmigung des kompetenten Aufsichtsorgans. Letzteres ist ein staatliches Organ oder ein genossenschaftlicher Dachverband, der sowohl die Rechtmäßigkeit als auch die Zweckmäßigkeit der Gründung prüft. Nach diesem System entstehen Genossenschaften und gesellschaftliche Organisationen mit nichtwirtschaftlicher Zweckbestimmung. Dies gilt nach tschechoslowakischem und polnischem Recht allgemein für die genannten Organisationen, während die landwirtschaftlichen Produktionsgenossenschaften nach bulgarischem und sowjetischem Recht einem anderen Gründungsmodus unterliegen. Ausnahmen bilden ebenfalls nach sowjetischem Recht manche genossenschaftlichen Grundorganisationen. Ihre Verbände entstehen jedoch nach dem besagten Genehmigungssystem. Das rumänische Recht wendet dieses System allein bei Gründung von gesellschaftlichen Organisationen an (Argument aus Art. 30 Dekret über die natürlichen und die juristischen Personen).

c) *Das Normativsystem.* Danach muß ein Gründungsakt der Mitglieder der künftigen juristischen Personen vorhanden sein, der bei der Registrierung von der staatlichen Aufsichtsbehörde darauf geprüft wird, ob die gesetzlichen Bedingungen für die Gründung derartiger juristischer Personen eingehalten worden sind. Im Gegensatz zum Verfügungssystem wird nach dem normativen System also allein die Rechtmäßigkeit der Gründung geprüft. Dieses System findet keine breite Anwendung. Nach ihm werden landwirtschaftliche Produktionsgenossenschaften, z. B. nach sowjetischem und bulgarischem Recht, gegründet. In Rumänien gilt es für alle Genossenschaften.

Die skizzierten drei Systeme stellen nicht abschließend die Gründungsvorgänge von juristischen Personen nach sozialistischem Zivilrecht dar. Es werden auch andere Methoden praktiziert. So ist z. B. dem sowjetischen Recht das sogenannte vertragsrechtliche Gründungssystem bekannt, nach dem gemischte Wirtschaftsorganisationen zwischen Produktionsgenossenschaften, zwischen diesen und staatlichen Unternehmen oder auch zwischen staatlichen und anderen genossenschaftlichen Organisationen im Wege der vertraglichen Abrede entstehen. Hierfür ist bei den staatlichen Organisationen eine Genehmigung des übergeordneten staatlichen Organs, bei den entsprechenden Genossenschaften jedoch nur ein Beschluß der Mitgliederversammlung erforderlich.

Die gesetzlichen Bestimmungen sehen für die Gründung der juristischen Personen in der Regel eine Eintragung in ein entsprechendes Register vor. Die Eintragung hat konstitutive Wirkung (so Art. 26 Abs. 2 letzter Satz ZGB RSFSR; Art. 29 Abs. 3 ungarisches ZGB; Art. 27 polnisches ZGB). Im übrigen dient sie dem Publizitätsprinzip und hat demzufolge Bedeutung für die Beziehungen der juristischen Person zu Drittpersonen, denen die sogenannten eintragungsfähigen Tatsachen entgegengehalten werden können. Es gibt verschiedene Register, die beim Gericht, bei den örtlichen Volksräten oder anderen staatlichen Organen geführt werden.

3. *Beendigung der juristischen Personen*

Hierfür sind die gesetzlichen Spezialbestimmungen und die Regelung in den Statuten der betreffenden juristischen Personen maßgebend. Die staatlichen juristischen Personen (staatliche Wirtschaftsunternehmen und staatliche Einrichtungen) werden durch einen Rechtsakt der Organe, die sie gegründet haben, beendet (so ausdrücklich Art. 38 ZGB RSFSR). Die Rechtspersönlichkeit von Genossenschaften geht entsprechend den Bestimmungen ihrer Satzung unter. Hierfür ist ein Auflösungsbeschluß der Mitgliederversammlung und unter Umständen die Zustimmung des Zentralverbandes der Genossenschaften erforderlich.

In bestimmten Fällen ist auch für die Auflösung von Genossenschaften die Zustimmung der staatlichen Aufsichtsbehörde erforderlich, wie z. B. für die Auflösung der landwirtschaftlichen Produktionsgenossenschaften in der ČSSR.

Gesellschaftliche Organisationen, die keinen wirtschaftlichen Zweck verfolgen, werden ebenfalls durch einen eigenen Beschluß aufgelöst. Bei ihnen sowie bei Stiftungen ist eine Beendigung ihrer Rechtspersönlichkeit allerdings auch durch Eingriff des entsprechenden staatlichen Aufsichtsorgans möglich. Typische Gründe für einen solchen Eingriff sind beispielsweise: Verstoß gegen Gesetzesvorschriften; längere Nichtbetätigung; Minderung der Mitgliederzahl unter die gesetzliche vorgeschriebene; Verschuldung; Verfolgung statutenwidriger Zwecke.

Vgl. im einzelnen *H. Slapnicka,* Die sozialistische Kollektivperson, Wien-Köln-Graz 1969, S. 225–227.

Die Beendigung der juristischen Person kann nicht nur durch Auflösung, sondern auch durch Teilung und Zusammenlegung erfolgen. Bei den staatlichen Wirtschaftsunternehmen ist dies sogar die Regel. Das Organ, das die Beendigung der staatlichen juristischen Person anordnet, bestimmt zugleich, wie ihr Vermögen aufgeteilt bzw. fusioniert wird. Wenn Genossenschaften und gesellschaftliche Organisationen ihre Teilung oder Zusammenlegung beschließen, treffen sie in ähnlicher Weise Entscheidungen über ihr Vermögen (vgl. die eingehenden Bestimmungen über das Vermögen fusionierter und aufgeteilter juristischer Personen im rumänischen Dekret über die natürlichen und die juristischen Personen Art. 41–50).

Eine Liquidation des Vermögens beendeter juristischer Personen findet statt, wenn kein Rechtsnachfolger designiert wird. Das Liquidationsverfahren wird für die einzelnen Arten von juristischen Personen spezialgesetzlich festgelegt. Zumeist wird es angewendet bei Genossenschaften und gesellschaftlichen Organisationen. Unterschiedlich bestimmen die Gesetze, in welchen Fällen das nach der Liquidation verbleibende Vermögen dem Staat zufällt, zwischen den Genossenschafts- oder den Vereinsmitgliedern nach Befriedigung der Gläubiger aufgeteilt oder einer anderen juristischen Person mit gleicher oder ähnlicher Zielsetzung zugewiesen wird (vgl. Art. 52 und 53 rumänisches Dekret über die natürlichen und die juristischen Personen; §§ 61–64 ungarisches ZGB; Art. 148 bulgarisches Gesetz über die Personen und die Familie).

Die Rechtspersönlichkeit der juristischen Personen geht mit ihrer Beendigung unter. Der meistens ausdrücklich angegebene Zeitpunkt der Auflösung, der Aufteilung oder Fusion der juristischen Person ist maßgebend für den Verlust der Rechtspersönlichkeit. Der späteste Zeitpunkt ist die Beendigung der Liquidation, wenn eine solche stattfindet. Im Gegensatz zur Eintragung hat die Löschung im Register keine Wirkung für den Bestand der Rechtsfähigkeit.

V. Rechtsfähigkeit. Organe

1. Rechts- und Geschäftsfähigkeit bei juristischen Personen

Für die juristischen Personen ist es charakteristisch, daß sie im Rechtsverkehr selbständig auftreten, Rechtsbindungen eingehen und subjektive Rechte ausüben, also eigene Rechtssubjektivität genießen. Allgemein wird diese Rechtssubjektivität, wie auch bei natürlichen Personen, als Rechtsfähigkeit bezeichnet. Wenn man sie auffaßt als die Fähigkeit, Rechte und Pflichten zu tragen, kann man sie begrifflich von der Geschäftsfähigkeit (Handlungsfähigkeit) der juristischen Personen unterscheiden, nämlich von der Fähigkeit, durch eigenes rechtlich relevantes Handeln Rechtsverbindlichkeiten zu begründen und Rechte ausüben. Die Handlungsfähigkeit der juristischen Personen richtet sich nach ihrer (speziellen) Rechtsfähigkeit (s. unten 2). Theoretisch wäre es möglich, daß die juristische Person, obwohl rechtsfähig, ihre Handlungsfähigkeit verliert (so z. B. wenn der Direktor eines Staatsunternehmens zusammen mit seinen Stellvertretern bei einem Verkehrsunfall ums Leben kommt). Die Beschränkung der Handlungsfähigkeit wegen Konkurseröffnung ist für das sozialistische Recht atypisch, im Falle von staatlichen juristischen Personen ja unbekannt.

Die Handlungen der Organe und sonstiger Vertreter der juristischen Person sind, anders als bei den gesetzlichen Vertretern natürlicher Personen, die geschäftsunfähig oder beschränkt geschäftsfähig sind, als Handlungen der juristischen Person selbst zu werten.

2. Der Grundsatz der speziellen Rechtsfähigkeit

Die Rechtsfähigkeit kommt praktisch darin zum Ausdruck, daß die juristische Person im Rechtsverkehr selbständig auftritt, indem sie sich an Rechtsverhältnissen aus ihrem gesetzlich oder statutenmäßig festgelegten Aufgabenbereich beteiligt. Die Rechtsfähigkeit der juristischen Person ist an ihre Aufgaben gebunden, ist also eine beschränkte und spezielle, nicht jedoch eine universale Rechtsfähigkeit. Dieser Grundsatz gilt in allen sozialistischen Rechten (siehe Art. 26 ZGB RSFSR; Art. 28 Abs. 2 ungarisches ZGB; Art. 36 polnisches ZGB; Art. 34 rumänisches Dekret über die natürlichen und die juristischen Personen).

Wenn die juristische Person als Subjekt eines verwaltungsrechtlichen oder finanzrechtlichen oder eines anderen nicht zivilrechtlichen Verhältnisses auftritt, so geschieht dies nicht in Ausübung ihrer Rechtsfähigkeit, die sich auf rechtsgeschäftliche Handlungen bezieht, bei denen die juristische Person ihrem Partner im Rechtsverhältnis gleichgestellt ist. Es bedarf nicht der Figur der Rechtspersönlichkeit im Sinne des Zivilrechts, um die verwaltungsrechtlichen Beziehungen, in denen sich z. B. ein staatliches Wirtschaftsunternehmen zur Hauptverwaltung des betreffenden Wirtschaftsministeriums befindet, oder die finanzrechtlichen Beziehungen einer staatlichen haushaltsgebundenen Einrichtung zu ihrem übergeordneten Organ zu erklären. Ähnlich verhält es sich mit den innergenossenschaftlichen Beziehungen oder der internen organisatorischen Beziehungen eines Staatsbetriebes. Auch ist es für die Arbeitsrechtsverhältnisse, die eine Organisation mit ihren Mitarbeitern eingeht, nicht erforderlich, daß sie juristische Person ist. Die Rechtspersönlichkeit einer Organisation, die zur juristischen Person erklärt worden ist, deckt folglich nicht alle Rechtshandlungen dieser Organisation. Sie ist nur dann bedeutsam, wenn rechtsgeschäftliche Handlungen einem gleichgestellten Rechtssubjekt gegenüber vorgenommen werden, bei denen eine materielle Haftung geltend gemacht werden kann. In der Lehre ist diese Auffassung jedoch nicht unumstritten. Manche Autoren plädieren für eine einheitliche Rechtssubjektivität.

Die spezielle Rechtsfähigkeit der juristischen Personen rührt von ihrer *Stellung* in der sozialistischen Gesellschaft her. Diejenigen juristischen Personen, die auf wirtschaftlichem Gebiet ihre Tätigkeit entfalten, sind der Wirtschaftsplanung und Arbeitsteilung unterworfen und erfüllen in diesem System bestimmte, genau abgegrenzte Aufgaben. Anders als unter marktwirtschaftlichen Bedingungen, unter denen das Ziel der Profitmaximierung theoretisch die Wahl jeder beliebigen Wirtschaftstätigkeit offenläßt, impliziert eine Planwirtschaft die Verteilung und organisatorische Fixierung der Aufgaben zumindest für die Dauer der jeweiligen Planperiode. Diese Spezialisierung der Tätigkeit der Wirtschaftsorganisationen ist theoretisch einleuchtend, allerdings nur unter den Bedingungen einer rigiden Planung. Eine optimale Wirtschaftstätigkeit, wie sie im Zuge der großen Wirtschaftsreform der 60er Jahre in den sozialistischen Ländern eingeleitet wurde, erfordert Elastizität, auch wenn sie unter den Vorzeichen einer Gesamtplanung steht. Dies könnte dazu führen, daß am Grundsatz der speziellen Rechtsfähigkeit der juristischen Personen nicht mehr so streng festgehalten und ihnen zwar nicht generell, dennoch in bestimmtem Rahmen eine sinnvolle Änderung ihres festgelegten Tätigkeitsbereiches erlaubt wird.

Das spezielle Betätigungsfeld der juristischen Personen außerhalb der Wirtschaft läßt sich dadurch erklären, daß ihr statutenmäßiges Ziel als solches anerkannt wird und sie allein zu seiner Verwirklichung ins Leben gerufen werden. Wenn sich diese juristischen Personen einem anderen Ziel widmen wollen, müssen die Voraussetzungen ihrer jeweiligen Tätigkeit neu geprüft werden.

Die spezielle Rechtsfähigkeit der juristischen Personen hat zur *Konsequenz,* daß Rechtsgeschäfte, die von der juristischen Person außerhalb ihres Aufgabenbereiches vorgenommen werden, mit Ungültigkeit bedroht sind. Dieser Grundsatz ist in den einzelnen sozialistischen Rechtsordnungen mit Modifikationen durchgeführt. Während nach dem sowjetischen, bulgarischen und rumänischen Recht die Ungültigkeit solcher Rechtsgeschäfte an keine weiteren Bedingungen geknüpft ist, verlangen das polnische und das tschechoslowakische Gesetz, daß der andere Geschäftspartner von der Überschreitung der Befugnisse der Organs der juristischen Person gewußt hat bzw. hätte wissen können.

Vgl. Art. 55 ZGB RSFSR; Art. 26 Abs. 3 bulgarisches GVV; Art. 34 rumänisches Dekret über die natürlichen und die juristischen Personen; Art. 36 polnisches ZGB § 20 Abs. 2 tschechoslowakisches ZGB.

Die Spezialität der Rechtsfähigkeit der juristischen Personen nach sozialistischem Recht weist in den rechtlichen Konsequenzen Parallelen mit ähnlichen Rechtsfiguren des französischen Rechts und insbesondere mit der ultra-vires-Theorie des angloamerikanischen Rechtskreises auf. In der sozialistischen Rechtsdoktrin wird dies bestritten, indem mit Nachdruck der unterschiedliche gesellschaftspolitische Kontext dieser Rechtsfiguren hervorgehoben wird. Die Ähnlichkeiten in der rechtlichen Ausgestaltung bleiben dennoch unverkennbar.

Vgl. dazu im einzelnen *H. Slapnicka,* Die sozialistische Kollektivperson, Wien-Köln-Graz 1969, S. 207 ff.

3. *Organe und Vertretung der juristischen Personen*

Zur Erreichung ihrer Ziele ist die juristische Person auf die Mitwirkung aller ihrer Mitarbeiter und Mitglieder angewiesen.

Diese sind beteiligt an der Tätigkeit der juristischen Person im ökonomisch-organisatorischen Sinne. Nach außen hin, in den Beziehungen zu Drittpersonen, tritt die juristische Person in Erscheinung durch ihre Organe oder sonstige Vertreter. Sie repräsentieren rechtlich die betreffenden Organisationen. Die Handlungen dieser Organe sind Handlungen der juristischen Person selbst, weil letztere im Gegensatz zu den natürlichen Personen, die sich vertreten lassen, aber auch selbst handeln können, rechtlich nicht anders tätig werden kann als durch ihre Organe. Sie treten im Rechtsverkehr im Namen der juristischen Person auf und solange sie im Rahmen ihrer Kompetenz handeln, begründen sie Rechte und Pflichten direkt für die juristische Person. Dieser Grundsatz ist einheitlich in den einzelnen Rechtsordnungen verankert und in der Lehre unumstritten (vgl. Art. 28 ZGB RSFSR; Art. 38 polnisches ZGB; § 20 tschechoslowakisches ZGB; Art. 131 Abs. 2 bulgarisches Gesetz über die Personen und die Familie; Art. 35 rumänisches Dekret über die natürlichen und die juristischen Personen).

Die Organe der juristischen Person werden im Gründungsbeschluß oder Statut festgelegt. Ihre Kompetenzen sind in den Spezialgesetzen für die betreffende Art der juristischen Person umschrieben und zumeist in den Statuten konkretisiert. Als Organe der juristischen Person fungieren sowohl Einzelpersonen wie auch Kollektive. Bei staatlichen juristischen Personen gilt das *Prinzip der Einzelleitung*. So stehen an der Spitze eines staatlichen Wirtschaftsunternehmens dessen Direktor und an der Spitze einer staatlichen Einrichtung deren Leiter, die sie als Organe nach außen vertreten, während am internen Leitungsprozeß auch die Administration und ihre selbständigen Organisationseinheiten beteiligt sind. Der Leiter der staatlichen juristischen Person wird ernannt.

Die Organe der Genossenschaften und der gesellschaftlichen Organisationen sind die Mitgliederversammlung, der Vorstand, der Kontrollausschuß oder andere im Statut festgelegte Gremien. Der Vorstand oder ein anderes gewähltes Organ besorgt die Geschäftsführung und die Vertretung der Organisation nach außen. Letztere erfolgt insbesondere durch den Vorsitzenden des Vorstandes oder durch ein von der Hauptversammlung bestelltes Vorstandsmitglied. Seine Kompetenz ist im jeweiligen Statut festgelegt, kann jedoch von der Mitgliederversammlung ad hoc erweitert werden.

Die juristische Person kann vertreten werden nicht nur durch ihre Organe oder durch zu diesem Zweck beauftragte Mitarbeiter oder Angestellte, sondern auch durch eine andere Person, die rechtsgeschäftlich bestellt wird. Der Grundsatz gilt allgemein, obwohl nur einige Gesetze konkrete Hinweise darauf enthalten (z. B. Art. 66 i. V. m. Art. 64 ZGB RSFSR; § 31 i. V. m. § 20 tschechoslowakisches ZGB). Die Befugnisse der rechtsgeschäftlich bestellten Vertreter richten sich nach dem Umfang ihrer Vollmacht. Rechte und Pflichten, die sie begründen, entstehen nach allgemeinen Regeln direkt für die juristische Person.

VI. Die Haftung der juristischen Person

Juristische Personen haften selbständig. Dies ist eines ihrer Wesensmerkmale. Sie haften mit ihrem Vermögen bis zu dessen Höhe. Ihre Haftung ist getrennt von der anderer juristischer Personen sowie von der persönlichen Haftung ihrer Mitglieder (vgl. z. B. Art. 36 ZGB RSFSR). Auch das Prinzip, daß der Staat für die Verbindlichkeiten der staatlichen juristischen Personen, insbesondere der Wirtschaftsunternehmen, nicht haftet, ist gesetzlich verankert (vgl. z. B. Art. 33 ZGB RSFSR; Art. 40 polnisches ZGB; Art. 37 rumänisches Dekret über die natürlichen und die juristischen Personen).

Die juristische Person haftet für die Handlungen ihrer Organe. Diese Haftung umfaßt sowohl Vertragsverletzungen als auch unerlaubte Handlungen und kann qualifiziert werden als Haftung für eigenes Verschulden bzw. eigenes Risiko. Sie ist die natürliche Konsequenz aus dem Grundsatz, daß die juristische Person, indem sie durch ihre Organe vertreten wird, die Verbindlichkeiten, die sie begründen, auf sich nimmt. Die besagten Handlungen müssen freilich im Zusammenhang mit den Vertretungsbefugnissen des Organs der juristischen Person stehen.

Diese sogenannte *Organtheorie* wurde ursprünglich in der UdSSR und später auch in den anderen sozialistischen Ländern vertreten. Gegenwärtig ist sie im polnischen und rumänischen Recht aufrechterhalten. Nach den anderen Rechten haftet freilich die juristische Person ebenfalls für ihre Organe, darüber hinaus steht sie aber auch für rechtswidrige Handlungen ihrer Mitarbeiter ein, wenn diese in Erfüllung von Aufgaben der juristischen Person tätig geworden sind. Das Bedürfnis für diese Erweiterung der Haftung der juristischen Personen dürfte aus der Praxis, besonders bei außervertraglichen Schadenszufügungen entstanden sein. Die betreffenden Normen sind im Bereich des Deliktsrechts angesiedelt (vgl. Art. 445 ZGB RSFSR; § 421 tschechoslowakisches ZGB; § 348 ungarisches ZGB). Sie gewähren Drittpersonen, mit denen die juristische Person in Berührung kommt, einen besseren Schutz und stimulieren die Mitarbeiter der juristischen Person bei Erfüllung ihrer Aufgaben, weil die Mitarbeiter ihrerseits im Wege des Regresses nach arbeitsrechtlichen oder genossenschaftsrechtlichen Grundsätzen nur beschränkt haften.

VII. Die staatlichen Wirtschaftsunternehmen als juristische Personen

1. *Geschichtlicher Überblick*

Die gegenwärtige Organisationsform der staatlichen Wirtschaftsunternehmen ist das Ergebnis einer langjährigen Entwicklung, die in den einzelnen sozialistischen Rechtsordnungen zwar typische Gemeinsamkeiten aufweist, dennoch aber auch spezifische Elemente zeigt. Die staatlichen Unternehmen sind in den ersten Jahren nach der sozialistischen Umgestaltung der gesellschaftlichen Verhältnisse zunächst durch die Nationalisierung der früheren privatkapitalistischen Betriebe entstanden. Die Nationalisierung, genauer Verstaatlichung der Wirtschaft ist außerhalb der UdSSR stufenweise vor sich gegangen. Sie brachte eine enorme Masse staatlichen Vermögens zusammen, das bewirtschaftet, aber auch nach neuen ökonomisch-organisatorischen Grundsätzen verwaltet werden mußte.

Nach der ursprünglichen ökonomischen Konzeption, die auf grundlegende Prämissen des Marxismus zurückgeht, sollte im Sozialismus der Marktmechanismus als Quelle kapitalistischer Wirtschaftsverhältnisse vollkommen ausgeschaltet und die Ware-Geld-Beziehungen sollten durch einen direkten Naturalaustausch ersetzt werden. Rechtlich wurde dies in ein System direkter material-technischer Versorgung der Betriebe und zentralisierten Absatzes ihrer Produkte übersetzt. Dieser Versuch wurde in der UdSSR in den ersten Jahren nach der Oktoberrevolution unternommen. Die Betriebe erhielten zentrale Zuteilungen an Rohstoffen, Materialien und Halbfabrikaten und waren verpflichtet, die fertige Produktion an durch verbindliche Planungsakte bestimmte Empfänger unentgeltlich abzugeben. Für die Organisation der Betriebe bedeutete dies, daß man ihre separate Rechtspersönlichkeit nicht benötigte.

Vgl. *A. Bilinsky,* Die sozialistische juristische Person in der Rechtsordnung der UdSSR und Polens, JfO 1969, 1, S. 130.

Der Versuch schlug jedoch fehl. Daraufhin entstanden dann gegen Ende der 20er Jahre die ersten Wirtschaftsunternehmen und Trusts als juristische Personen.

Die sozialistischen Länder, die nach dem Zweiten Weltkrieg entstanden, sind diesem Modell nicht gefolgt. Die Rechtsfigur des heutigen sozialistischen Wirtschaftsunternehmens wurde jedoch auch hier nicht durch einen einmaligen Akt geschaffen. Die neuen staatlichen Unternehmen behielten in verschiedenen Ländern eine Zeit lang ganz oder teilweise frühere handelsrechtliche Organisationsformen.

Vgl. *H Slapnicka,* Die sozialistische Kollektivperson. Wien-Köln-Graz 1969, S. 100.

Die Wirtschaftsunternehmen wurden allmählich in ein straffes Organisations- und Planungssystem eingefügt. Sie wurden geleitet von Fachministerien, insbesondere durch deren Hauptverwaltungen. Es entstanden dreistufige Verhältnisse der Über- und Unterordnung: Betriebe, Vereinigungen von Betrieben, Wirtschaftsministerien (Hauptverwaltungen); die Betriebe von lokaler Bedeutung wurden durch die örtlichen Volksräte geschaffen und durch sie geleitet. Sie wurden jedoch ebenfalls an einen entsprechenden Wirtschaftszweig gebunden und dadurch auch gleichzeitig zentralen wirtschaftsleitenden Organen (Ministerien, speziellen Staatskomitees) unterstellt.

In den 50er Jahren wurden Organisation und Leitung der staatlichen Wirtschaftsunternehmen weitgehend dezentralisiert.

S. Buczkowski/Z. K. Nowakowski, Prawo obrotu uspołecznionego (Das Recht des vergesellschafteten Verkehrs), Warschau 1971, S. 33-34.

Es wurden viele Wirtschaftsministerien aufgelöst und lokale Wirtschaftsräte in den neu gegründeten ökonomischen Gebieten eingerichtet, die wirtschaftsleitende Befugnisse innehatten. Zentrale staatliche Organe (insbesondere die neu geschaffenen staatlichen Komitees) übten auf die lokalen Wirtschaftsräte methodische Leitung aus.

Auch dieses System wurde Mitte der 60er Jahre mit Beginn der großen Wirtschaftsreform aufgelöst. Man kehrte jedoch nicht zum alten Muster zurück. Die wieder ins Leben gerufenen Wirtschaftsministerien erhielten erneut Planungs- und Leitungsbefugnisse, nicht jedoch im früheren Umfang. Große Bedeutung kam jetzt den neuen Vereinigungen der Wirtschaftsunternehmen zu. Letztere wurden zu ökonomischen Leitungsorganen erhoben, d. h., daß sie im Verhältnis zu den ihnen unterstellten Betrieben organisatorische und ökonomische Maßnahmen anwendeten (Koordinierungsvereinbarungen abschlossen, Markt- und Produktionsforschung betrieben und für den Absatz sorgten) und administrative Weisungen nur in geringem Umfang erteilten.

Dies ist der allgemeine Trend nach der Wirtschaftsreform in den meisten sozialistischen Ländern. Es gibt aber auch Ausnahmen. So verzichtet man z. B. in Ungarn auf Leitungsorgane der mittleren Ebenen. Die dort nach dem neuen Lenkungsmechanismus geschaffenen Vereinigungen sind Zusammenschlüsse von Unternehmen allein zu wirtschaftlichen Zwecken. Dagegen wird in Rumänien der dreistufige Aufbau in der Wirtschaftsverwaltung seit 1969 durch Einführung der sog. Industriezentralen mit Planungs- und Leitungsaufgaben neu erprobt. Vgl. *L. Vékás,* Die rechtliche Regelung der Wirtschaftsvereinigungen in Ungarn, JfO 1971, 2, S. 138; *E.-U. Barten,* Die Rechtsstellung des staatlichen Industrieunternehmens in Rumänien, WGO 1970, 6, S. 350.

Die Stellung der Wirtschaftsunternehmen selbst wurde gestärkt. Sie erhielten erweiterte Befugnisse in bezug auf ihre Vermögensfonds und wurden in den Prozeß der Planung einbezogen, indem sie Planvorschläge den übergeordneten Organen unterbreiten durften.

Die interne Organisation der staatlichen Betriebe hat sich von Anfang an weitgehend nach dem sowjetischen Muster gerichtet. Aber auch hier sind eigene Erfahrungen nicht ausgeblieben. Stand zunächst (z. B. in der ČSSR) der Direktor des staatlichen Industrieunternehmens an der Spitze eines leitenden Vorstandes, so wurde er später alleiniger Vertreter des Unternehmens nach außen und sein einziger weisungsberechtigter Leiter (Prinzip der Einzelleitung). Die übrigen Betriebsleitungsgremien hatten nur beratende Kompetenz. Von Polen abgesehen – wo eine institutionalisierte Arbeiterselbstverwaltung mit dem Gesetz vom 19. 11. 1956 einsetzte, zwei Jahre später jedoch durch das Gesetz vom 20. 12. 1958 etwas denaturiert wurde – konnte sich eine direkte Mitbestimmung der Arbeiter durch gewählte und zur Mitentscheidung berufene Arbeiterräte nicht durchsetzen. Der Gedanke der Selbstverwaltung wurde, anders als in Jugoslawien, nie zur Staatsdoktrin, weder in der Wirtschaft noch anderswo. Dennoch sind gegenwärtig unter den Bedingungen des neuen ökonomischen Systems Entwicklungen zu beobachten, die auf eine Verstärkung der Rolle der gesellschaftlichen Gremien in der Leitung des staatlichen Wirtschaftsunternehmens hinzielen (vgl. unten 3).

2. *Rechtliche Natur*

Das staatliche sozialistische Wirtschaftsunternehmen ist die charakteristische Figur der sozialistischen Planwirtschaft. Über sein sozial-ökonomisches Wesen gingen die Lehrmeinungen weniger auseinander. Sehr umstritten war dagegen – und ist zum Teil noch heute – seine rechtliche Natur. Wie bereits ausgeführt wurde (oben III.), zählt das staatliche sozialistische Wirtschaftsunternehmen zu den juristischen Personen von der Art der Körperschaften. Man ist sich in der Doktrin jedoch einig, daß hier dennoch ein Unterschied zu den echten Körperschaften, wie Genossenschaften und anderen gesellschaftlichen

Organisationen, besteht, deren Mitglieder mit ausgeprägten Entscheidungsbefugnissen hinsichtlich der Tätigkeit der juristischen Person ausgestattet sind, während bei den Mitarbeitern eines staatlichen Wirtschaftsunternehmens dies nicht der Fall ist.

Schon deshalb ist die früher von vielen Autoren verfochtene *Direktor-Theorie* nicht ohne weiteres haltlos. Sie sieht das Wirtschaftsunternehmen als staatliches Wirtschaftsorgan an, das zur juristischen Person erklärt worden ist. Das staatliche Organ wird jedoch verkörpert allein durch den Direktor des Unternehmens oder – in einer Variante – durch die Leitung im engen Sinne mit dem Direktor an der Spitze. Und die juristische Person wird mit den genannten Organen identifiziert. Das Kollektiv der Arbeiter stellt demnach kein konstitutives Element dar.

Vgl. zu dieser Theorie *P. E. Orlovskij/S. M. Korneev u. a.,* Graždanskoe pravo (Zivilrecht), Band 1, Moskau 1969, S. 145; *A. Bilinsky,* Die sozialistische juristische Person in der Rechtsordnung der UdSSR und Polens, JfO 1969, 1, S. 144; *H. Slapnicka,* Die sozialistische Kollektivperson, Wien-Köln-Graz 1969, S. 191.

Es ist sicher unbefriedigend, wenn die Frage nach dem Wesen der staatlichen juristischen Person und insbesondere des staatlichen sozialistischen Wirtschaftsunternehmens so beantwortet wird, daß hier eigentlich nur der Direktor (oder auch die Leitung) als konstitutives Element zählt. Vom verwaltungsrechtlichen Standpunkt wäre eine solche Auffassung durchaus nicht unbegründet, da tatsächlich nur die genannte Person verwaltungsrechtliche Befugnisse innehat, soweit das Unternehmen in Rechtsbeziehungen der Über- und Unterordnung steht. Die frühere Lehre charakterisierte deshalb den Staatsbetrieb in seiner Eigenschaft als Adressat von verbindlichen Planaufträgen und insbesondere den Direktor des Betriebes als staatliches wirtschaftliches Verwaltungsorgan. Heute, bei der geänderten Rechtsstellung des staatlichen Wirtschaftsunternehmens, begnügt man sich mit dieser Charakteristik des Staatsunternehmens jedoch nicht. Man differenziert nach wirtschaftsleitenden Organen (Verwaltungsorganen, wie Wirtschaftsministerien und Hauptverwaltungen), nach ökonomischen Leitungsorganen (Betriebsvereinigungen und anderen, die mitunter auch mit bestimmten Verwaltungsbefugnissen ausgestattet sind) und den operativen Wirtschaftseinheiten, nämlich den Betrieben, die rechtlich hauptsächlich dadurch gekennzeichnet sind, daß sie sich als juristische Personen gleichberechtigt an Vertragsverhältnissen beteiligen.

Darüber hinaus übersieht die Direktor-Theorie, daß ein Wirtschaftsunternehmen nur gedacht werden kann als eine Einheit von produktiv oder auf andere Weise wirtschaftlich tätigen Personen und dem dazu gehörenden Vermögen. Daran knüpft die sogenannte *Kollektiv-Theorie* an. Diese Theorie hebt hervor, daß zur sozialen Realität des staatlichen Wirtschaftsunternehmens als juristischer Person wesentlich ein menschliches Substrat gehört. Dies ist das Kollektiv der Werktätigen, das unter der Leitung des Direktors (und der Administration des Betriebes) mit dem ihm zugeteilten Vermögen wirtschaftet und so die Aufgaben des Unternehmens erfüllt. Das Unternehmen, das staatliches Vermögen verwaltet und bewirtschaftet, stellt nicht nur ein staatliches Wirtschaftsorgan dar und repräsentiert nicht – wie aus der Direktor-Theorie folgend – nur das vorgestellte Kollektiv des ganzen Volkes, sondern auch das kleinere Kollektiv der im Unternehmen beschäftigten Arbeiter.

Vgl. darüber *P. E. Orlovskij/S. M. Korneev u. a.*, Graždanskoe pravo (Zivilrecht), Band 1, Moskau 1969, S. 145–146; *A. Bilinsky,* Die sozialistische juristische Person in der Rechtsordnung der UdSSR und Polens, JfO 1969, 1, S. 138 ff.; *H. Slapnicka,* Die sozialistische Kollektivperson, Wien-Köln-Graz 1969, S. 190–192.

Die neuere, mit der großen Wirtschaftsreform in den sozialistischen Ländern eingeleitete Gesetzgebung über das staatliche Wirtschaftsunternehmen geht im Grunde von der Kollektiv-Theorie aus. Die Gesetze erkannten dem *Kollektiv der Arbeiter und Angestellten* als solchem sowie seinen repräsentativen Organisationen, wie Gewerkschaften, Produktionskomitees und anderen, neue Befugnisse bei der Planung und Leitung des Betriebsgeschehens zu. Auch die Rechtsstellung des betrieblichen Vermögens ist so ausgestaltet, daß bestimmte Fonds der Erhöhung des materiellen Anreizes der Arbeiter und

Angestellten bei der Erfüllung ihrer Aufgaben dienen. Der Bezugspunkt der rechtlichen Regelung ist also nicht allein der Leiter des Unternehmens, sondern sein ganzes Kollektiv.

Das staatliche Wirtschaftsunternehmen weist neben dem personellen Substrat auch ein materielles auf. Dies ist das *Vermögen,* mit dem es seine produktiv-wirtschaftliche Tätigkeit vollzieht. Wie unten noch zu zeigen ist, gehört dieses Vermögen nicht dem Staatsunternehmen. Dennoch ist letzteres nach außen hin befugt, in bestimmtem Rahmen über dieses Vermögen zu verfügen.

Das *Verhältnis Unternehmen-Staat* ist in bezug auf das Vermögen nach wie vor ungenügend geklärt. In allen sozialistischen Rechtssystemen nimmt man an, daß ausschließlich der sozialistische Staat Eigentümer des gesamtgesellschaftlichen Vermögens sei, das teilweise den einzelnen Unternehmen zur Bewirtschaftung anvertraut ist. Die Betriebe dagegen hätten nur das sogenannte Recht auf operative Verwaltung an den ihnen zugewiesenen Vermögensteilen. Dieses Recht umfasse die klassische Trias der Eigentumsbefugnisse, nämlich Besitz, Nutzung und Verfügung. Dennoch sei das Recht auf operative Verwaltung kein Eigentumsrecht, das allein dem Staat zustehe, sondern eine besondere Kategorie, durch die das Eigentumsrecht des Staates verwirklicht werde.

Das Recht auf operative Verwaltung stellt eine besondere Rechtsfigur dar, die nicht zu den herkömmlichen, vom Eigentumsrecht abgeleiteten beschränkten dinglichen Rechten zählt. Dieses Recht mit den Befugnissen des Besitzes, der Nutzung und der Verfügung zu umschreiben, ist insofern irreführend, als dies die Befugnisse des Eigentümers sind. Wenn sie das Unternehmen jedoch tatsächlich habe, ist es fraglich, ob sich diese Befugnisse mit dem ausschließlichen Eigentumsrecht des Staates vereinbaren lassen. In der Tat besitzt und nutzt das Unternehmen das ihm zugeteilte Vermögen. Darüber hinaus verfügt es in bestimmtem Rahmen über dieses Vermögen. Seine eingeschränkte Verfügungsbefugnis, die sich unter anderem darin äußert, daß das Unternehmen seinen Gewinn nicht frei verteilen kann, bestimmte Investitionen nur mit Genehmigung übergeordneter Organe vornehmen kann, die Vermögensfonds nicht zweckentfremdet einsetzen darf, ganz zu schweigen vom Verbot, Anlagevermögen uneingeschränkt zu veräußern oder seinen

Tätigkeitsbereich zu ändern, folgt nicht aus sachenrechtlichen Prämissen, d. h. aus dem Umstand, daß das Unternehmen kein Eigentümer ist. Diese Einschränkungen sind die Folge der planmäßig organisierten und dirigierten sozialistischen Wirtschaft. Andererseits kann das Unternehmen wiederum nicht zum Eigentümer des von ihm bewirtschafteten Vermögens erklärt werden, ohne auf die Grundkonzeption der sozialistischen Wirtschaft zu verzichten, nach der letztere ihre neue Qualität dem gesamtgesellschaftlichen Eigentum an Produktionsmitteln verdanke, das durch den sozialistischen Staat personifiziert wird.

3. *Organisation des Wirtschaftsunternehmens*

Das staatliche Wirtschaftsunternehmen als Grundeinheit der sozialistischen Wirtschaftsordnung ist eingegliedert in ein System von operativen und wirtschaftsleitenden Organen: Betriebe, Großbetriebe (Kombinate), Vereinigungen von Betrieben, Wirtschaftsministerien und deren Hauptverwaltungen. In diesem Rahmen ist es beteiligt an verwaltungsrechtlichen Beziehungen (auch Organisationsbeziehungen genannt), an solchen der ökonomischen Leitung, die komplexer Natur sind, und an Zivilrechtsverhältnissen. Seine innere Organisation, seine Rechte und Pflichten sind wesentlich bestimmt durch die Stellung, die das Unternehmen im genannten Organisationsgefüge einnimmt.

Der Status der staatlichen Wirtschaftsunternehmen ist zumeist durch nachgeordnete Normativakte geregelt: vgl. z. B. Verordnung des Ministerrates der UdSSR vom 4. 10. 1965 über den staatlichen sozialistischen Produktionsbetrieb; die ungarische Regierungsverordnung Nr. 11 vom 13. 5. 1967 über den Staatsbetrieb; Verordnung des Ministerrates der DDR über Aufgaben, Rechte und Pflichten der volkseigenen Betriebe, Kombinate und VVB vom 28. 3. 1973; das polnische Dekret vom 20. 10. 1950 über die Staatsbetriebe (in der Fassung vom 16. 2. 1960); das rumänische Dekret Nr. 199 vom 14. 5. 1949 über die Organisation und Funktionsweise der staatlichen Wirtschaftsunternehmen und Organisationen. Die Unternehmen erhalten auch eigene Statuten, die vom Gründungsorgan (zumeist einem Wirtschaftsministerium) bestätigt werden. Auch gibt es Musterstatuten für Unternehmen aus einer Branche, die als Anordnungen eines Ministers oder als Verordnungen des Ministerrates erlassen werden.

Die innere Struktur der staatlichen Wirtschaftsunternehmen ist nicht einheitlich. Sie variiert in den einzelnen Wirtschaftszweigen, aber auch von Land zu Land. Trotz der empirischen Vielfalt sind rechtlich einige einheitliche Regeln festzuhalten. In erster Linie handelt es sich um das Prinzip der sogenannten Eigenverantwortung und Einzelleitung des Direktors des sozialistischen Wirtschaftsunternehmens. Dieses Prinzip wurde nach sowjetischem Modell jahrzehntelang ausnahmslos befolgt, unabhängig von der Entwicklung bestimmter Formen der Mitwirkung anderer Gremien im Betrieb. Auch gegenwärtig gilt es fast uneingeschränkt.

Vgl. *V. V. Laptev u. a.,* Chozjajstvennoe pravo (Wirtschaftsrecht), 2. Aufl., Moskau 1970, S. 76; *U.-J. Heuer u. a.,* Sozialistisches Wirtschaftsrecht, Berlin (Ost) 1971, S. 122–124.

Die Unternehmensleitung, die sich aus den Leitern der einzelnen betrieblichen Struktureinheiten (der ökonomischen und Funktionsabteilungen, der Produktionsbereiche u. ä.) zusammensetzt, ist zwar für die Herbeiführung optimaler Entscheidungen im betrieblichen Geschehen unentbehrlich, hat jedoch dabei nur eine beratende Funktion. Dasselbe gilt auch für die Gewerkschaften und die sonstigen Vertretungsorgane und Organisationen der Belegschaft. Die Entscheidungsbefugnisse liegen allein beim Direktor des Unternehmens.

Dieses Leitungsmodell ist eigentlich ein Relikt. Es mag den Bedürfnissen einer streng zentralisierten Wirtschaft entsprechen, in der die Unternehmen Empfänger von Weisungen für Produktion und Lieferungen waren und nahezu keine wirtschaftliche Selbständigkeit besaßen. Die grundlegende Reform in der Planung und Leitung der sozialistischen Wirtschaft impliziert jedoch leistungsfähige, selbständige und wirtschaftlich bewegliche Staatsunternehmen, die den Erfordernissen eines modernen sozialistischen Managements genügen. Sie läßt eine kollektive Betriebsleitung besser geeignet erscheinen. Andererseits können grundsätzliche Einwände gegen die kollektive Unternehmensleitung etwa von der Konzeption einer einheitlichen und zentralisierten Verwaltung des Staatseigentums kaum hergeleitet werden. Denn gerade die Wirtschaftsreform erfordert eine Dezentralisierung in den Verwaltungsbefugnissen und eine stärkere Initiative der staatlichen Unternehmen bei der Bewirtschaftung des Volksvermögens.

Das Modell einer *kollektiven Leitung* der Staatsunternehmen befindet sich in Diskussion (z. B. in Bulgarien). In Rumänien wiederum sind bereits Maßnahmen zu seiner Verwirklichung eingeleitet worden. In den staatlichen rumänischen Industrieunternehmen ist in der Gestalt des Direktionskomitees ein neues Organ entstanden. Es hat keine beratenden Funktionen wie die vergleichbaren Gremien nach dem anderen Leitungsmodell, sondern ist ein echt kollektives Leitungsorgan, das über alle Fragen der betrieblichen Tätigkeit entscheidet. Das Direktionskomitee setzt sich aus dem Direktor des Unternehmens, den Leitern der wichtigsten Abteilungen, dem Vorsitzenden des Gewerkschaftsbetriebskomitees sowie aus ein bis fünf direkt gewählten Vertretern der Belegschaft zusammen. Der Direktor des Unternehmens fungiert als Vorsitzender des Direktionskomitees und trägt als solcher Sorge für die Durchführung der Beschlüsse dieses Komitees. Bei Meinungsverschiedenheiten zwischen der Mehrheit der Mitglieder des Direktionskomitees und dem Direktor kann letzterer seine Entscheidung nicht ohne weiteres durchsetzen. In den strittigen Fragen befindet dann das übergeordnete Organ.

Vgl. darüber *E.-U. Barten,* Die Rechtsstellung des staatlichen Industrieunternehmens in Rumänien, WGO, 1970, 6, S. 352–353 und 356 und die dort zitierten Normativakte.

4. Vermögen des Wirtschaftsunternehmens

Das sozialistische Wirtschaftsunternehmen führt seine statutenmäßige Tätigkeit aus mit einem Vermögen, das theoretisch nicht ihm, sondern dem Staat gehört. Das Wirtschaftsunternehmen ist kein Eigentümer des ihm zugeteilten Vermögens, bewirtschaftet jedoch dieses Vermögen und übt in bezug auf letzteres umfassende Befugnisse aus. Diese Befugnisse werden, worauf bereits hingewiesen wurde, durch die Kategorie der „operativen Verwaltung“ erfaßt. Sie beinhaltet die Befugnisse des Besitzes, der Nutzung und der Verfügung, von denen jedoch bei den einzelnen Vermögensfonds des Unternehmens unterschiedlicher Gebrauch gemacht wird.

Das Vermögen des sozialistischen Wirtschaftsunternehmens setzt sich aus *Anlagefonds* (Grundmittel) und *Umlauffonds* (Umlaufmittel) zusammen. Dieser Unterscheidung liegen die ökonomischen Kategorien Arbcitsmittel und Arbeitsgegenstände zugrunde, die jedoch nicht das alleinige Kriterium sind. Auch die Lebensdauer und der Wert des jeweiligen Vermögensobjektes spielen eine Rolle bei ihrer Einstufung als Grund- oder Umlaufmittel.

Vgl. *S. Buczkowski/Z. K. Nowakowski,* Prawo obrotu uspołecznionego (Das Recht des vergesellschafteten Verkehrs) Warschau 1971, S. 59–60; *V. V. Laptev,* Chozjajstvennoe pravo (Wirtschaftsrecht, 2. Aufl., Moskau 1970, S. 91–92 und insbes. S. 98 ff.

So gehören z. B. Maschinen, Ausrüstungen, Gebäude und Transportmittel, Arbeitsvieh, Zuchtvieh und Dauerpflanzen zu den Anlagemitteln, die sich allgemein dadurch auszeichnen, daß sie in mehreren Arbeitszyklen Verwendung finden und ihren Wert nur allmählich auf das jeweils hergestellte neue Produkt übertragen. Zum Umlauffonds zählen dagegen Rohstoffe, Materialien, Halbfabrikate sowie die fertige Produktion und bestimmte Geldmittel des Unternehmens. Dazu gehören auch Vermögensobjekte, die unabhängig von ihrer wirtschaftlichen Bestimmung von kurzer Lebensdauer oder von geringem Wert sind. Die betreffenden Normen sind in den einzelnen Rechtsordnungen unterschiedlich.

Ihrer allgemeinen wirtschaftlichen Bestimmung entsprechend werden die Unternehmensfonds in Produktions- und Zirkulationsfonds eingeteilt. Nach dieser Qualifikation fallen Anlage- und Umlaufvermögen unter Produktionsfonds, dagegen bilden die fertige Produktion und die Geldmittel, mit denen die laufenden Geschäfte finanziert werden, den Zirkulationsfonds des Betriebes.

Neben den gegenständlichen Vermögenswerten unterhält das Wirtschaftsunternehmen eine Reihe von Geldfonds, die unterschiedliche Bestimmung haben. So werden zur vollständigen oder teilweisen Erneuerung der Grundmittel des Unternehmens ein Investitionsfonds und ein Amortisationsfonds geführt. Zur Finanzierung von Maßnahmen, die im Entscheidungsbereich des Betriebes liegen und auf Rationalisierung und Erweiterung der Produktion sowie auf die Verbesserung der Organisation abzielen, wird ein Spezialfonds (z. B. der Fonds für die Entwicklung der Produktion in der UdSSR) gebildet. Soweit die Unternehmen selber Betriebsforschung betreiben, wird ebenfalls ein Spezialfonds (z. B. der Fonds Wissenschaft und Technik in der DDR) eingerichtet. Zuweilen wird auch ein Fonds Neue Technik geführt, aus dem neue Technologien und andere im Betrieb unmittelbar zu verwendende Ergebnisse des wissenschaftlich-technischen Fortschritts finanziert werden.

Jedes Wirtschaftsunternehmen hat auch einen Lohnfonds, aus dem die Belegschaft bezahlt wird. Seine Höhe ist streng normiert. Nach ihm richten sich meistens die Stimulationsfonds des Betriebes. Hierbei handelt es sich um den Prämienfonds, aus dem bei Erfüllung bestimmter Aufgaben die gesamte Belegschaft zusätzlich belohnt wird (verschiedentlich wird auch ein Fonds für individuelle Prämierung eingerichtet) sowie um den Sozial- und Kulturfonds, der für den werkeigenen Wohnungsbau wie auch für die medizinische und kulturelle Betreuung der Arbeiter und Angestellten verwendet wird.

Vgl. zu den einzelnen Fonds *V. V. Laptev,* Chozjajstvennoe pravo (Wirtschaftsrecht) 2. Aufl., Moskau 1970, S. 97 ff.; *U.-J. Heuer u. a.,* Sazialistisches Wirtschaftsrecht, Berlin (Ost) 1971, S. 85–86.

Die einzelnen Fonds (Geld- und Sachmittel) des Wirtschaftsunternehmens unterliegen besonderen Regeln. Charakteristisch ist hier die Zweckgebundenheit der Fonds. Die Wirtschaftsunternehmen können nicht beliebige Fonds unterhalten. Ihre Art ist festgelegt nach Branche, Stellung und Größe des Betriebes. Die Unternehmen unterhalten ihre Fonds aus eigenen Mitteln, aus dem Bruttoaufkommen, und zwar nach festgelegten und strikt zu beachtenden Sätzen. Darüber hinaus dürfen die Unternehmen ihre Mittel nicht zweckentfremdet einsetzen. So ist es nicht zulässig, Mittel z. B. aus dem Amortisationsfonds zur Einführung neuer Technik und Technologien zu verwenden oder aus dem Lohnfonds Prämien zu verteilen. Die Fonds des Unternehmens sind auch nicht ohne weiteres dem Zugriff seiner Gläubiger ausgesetzt. Besonders geschützt sind Grundmittel, Investitions- und Amortisationsfonds des Betriebes, in die eine Zwangsvollstreckung nicht möglich ist.

Die polnische Arbitragepraxis hat früher angenommen, daß Investitionsmittel des Betriebes zur Befriedigung solcher Forderungen dienen können, die im Zusammenhang allein mit der Investitionstätigkeit des Unternehmens stehen. Gegenwärtig herrscht jedoch die Auffassung vor, daß das gesamte Vermögen des Betriebes – mit Ausnahme des Wohnungsfonds – zur Befriedigung aller seiner Gläubiger offensteht und ihnen auf diese Weise umfassende wirtschaftliche Garantien bietet; vgl. hierzu *S. Buczkowski/Z. K. Nowakowski, Prawo obrotu uspołecznionego* (Das Recht des vergesellschafteten Verkehrs), Warschau 1971, S. 62.

Die *Grundmittel* des Unternehmens unterliegen einer weiteren besonderen Regelung. Anders als bei den Umlaufmitteln, für die nur orientierende staatliche Kennziffern bestehen, darf das Unternehmen die statutarisch festgelegte Höhe der Grundmittel nicht ändern. Darüber hinaus kann das Unternehmen über diese Mittel rechtlich nicht frei verfügen. Früher wurden überflüssig gewordene und veraltete Maschinen, Ausrüstungen, Transportmittel usw. vom übergeordneten wirtschaftsleitenden Organ eingezogen oder umverteilt. Nach dem neuen Wirtschaftsmodell können die Unternehmen solche Grundmittel veräußern oder entgeltlich anderen Organisationen zur Nutzung überlassen.

Die Regelung der Verfügungsbefugnisse der Unternehmen über ihre Grundmittel ist in den einzelnen Rechtsordnungen nicht einheitlich. Verschiedentlich sind hierzu Genehmigungen übergeordneter Organe erforderlich; vgl. für das sowjetische Recht *V. V. Laptev,* Chozjajstvennoe pravo (Wirtschaftsrecht), 2. Aufl., Moskau 1970, S. 98–99; für das rumänische Recht *E.-U. Barten,* Die Rechtsstellung des staatlichen Industrieunternehmens in Rumänien, WGO 1970, 6, S. 355. Übereinstimmend läßt sich jedoch eine Tendenz zur Erweiterung der Verfügungsbefugnisse des Unternehmens feststellen.

Die staatlichen Wirtschaftsunternehmen erhalten bei ihrer Gründung die für ihre vorausgesetzte Tätigkeit notwendige Ausstattung mit Sach- und Geldmitteln. Der Vermögensbestand des Unternehmens kann von dem Gründungsorgan (zumeist ein Wirtschaftsministerium) bei Reorganisation des Unternehmens geändert werden. Solange jedoch des Unternehmen in seiner ursprünglichen Gestalt besteht, werden Änderungen seines statutenmäßigen Vermögens nach Möglichkeit vermieden. Nach dem neuen Wirtschaftsmodell hat dieses Organ keinen Einfluß auf die Höhe der Umlaufmittel des Unternehmens.

Das gesamte Vermögen, mit dem das Unternehmen ausgestattet ist, wurde ihm früher unentgeltlich zugewiesen. Unter den Bedingungen des neuen Wirtschaftsmechanismus müssen die Unternehmen ihre Grundmittel dem Staat zurückzahlen. Die hierfür vorgesehene Produktionsfondsabgabe wird im Verhältnis zum Wert der Grundmittel festgelegt. Auf diese Weise wird versucht, die Unternehmen zu einer rentableren Tätigkeit zu stimulieren, indem sie ihre Grundmittel, für die sie an den Staat Abführungen machen müssen, und überhaupt ihren gesamten Produktionsfonds optimal nützen.

Vgl. *U.-J. Heuer u. a.*, Sozialistisches Wirtschaftsrecht, Berlin (Ost) 1971, S. 85; *Spišiak*, Wirtschaftliche Aspekte der neuesten Gesetzgebung in der ČSSR, ZHR (1968), Bd. 130, S. 54, qualifiziert die Produktionsfondsabgabe sogar als Kauf auf Kredit, den die Unternehmen in bezug auf ihr Anlagevermögen mit dem Staat abschließen.

Die staatlichen Wirtschaftsunternehmen müssen gegenwärtig ihre *Investitionen* weitgehend selbst finanzieren. Der Umfang ihrer Investitionsentscheidungen variiert in den einzelnen Ländern. Allgemein ist eine Tendenz zur Beschränkung der zentralen staatlichen Investitionen auf Objekte mit übergreifender und gesamtwirtschaftlicher Bedeutung festzustellen. Die Unternehmen halten für ihre Investitionsvorhaben Mittel im betrieblichen Investitionsfonds bereit. Außerdem können sie hierfür nach der neuen Regelung Bankkredite aufnehmen. In diesem Falle kontrolliert die Bank die Effektivität des Investitionsvorhabens. Nur in Ausnahmefällen sollen die Betriebe Zuschüsse aus dem Staatshaushalt bekommen.

Vgl. *G. Brunner*, Die rechtliche Stellung der Staatsbetriebe nach der Wirtschaftsreform in Ungarn, RabelsZ 1968, 2, S. 298; für die rumänische Regelung, die die Verantwortung für Investitionsentscheidungen hauptsächlich auf die Vereinigungen der staatlichen Wirtschaftsunternehmen (Industriezentralen) legt und eine Reihe von Genehmigungen bei Investitionsvorhaben vorsieht, vgl. *E.-U. Barten*, Die Rechtsstellung des staatlichen Industrieunternehmens in Rumänien, WGO 1970, 6, S. 357.

Von ihren Bruttoeinnahmen müssen die staatlichen Wirtschaftsunternehmen eine Reihe von Abführungen vornehmen. Außer der oben erwähnten Produktionsfondsabgabe müssen jährlich Mittel nach festen, für alle Unternehmen gleichen Sätzen an den Staatshaushalt abgeführt werden. Darüber hinaus werden Mittel in entsprechender Höhe den betrieblichen Fonds zugeführt. Mitunter bestehen Reserve- und Unterstützungsfonds bei den Vereinigungen der Wirtschaftsunternehmen oder bei anderen wirtschaftsleitenden Organen, denen gegenüber die Unternehmen zu Abgaben verpflichtet sind. Nicht zuletzt müssen auch die Bankkredite getilgt werden. Die Rangordnung, in der die einzelnen Abgaben erfolgen, ist in den einzelnen Rechten unterschiedlich. Vorrang genießen auf jeden Fall die Abführungen an den Staatshaushalt und die Produktionsfondsabgabe.

ZWEITES KAPITEL

Eigentumsrecht

LITERATUR:

O. S. Joffe/Ju. K. Tolstoj, Novyj graždanskij kodeks RSFSR (Das neue Zivilgesetzbuch der RSFSR) Leningrad 1965 (III. Kapitel); *O. S. Joffe,* Sovetskoe graždanskoe pravo (Sowjetisches Zivilrecht), Moskau 1967 (III. Abschnitt); *P. E. Orlovskij/S. M. Korneev u. a.,* Graždanskoe pravo (Zivilrecht) Bd. I, Moskau 1969 (II. Abschnitt); *J. Wasilkowski,* Zarys prawa rzeczowego (Grundriß des Sachenrechts), Warschau 1963; *J. Wiszniewski,* Zarys prawa cywilnego (Grundriß des Zivilrechts), 2. Aufl., Warschau 1970 (II. Teil); *M. Posch u. a.,* Das Zivilrecht der DDR, Sachenrecht, Berlin (Ost) 1956; *C. Statescu,* Drept civil. Persoana fizica. Persoana juridica. Drepturile reale (Zivilrecht. Natürliche Personen. Juristische Personen. Sachenrechte), Bukarest 1970 (IV. Teil).

D. Kokavec, La propriété socialiste, in: S. Luby u. a., Le droit civil tchécoslovaque, Bratislava 1969; *S. Luby,* La propriété personelle, in: S. Luby u. a., Le droit civil tchécoslovaque, Bratislava 1969; *G. Csanádi,* Das Eigentumsrecht im ungarischen Zivilgesetzbuch, in: G. Eörsi u. a., Da ungarische Zivilgesetzbuch in fünf Studien, Budapest 1963; *A. Szpunar,* Le transfert de propriété par contrat, in: Le droit de propriété dans les pays de l'Est, Brüssel 1964; *V. Knapp,* Les différentes catégories de la propriété, in: V. Knapp/I. Szabó u. a., Introduction aux Droits socialistes, Budapest 1971; *T. Ionasco,* Le droit de la propriété personelle, in: V. Knapp/I. Szabó u. a., Introduction aux Droits socialistes, Budapest 1971; *J. N. Hazard,* The Communists and Their Law, Chicago 1969 (Kap. 8 u. 9); *K. Zweigert/H. Kötz,* Einführung in die Rechtsvergleichung, Bd. I, Tübingen 1971 (§ 26).

A. V. Venediktov, Gosudarstvennaja socialističeskaja sobstvennost (Das staatliche sozialistische Eigentum), Moskau 1948; *V. Knapp,* Vlastnictvé v lidové demokracii (Das Eigentum in der Volksdemokratie), Prag 1952; *D. M. Genkin,* Pravo sobstvennosti v SSSR (Das Eigentumsrecht in der UdSSR), Moskau 1961; *S. M. Korneev,* Pravo gosudarstvennoj socialističeskoj sobstvennosti v SSSR (Das Recht des staatlichen sozialistischen Eigentums in der UdSSR), Moskau 1964; *T. Dębowski,* Ochrona własności w polskim prawie (Der

Eigentumsschutz im polnischen Recht), Warschau 1969; *J. Wasilkowski*, Pojecie własności w współczesnym prawie polskim (Der Eigentumsbegriff im gegenwärtigen polnischem Recht), Warschau 1972; *H. Wiedemann*, Das sozialistische Eigentum in Mitteldeutschland, Köln 1964; *O. W. Jakobs*, Eigentumsbegriff und Eigentumssystem des sowjetischen Rechts, Köln 1965; *D. Pfaff*, Das sozialistische Eigentum in der Sowjetunion., Köln 1965.

S. Sdobnow, Das gesellschaftliche Eigentum als zentrale ökonomische Kategorie des Sozialismus, Sowjetwissenschaft/Gesellschaftswissenschaftliche Beiträge 1969, S. 884–893; *E.-H. Kaden*, Der Eigentumsbegriff in rechtsvergleichender Betrachtung, Zeitschrift für Rechtsvergleichung 1966, 4; *D. Müller-Römer*, Verfassungsrechtliche Aspekte der Eigentumsordnung im sozialistischen Staat, Recht in Ost und West 1970, 2; *P. Colotka*, Das Recht des persönlichen Eigentums in der tschechoslowakischen Gesetzgebung, Wissenschaftliche Zeitschrift der Universität Halle 1962, 3; *V. Knapp*, Marxuv pojem vlastnictvi a současne teoreticke problemy statniho socialistického vlastinictvi (Der Marx'sche Eigentumsbegriff und die damit zusammenhängenden theoretischen Probleme des staatlichen sozialistischen Eigentums), Právnik 1970, 9; *G. Haney/ F. Thomas*, Zur Regelung des persönlichen Eigentumsrechts im künftigen ZGB, Neue Justiz 1960, 16; *G. Bley*, Zur Rolle des staatlichen sozialistischen Eigentums, Staat und Recht 1965, 1; *G. Bley*, Zur Gestaltung der Eigentumsverhältnisse im Zivilrecht, Staat und Recht 1965, 11; *K. Langendorf*, Zur Theorie des sozialistischen Eigentums, Wissenschaftliche Zeitschrift der Humboldt-Universität Berlin 1964, 2–3; *H. Hoffmann*, Sozialistisches Eigentum und Staatsmacht, Staat und Recht 1969, 8; *H. Oberländer/M. Posch*, Probleme der rechtlichen Regelung des Volkseigentums, Staat und Recht 1969, 12; *J. Mandel*, Die Regelung des persönlichen Eigentums der Bürger im ZGB, Neue Justiz 1969, 20, S. 638–642; *R. O. Chalfina*, Über das persönliche Eigentumsrecht in der Periode des umfassenden Aufbaus des Kommunismus, Staat und Recht 1961, 4; *M. B. Samojlova*, Pravovoe regulirovanie ličnoj sobstvennosti po GK RSFSR (Die rechtliche Regelung des persönlichen Eigentums nach dem ZGB der RSFSR), Vestnik Leningradskogo Universiteta 1965, 2; *P. Leonhardt*, Der Begriff des Eigentumsrechts in Rumänien, Jahrbuch für Ostrecht 1971, 1; *E. C. Hellbling*, Das Sachenrecht des neuen Zivilgesetzbuches Ungarns, Zeitschrift für Rechtsvergleichung 1967, 2; *J. Ignatowicz*, Przemiany prawa własności s świetle przepisów kodeksu cywilnego (Wandlungen des Eigentumsrechts im Lichte der Bestimmungen des Zivilgesetzbuches), Studia cywilisticzne,

Bd. XIII–XIV (1969), S. 67–83; *E. Gralla,* Das polnische Zivilgesetzbuch, Osteuroparecht 1966, 1, S. 88 ff., insbes. S. 103–109; *J. Wasilkowski,* Z cywilno-prawnej problematyki własności (Zur zivilrechtlichen Problematik des Eigentums), Państwo in Prawo 1971, 3–4; *L. Vasilev,* Novi momenti v razvitieto na pravnata uredba na socialističeskata sobstvenost i na nejnoto planovo upravlenie (Neue Momente in der Entwicklung der rechtlichen Regelung des sozialistischen Eigentums und dessen planmäßige Verwaltung), Pravna Misůl 1964, 1; *D. Stojanović,* Das gesellschaftliche Eigentum in der jugoslawischen Doktrin und Rechtssprechung, Osteuroparecht 1969, 2, S. 101–116; *U. Drobnig,* Eigentum und Vertrag im sozialistischen Recht, Jahrbuch für Sozialwissenschaft 1951, S. 157 ff.

A. Grundlagen

I. Eigentum als gesellschaftliches Verhältnis

Die marxistische politische Ökonomie hebt hervor, daß sich jede gesellschaftliche Produktion materieller Güter im Rahmen bestimmter Eigentumsformen vollzieht, die für die jeweilige Entwicklungsstufe der Gesellschaft (Gesellschaftsformation) charakteristisch sind. Damit ist zugleich ausgesagt, daß Eigentum einer jeden Gesellschaft immanent ist. Dies impliziert jedoch nicht, daß Eigentum und Eigentumsverständnis unveränderlich bleiben. In ihrer Entwicklung hat die menschliche Gesellschaft bereits fünf Eigentumstypen hervorgebracht: das kollektive Eigentum der sogenannten Urgesellschaft und in diesem Jahrhundert das sozialistische vergesellschaftete Eigentum; dazwischen liegen das Eigentum der Sklavenhaltergesellschaft, das feudale und das kapitalistische Eigentum, die sich dadurch auszeichnen, daß sie von einer bestimmten Gruppe (Klasse) in der Gesellschaft getragen werden. Sie prägen ihre soziale Stellung als ökonomisch herrschende Klasse.

Das Eigentum ist marxistischer Auffassung nach keine Beziehung zwischen Mensch und Ding, die der Person eine (uneingeschränkte) Herrschaft über ein (materielles) Objekt gestattet, sondern primär ein soziales Verhältnis. Dieses Verhältnis entsteht im gesellschaftlichen Reproduktionsprozeß zwischen dessen Teilnehmern. Zur Charakteristik der sozialen Verhältnisse, die wir als Eigentumsverhältnisse bezeichnen, gehört auch, daß sie sich in erster Linie auf die Produktionsmittel der Gesellschaft beziehen. Die Eigentumsverhältnisse zeigen die Zugehörigkeit der Produktionsmittel und anderer Güter zu bestimmten Personengruppen oder zur gesamten Gesellschaft. Die Eigentumsverhältnisse bestimmen die Aneignung der Objekte der Natur und der Produkte der menschlichen Arbeit und reproduzieren sich zugleich in dieser Aneignung. So ist das Wort von Marx zu verstehen („Zur Kritik der politischen Ökonomie"), daß das Eigentum die jeweilige gesellschaftliche Form der Aneignung der Natur durch die Menschen bedeutet. Die Aneignung materieller Güter erfolgt in der Gesellschaft in einer geordneten Weise. Dies wird dadurch ermöglicht, daß die Eigentumsverhältnisse in ihrer jeweiligen Beschaffenheit (Typus) relativ stabil und insofern einem jeden Reproduktionszyklus vorgegeben sind. Das Eigentum stellt jedoch nicht nur die Aneignung, sondern auch das Angeeignetsein materieller Güter dar: Diejenigen, denen die Produktionsmittel gehören, bringen diese in den Produktionsprozeß ein und eignen sich dessen Resultate an. Das Eigentum an Produktionsmitteln bestimmt also die Verteilung der materiellen Güter, die produktive und letztlich auch die individuelle Konsumtion. Eigentum beinhaltet nicht nur die Möglichkeit der Aneignung neugewonnener Güter, sondern auch die Möglichkeit der Verwendung bereits existierender materieller Objekte.

II. Verfassungsrechtliche Aspekte des Eigentums

1. Verfassungsrechtliche Bestimmungen

Die Verfassungen der sozialistischen Staaten begnügen sich nicht mit einigen Grundsatzbestimmungen über Stellung und Funktion des Eigentums im sozialistischen Gesellschaftssystem. Sie enthalten vielmehr eine zwar grundsätzliche, jedoch ziemlich eingehende Regelung der ökonomischen Grundlagen der sozialistischen Staats- und Gesellschaftsordnung. Einen wichtigen Platz in dieser Regelung nehmen, neben den Normen über Planung und Leitung der Volkswirtschaft, die Bestimmungen über das Eigentum ein. Der Regelung des Staatseigentums wird besondere ideologische und praktische Bedeutung beigemessen, weil sie die Eigenarten einer neuen Form vergesellschafteten Eigentums und seiner planmäßigen Verwaltung und Verwendung darstellt.

Vgl. Art. 2, 4 ff. Verf. UdSSR (1936); Art. 8 ff. Verf. ČSSR (1960); Art. 6 ff. Verf. Rumäniens (1965); Art. 10 ff. Verf. DDR (1968); Art. 13 ff. Verf. Bulgariens (1971).

Vgl. auch *I. F. Triška* (Hrsg.) Constitutions of the Communists-Party-States, Stanford 1968; *D. Müller-Römer*, Verfassungsrechtliche Aspekte der Eigentumsordnung i. sozialistischen Staat, ROW 1970, 2.

2. *Formen des Eigentums*

Das Eigentum in der sozialistischen Gesellschaft ist nicht einheitlich wie das Eigentum des Kapitalismus. Man unterscheidet vier Eigentumsformen: Staatseigentum (Volkseigentum), genossenschaftliches Eigentum, persönliches Eigentum und Privateigentum.

a) Das *sozialistische Staatseigentum* hat theoretisch als Träger die Gesellschaft, das gesamte Volk. Das Volk ist jedoch nicht unmittelbar Eigentümer: Der sozialistische Staat personifiziert hier die gesamte Gesellschaft und tritt daher als Subjekt des Volkseigentums auf. Der Staat wiederum übt die Eigentümerrechte nicht allein aus, d. h. durch staatliche wirtschaftliche Verwaltungseinrichtungen, die im Namen des Staates fungieren. Er überträgt diese Rechte, wie wir bereits gesehen haben (Kapitel 1), auch selbständigen Wirtschaftsorganisationen, die als juristische Personen das staatliche Eigentum in eigenem Namen bewirtschaften (siehe auch unten B, I).

Das sozialistische Staatseigentum stellt nach marxistischer Auffassung sowjetischer Prägung die höchste Form vergesellschafteten Eigentums dar. Es sei das erstrebenswerte Ziel einer jeden Gesellschaft, die effizient ihre materielle Produktion gestalten und gerechte Verteilung der Güter gewährleisten will. Deshalb soll die Stärkung des staatlichen Eigentums eine vordringliche Aufgabe des sozialistischen Rechts bilden. In der praktischen Politik der Länder, deren Gesellschaftsordnung und Recht dem sowjetischen Modell gefolgt sind, ist diese Tendenz unverkennbar.

Gerade diese Auffassung vom vergesellschafteten Eigentum lehnt die jugoslawische Partei- und Rechtsdoktrin ab. Sie sieht im Staatseigentum kein erstrebenswertes gesellschaftliches Ziel, weil sie politische und wirtschaftliche Machtkonzentration in den Händen des Staates befürchtet, die sich ihrer selbst willen durch einen bürokratischen Apparat schützt und breite gesellschaftliche Schichten aus der Verwaltung und Nutznießung des vergesellschafteten Eigentums praktisch ausschließt. Die jugoslawische Doktrin vertritt dagegen die Auffassung vom gesamtgesellschaftlichen Eigentum, das durch gesellschaftliche Selbstverwaltung in der Person der Arbeiterkollektive und der örtlichen Selbstverwaltungsorgane verwertet wird; vgl. V. *Petev,* Zum Eigentumsbegriff im sozialistischen Recht, WGO, 1973, 5–6.

Das Staatseigentum kann sich auf jedes beliebige Objekt beziehen. Es unterliegt im Vergleich zum persönlichen und genossenschaftlichen Eigentum keinerlei Einschränkungen. Bestimmte Güter dagegen dürfen nur Volkseigentum sein. Die Verfassungen geben eine beispielhafte Aufzählung dieser Güter. Hierzu gehören die Naturschätze und die Gewässer, bestimmte Transport- und Kommunikationseinrichtungen wie Bahn- und Luftverkehr sowie Post- und Fernmeldewesen, Funk und Fernsehen. Bank- und Versicherungsinstitute sind ebenfalls ausschließlich in staatlicher Hand. Grund und Boden gehört allgemein nicht zu dieser Kategorie. Nur in der UdSSR ist er vollkommen verstaatlicht.

b) Das sozialistische Eigentumssystem kennt auch das *genossenschaftliche Eigentum.* Dieses Eigentum ist jedoch keine sozialistische Neubildung. Einen gewissen Bestand an genossenschaftlichem Eigentum fand der sozialistische Staat bereits vor.

Der sozialistische Staat nimmt dennoch für sich in Anspruch, dem genossenschaftlichen Eigentum eine neue Qualität zu geben, indem er die Genossenschaftsmitglieder durch Neuordnung ihrer Beziehungen zum Eigentum für ihre Teilnahme an einem voll vergesellschafteten Eigentum, dem Volkseigentum vorbereitet. Die Realisierung dieses Zieles setzt jedoch eine rechtliche Regelung voraus, die objektiv das genossenschaftliche Eigentum als Teil des sozialistischen Eigentumssystems gestaltet und zugleich geeignet ist, die Bewußtseinsbildung der Genossenschaftsmitglieder in die gewünschte Richtung voranzutreiben. Hierfür wären auch Erziehungsmittel, die außerhalb des Rechts liegen, erforderlich. In der praktischen Politik ist bislang nicht festzustellen, daß der sozialistische Staat die Genossenschaften zu verdrängen und ihr Eigentum in Staatseigentum umzuwandeln beabsichtigt. Im Gegenteil, es ist eine Stärkung der Stellung der Genossenschaften und eine Erweiterung ihrer Kapazitäten zu beobachten.

Neben den staatlichen Wirtschaftsunternehmen wirken in der sozialistischen Gesellschaft verschiedene Genossenschaften. Die wichtigsten sind die Produktionsgenossenschaften des Handwerks, die landwirtschaftlichen Produktionsgenossenschaften, die Wohnungsbaugenossenschaften und die Konsumgenossenschaften.

Den Produktionsgenossenschaften des Handwerks kommt besondere Bedeutung bei der Versorgung der Bevölkerung mit Dienstleistungen zu. Denn staatliche Dienstleistungsbetriebe allein können den Bedarf in diesem Bereich nicht decken. Während früher versucht wurde, den staatlichen Dienstleistungssektor zu erweitern, werden heute die Genossenschaften von seiten des Staates verstärkt unterstützt und sogar Einzelhandwerker trotz restriktiver Bestimmungen immer wieder zugelassen.

Großen Aufschwung haben in den letzten Jahren, allerdings von Land zu Land verschieden, die Wohnungsbaugenossenschaften erfahren, da sich der private Wohnungsbau in den sozialistischen Ländern ausweitet. Nur sind dies Genossenschaften von beschränkter Dauer, weil sie ihr Ziel mit der Fertigstellung des geplanten Wohnobjekts erreichen und daraufhin gleich aufgelöst werden.

Die Bedeutung der landwirtschaftlichen Produktionsgenossenschaften bedarf kaum der Hervorhebung.

Vgl. darüber *V. Fabry,* Zur Frage des Bodeneigentums, Acta Universitatis Carolinae – Juridica 1968, 1, S. 3–40; *N. D. Kazancev,* Pravo gosudarstvennoj pozemlenoj sobstvennosti v SSSR (Das Recht des staatlichen Eigentums am Grund und Boden in der UdSSR), Vestnik Moskovskogo Universiteta 1969, 5, S. 16–25; *S. I. Kulišev,* Problemi na pozemlenoto pravo v svetlinata na rešenijata na Julskija plenum na ZK na BKP (Probleme des Bodenrechts im Lichte der Beschlüsse des Juli-Plenums des ZK der bulgarischen kommunistischen Partei), Pravna Misǔl 1969, 5, S. 58–68.

Sie bilden schon seit geraumer Zeit die Hauptform des Produktionsbetriebes auf dem Lande. Nach anfänglichen Schwierigkeiten haben sich die landwirtschaftlichen Produktionsgenossenschaften konsolidiert. Heute arbeiten sie meist rentabel und können den Genossenschaftsbauern weitgehend einen angemessenen Lebensstandard sichern.

Die Genossenschaften sind in das sozialistische Wirtschaftssystem integriert. Obwohl sie nicht Träger von Staatseigentum, sondern eines nur teilweise vergesellschafteten Eigentums sind, wird ihre Tätigkeit durch die staatlichen Wirtschaftspläne erfaßt. Trotzdem haben die staatlichen wirtschaftsleitenden Organe den Genossenschaften gegenüber keine Weisungsbefugnisse, erteilen im Einzelfall weder Planaufträge noch fordern sie Rechenschaftslegung. Die Tätigkeit der Genossenschaften wird zwar operativ durch ihre eigenen Verbandsorgane geleitet, doch letztlich unterliegen sie einer starken staatlichen Steuerung.

Die Genossenschaft ist ein kollektives Eigentumssubjekt. Die Genossenschaftler üben durch gewählte Organe das genossenschaftliche Eigentumsrecht aus. Dies ist ein Recht auf kollektive Bewirtschaftung des in die Genossenschaft eingebrachten Vermögens. Hiervon sind zu unterscheiden die Eigentumsrechte der Genossenschaftler an ihrem Anteil, welche, obwohl eingeschränkt, bestehen bleiben. Die Einschränkungen äußern sich darin, daß der einzelne Genossenschaftler das eingebrachte Vermögen nicht mehr allein besitzt und nutzt, sondern diese Befugnisse an die Genossenschaft überträgt. Der einzelne Genossenschaftler kann andererseits zwar über seinen Anteil verfügen, meistens jedoch nicht während des Geschäftsjahres. Mitunter besteht auch die Verpflichtung, den eigenen Anteil nicht an Personen zu verkaufen, die nicht Mitglieder der Genossenschaft werden können. Vgl. *J. Seres*, Allgemeine Charakterisierung des Inhalts des produktionsgenossenschaftlichen Eigentumsrechts, Acta Juridica 1964, 3–4, S. 369 ff.

Die Ausübung der Rechte am genossenschaftlichen Eigentum ist streng an den jeweiligen genossenschaftlichen Zweck ausgerichtet. Dieser Grundsatz ist in den Genossenschaftsstatuten und den spezialgesetzlichen Bestimmungen verankert.

Das Eigentum der sozialistischen gesellschaftlichen Organisationen (d. h. der Vereine und Verbände, die keine wirtschaftliche Tätigkeit ausüben; vgl. oben Kapitel I, B) hat den Rang genossenschaftlichen Eigentums. Dementsprechend ist auch seine rechtliche Regelung ausgestaltet.

c) Die dritte Eigentumsform in der sozialistischen Gesellschaft ist das *persönliche Eigentum*. Dieses Eigentum wird nicht als ein zu duldendes Überbleibsel des früheren Privateigentums aufgefaßt. Es ist aus einer völlig neuen Konzeption heraus entwickelt worden.

Vgl. *S. Luby,* La propriété personelle, in: L. Luby u. a., Le droit civil tchécoslovaque, Bratislava 1969, S. 55, 56.

Charakteristisch für das persönliche Eigentum sind seine Quellen und seine Bestimmung. Dieses Eigentum entsteht nicht als Ergebnis einer wirtschaftlich-unternehmerischen Tätigkeit, die immer auf Gewinnerzielung ausgerichtet ist, sondern allein durch das individuell „erarbeitete" Einkommen und durch Beerbung. Es dient der Befriedigung der materiellen Bedürfnisse des einzelnen (und seiner Familie) und der Verwirklichung seiner kulturellen Interessen. Die Objekte, auf die sich dieses Eigentum bezieht, sind in der Regel Gegenstände des individuellen täglichen Gebrauchs wie Kleidung, Mobiliar, Wohnung, Wagen, Bücher, Musikinstrumente u. a. Zum persönlichen Eigentum der Bauern gehören auch das Inventar und bestimmte Gebäude mit landwirtschaftlicher Zweckbestimmung.

Mit der Festigung der sozialen Verhältnisse und der Intensivierung der gesellschaftlichen Produktion beginnt das persönliche Eigentum sich zu wandeln. Der Kreis der Güter, die darunter fallen, erweitert sich allmählich. Auch ist eine Häufung von Wohnobjekten (Bau von größeren Wohnungen, die die Bedürfnisse der einzelnen Familien übersteigen) festzustellen. Dies muß zwangsläufig zu einem Überdenken der Konstruktion des persönlichen Eigentums führen, nach der der Eigentümer unmittelbar die Objekte seines Rechts nutzt, um seine persönlichen Bedürfnisse zu befriedigen. Neue Gesetzgebungsakte in einigen sozialistischen Ländern deuten diese Entwicklung bereits an (siehe unten B, II).

d) Die Form des *Privateigentums* bleibt für die sozialistische Gesellschaftsordnung ein Relikt. Dennoch ist diese Eigentumsform in einigen Ländern verfassungsrechtlich festgelegt.

Vgl. z. B. Art. 14 der Verfassung der DDR von 1968: „Das Zusammenwirken von sozialistischen und privaten Wirtschaftsunternehmen und -einrichtungen wird vom Staat gefördert." Gerade in der DDR machen sich jedoch in letzter Zeit rückläufige Tendenzen bemerkbar: Viele Privatbetriebe mit staatlicher Beteiligung werden, formell gesehen, durch eigenen Entschluß des privaten Teilhabers in Staatsunternehmen umgewandelt, was bedeutet, daß Privateigentum hier in Staatseigentum übergeht. Vgl. auch Art. 12 der Verfassung Polens. Die Verfassung der ČSSR aus dem Jahre 1960 enthält dagegen keine Bestimmungen über die noch existente Form des Privateigentums. Ihre rechtliche Regelung findet sich allein in den Übergangs- und Schlußbestimmungen des tschechoslowakischen Zivilgesetzbuches (Art. 489 ff.). Die neue Verfassung Bulgariens (von 1971) erwähnt das Privateigentum ebenfalls nicht.

Das Privateigentum wird aus volkswirtschaftlichen und gesellschaftspolitischen Erwägungen heraus aufrechterhalten. Sein Umfang und Gewicht sind in den einzelnen sozialistischen Ländern unterschiedlich, doch kann man allgemein feststellen, daß seine volkswirtschaftliche Bedeutung relativ gering ist. Je nach politischem Kurs wird das Privateigentum mehr oder weniger geduldet. Seine gesellschaftliche Basis wird immer schmaler und es ist in Zukunft zu erwarten, daß es ganz in den Formen des vergesellschafteten Eigentums aufgehen wird.

Vgl. *J. N. Hazard,* Communists and Their Law, Chicago 1969, S. 172 ff.; *V. Knapp,* Les differentes catégories de la propriété, in: V. Knapp/I. Szabó u. a., Introduction aux Droits socialistes, Budapest 1971, S. 361–364.

Das in diesem engen Rahmen bestehende Privateigentum ist ein Eigentum an Produktionsmitteln. Es wird verwertet in einer auf wirtschaftlichen Erfolg ausgerichteten Tätigkeit, zumeist unter Verwendung fremder Arbeitskraft. Dies alles unterscheidet das Privateigentum in der sozialistischen Gesellschaft vom persönlichen Eigentum und läßt deutlich werden, daß seine rechtliche Ausgestaltung restriktiv bleiben muß, um einer möglichen Wiederauferstehung privatkapitalistischer Produktionsverhältnisse entgegenzuwirken.

Das Bild des heute noch bestehenden Privateigentums ist in den einzelnen sozialistischen Ländern recht unterschiedlich. Private Industriebetriebe finden sich selten, wie z. B. in der

DDR. Hier sind auch die privaten Industriebetriebe mit staatlicher Kapitalbeteiligung zu verzeichnen.

In organisatorischer Hinsicht stellen diese „halbstaatlichen“ Betriebe zumeist Kommanditgesellschaften. Der Privateigentümer ist Komplementär, der Staat Kommanditist. Der Betrieb wird in der Regel vom privaten Kapitaleigner als Direktor im staatlichen Auftrage geleitet. Dies denaturiert etwas seine Stellung als Gesellschafter. Denn er übt seine Funktionen in Abhängigkeit von wirtschaftsleitenden staatlichen Organen aus, steht in einem Angestelltenverhältnis (mit festgesetztem Monatsgehalt), erhält andererseits Gewinne aus seinem Kapitalanteil, ist aber im Gegensatz zu den Direktoren staatlicher Unternehmen nicht ohne weiteres absetzbar, wenn er einmal als Leiter eines Betriebes mit staatlicher Kapitalbeteiligung eingesetzt worden ist. Bei der Entstehung solcher Betriebe war der Staat allerdings nicht gebunden an die Person des früheren Kapitaleigners: Auch andere Personen konnten als Leiter nominiert werden.

Eine weitere Besonderheit der Betriebe mit staatlicher Beteiligung ist, daß ihre gesamte Tätigkeit der staatlichen Wirtschaftsplanung und einer strengen Finanzkontrolle unterliegt. Außerdem ist der Komplementär (privater Kapitaleigner) erheblichen Lasten ausgesetzt. Der Steuersatz für sein Einkommen als Kapitaleigner, also nicht für sein Gehalt kann bis etwa 85 % vom Bruttoeinkommen betragen.

Die privaten Unternehmen mit staatlicher Beteiligung sind von Anfang an als Übergangsform des im Prozeß der Vergesellschaftung befindlichen Produktionseigentums konzipiert worden. Die Entwicklung war später jedoch ziemlich widersprüchlich. Sie wurden abwechselnd gefördert und eingeschränkt, doch sie existierten weiter. Man wartete sozusagen das natürliche Ende solcher Unternehmen ab, da sie – obwohl theoretisch möglich – von den Erben des verstorbenen privaten Kapitaleigners im allgemeinen nicht weitergeführt wurden. Die gegenwärtige Wirtschaftspolitik der DDR zielt, wie es scheint, auf ihre endgültige Auflösung ab.

Das private Gaststättengewerbe ist z. B. in Polen sehr verbreitet.

Allgemein kann man feststellen, daß private Handwerker und Einzelhändler keine sehr verbreitete Kategorie von Privateigentümern bilden. Sie werden vom Staat eher geduldet als gefördert, denn sie werden nur soweit zugelassen, als das staatliche und genossenschaftliche Netz von Dienstleistungsbetrieben nicht ausreicht oder um auf Kommissionsbasis Handel mit staatlichen Waren zu betreiben. Für ihre Tätigkeit gilt außerdem eine Reihe von gesetzlichen Bestimmungen, die Umsatz, Zahl der Beschäftigten usw. beschränken.

Das Gewicht der Einzelbauern ist in den einzelnen sozialistischen Ländern in dem ohnehin engen Rahmen zulässigen privaten Bodenbesitzes für landwirtschaftliche Zwecke unterschiedlich. In der UdSSR gibt es keine Einzelbauern, die einen selbständigen landwirtschaftlichen Betrieb führen, da hier bekanntlich Grund und Boden verstaatlicht sind. In Bulgarien und in Ungarn ist die Zahl der Einzelbauern sehr gering, während sie z. B. in Polen doch eine stärkere Gruppe bilden.

Vgl. *G. Csanádi*, Das Eigentumsrecht im ungarischen Zivilgesetzbuch, in: G. Eörsi u. a., Das ungarische Zivilgesetzbuch in fünf Studien, Budapest 1963, S. 128; *J. N. Hazard*, The Communists and Their Law, Chicago 1969, S. 149, 150.

Die Einzelbauern sind Träger von Privateigentum nur insofern sie einen eigenen landwirtschaftlichen Produktionsbetrieb, unabhängig von einer Genossenschaft, mit fremder Arbeitskraft führen. Demnach ist die kleine Nebenwirtschaft der Genossenschaftsbauern, die von Familienmitgliedern außerhalb der Arbeitsstunden in der landwirtschaftlichen Produktionsgenossenschaft betrieben wird, keine Form von Privateigentum.

3. Die soziale Zweckbestimmung des Eigentums

Das gesellschaftliche Eigentum und insbesondere das Staatseigentum ist von seiner Anlage her bestimmt, der Gesellschaft als Ganzer und dem einzelnen zu dienen. Dieser Grundsatz gilt für alle sozialistischen Rechtssysteme. Die Verfassung der DDR z. B. widmet ihm eine spezielle Bestimmung. In Art. 12 dieser Verfassung heißt es, daß die Verwaltung und Nutzung des Staatseigentums (Volkseigentums) „mit dem Ziel des höchsten Ergebnisses für die Gesellschaft" erfolgt. Diese Formulierung hinterläßt den Eindruck, daß es sich hier um eine Priorität der Interessen der Allgemeinheit gegenüber denen des einzelnen handelt. Sie wird auch überwiegend so verstanden, jedoch zu Unrecht. Denn ein vergesellschaftetes Eigentum hat nur dann eine Berechtigung, wenn es der Allgemeinheit und zugleich dem *Individuum* nützlich ist. Der einzelne hat zwar keinen Teil des Volkseigentums inne, besitzt jedoch einen Anspruch auf die Ergebnisse seiner Verwertung. Ein Gegensatz der Interessen des einzelnen und der Gesellschaft darf hier konzeptionell nicht angenommen werden. Zutreffend formuliert daher § 124 ZGB ČSSR, wenn er sagt, daß alle öffentlichen Einrichtungen „dem gesellschaftlichen Gebrauch der Bürger" dienen. Er gibt zwar als Beispiele die Transportbetriebe, die Gesundheits-, kulturelle und soziale Einrichtungen an, ordnet diese Bestimmung jedoch in das Kapitel über „Das sozialistische gesellschaftliche Eigentum und die Befriedigung der Bedürfnisse der Bürger" ein und bringt somit die allgemeine Bestimmung des Volkseigentums zum Ausdruck, nämlich der Gemeinschaft und zugleich dem einzelnen zu dienen, einerlei, ob es sich um wirtschaftliche, soziale oder andere Einrichtungen handelt und ob der Gebrauch, den der einzelne davon macht, direkt oder vermittelt ist.

Im Zusammenhang damit sind auch die verfassungsrechtlichen und anderen Bestimmungen zu sehen, die den Bürgern die Pflicht zu einer besonderen Sorgfalt beim Umfang mit den gesellschaftlichen, insbesondere dem Staatseigentum auferlegen. Die Pflicht ist allgemein, betrifft alle Bürger, unabhängig davon, ob sie in Ausübung beruflicher und sonstiger Obliegenheiten in Berührung mit diesem Eigentum kommen. Alle sind verpflichtet: a) das Staatseigentum nicht zu schädigen; b) es vor Schadenszufügungen Dritter zu bewahren; c) mit ihm sparsam und in volkswirtschaftlich vertretbarer Weise umzugehen.

4. *Schutz des Eigentums*

Das Eigentum genießt in allen seinen Formen Schutz durch den sozialistischen Staat. Es trifft daher nicht zu, daß das sozialistische Recht allgemein eigentumsfeindlich sei. Allein das private Eigentum an Produktionsmitteln ist stark reduziert worden, weil dieses Eigentum einer anderen sozial-ökonomischen Ordnung angehört, sich mit der sozialistischen Produktionsweise schwierig verträgt und insofern nur ein vorübergehendes Dasein haben kann. Aber auch dieses Eigentum genießt in dem ihm zugewiesenen Rahmen allgemeinen rechtlichen Schutz.

Das Gesetz erkennt die *Beerbung* von persönlichem, genossenschaftlichem und privatem Eigentum an, schützt die Erben durch einen *Pflichtteil* und statuiert keinerlei Einschränkungen, die den einzelnen motivieren würden, sich des Erwerbs von Eigentum zu enthalten.

Das Eigentum ist auch in der sozialistischen Gesellschaft insofern unantastbar, als beliebige Eingriffe von seiten des Staates ausgeschlossen sind. Enteignungen sind nur zulässig, wenn ein dringendes gesellschaftliches Interesse vorliegt, wie z. B. bei Bauvorhaben, Sanierungen, aus Gründen des Naturschutzes, des Schutzes von historischen Werken u. ä. Sie erfolgt gegen Entschädigung, in einem gesetzlich festgelegten, kontradiktorischen Verwaltungsverfahren, aber dennoch mit Rechtsgarantien und Kontrollmöglichkeiten.

III. Das Eigentumsrecht

1. Das objektive Eigentumsrecht

Das sozialistische Sachenrecht kennt die übliche Einteilung in objektives und subjektives Eigentumsrecht.

Objektives Eigentumsrecht sind die gesetzlichen Bestimmungen über das Eigentum im allgemeinen, seine Arten, den Inhalt der Befugnisse, die das subjektive Eigentumsrecht ausmachen, ferner die Bestimmungen über Erwerb, Verlust, Schutz des Eigentums, über Miteigentum usw. Sie bilden einen Teil des Sachenrechts als einen selbständigen Rechtsbereich.

Das objektive Eigentumsrecht regelt die gesellschaftlichen Verhältnisse der Aneignung und Nutzung der Mittel und Produkte der Produktion. Seine Normen beeinflussen das Schuldrecht und das Erbrecht und wirken sich auf die rechtliche Regelung der sozialistischen Planwirtschaft aus.

2. Das subjektive Eigentumsrecht

Das subjektive Eigentumsrecht weist einen komplexen Inhalt auf. Die sozialistische Zivilrechtslehre hat diesen Inhalt zunächst ohne Einschränkung mit der klassischen Trias „Besitz, Nutzung und Verfügung“ umschrieben. Man hat jedoch später eingewendet, daß eine solche Begriffsbestimmung dem veränderten sozialistischen Eigentumsverständnis nicht voll Rechnung trägt, insbesondere den Klassencharakter der Eigentumsverhältnisse nicht hervorhebt. Darüber hinaus haben sich die Autoren bemüht, mit Bezug auf das Eigentumsrecht des Staates, das durch seine Wirtschaftsorgane ausgeübt wird, das Eigentumsrecht im allgemeinen neu zu definieren. Die Eigentumsdiskussion ist nahezu zwei Jahrzehnte lang geführt worden.

Vgl. *O. S. Joffe,* Sovetskoe graždanskoe pravo (Sowjetisches Zivilrecht), Moskau 1967, S. 361–365; *P. E. Orlovskij/S. M. Korneev u. a.,* Graždanskoe pravo (Zivilrecht) Bd. 1, Moskau 1969, S. 272–274; *M. Posch u. a.,* Das Zivilrecht der Deutschen Demokratischen Republik. Sachenrecht, Berlin (Ost) 1956, S. 13–16.

Im Ergebnis ist man doch wesentlich bei der Bestimmung des Eigentumsrechts durch die Befugnisse des *Besitzes,* der *Nutzung* und der *Verfügung* geblieben. Neu ist der Hinweis, daß dieses Recht mit der jeweiligen Gesellschaftsordnung und der ihr eigentümlichen ökonomischen Struktur zusammenhängt. Demnach gibt es kein zeitloses, in gleicher Gestalt währendes Eigentumsrecht, sondern nur ein solches, das einer bestimmten historischen Gesellschaftsformation angehört.

Manche Definitionen nehmen auch Bezug auf den ökonomischen Gehalt des Eigentumsrechts, indem sie darauf hinweisen, daß es ein Recht zur Aneignung der Produktionsmittel und der erzeugten Güter durch ein Individuum oder eine Gruppe darstellt.

Wie bereits gezeigt wurde (oben I), ist Eigentum im ökonomischen Sinne ein soziales Verhältnis, das als Aneignung der Natur (der Produktionsmittel und der Ergebnisse der gesellschaftlichen Produktion) charakterisiert werden kann. Diese Charakteristik ist jedoch nicht ausreichend, weil in derselben Sicht Eigentum nicht nur die Aneignung, sondern auch das Angeeignetsein bedeutet. Angeeignete Güter sind wiederum da, um genutzt und wirtschaftlich verwendet zu werden.

Daher wäre es ungenau, das Eigentumsrecht allein als ein Recht zur Aneignung von Gütern zu definieren. Der Eigentümer eignet sich im produktiven Bereich durch Einsatz der ihm gehörenden Produktionsmittel neue Güter, nämlich die Produkte der Produktion an. Die Verwendung der durch die Produktion gewonnenen Güter in einem weiteren Produktionszyklus oder ihre unmittelbare Nutzung und Verbrauch als Aneignung zu bezeichnen, wäre jedoch unrichtig. Der Hinweis auf die Befugnis der Nutzung, die dem Eigentümer zusteht, ist also unerläßlich.

Das subjektive Eigentumsrecht ist nach herrschender Lehre in den sozialistischen Ländern ein absolutes Recht, man kann sagen, im herkömmlichen sachenrechtlichen Sinne. Bei einer näheren Analyse – und darauf machen viele Autoren aufmerksam – muß man jedoch diesbezüglich zwischen den einzelnen Eigentumsformen unterscheiden.

Das Recht des persönlichen Eigentums ist am deutlichsten durch seine Struktur als absolutes Recht ausgewiesen: Alle anderen Rechtssubjekte sind verpflichtet, sich jeglicher unbefugter Einwirkung in die Sphäre des Eigentümers zu enthalten. Was jedoch die Beziehung zu den Objekten seines Rechtes anlangt, ist die Macht des Trägers von persönlichem Eigentum keineswegs absolut. Er kann nicht „nach Belieben" mit diesen Objekten verfahren. Er muß sie vielmehr entsprechend ihrer Bestimmung nutzen, d. h. zur Befriedigung seiner – im weiten Sinne des Wortes – persönlichen materiellen und kulturellen Bedürfnisse. Einen anderen Gebrauch, z. B. einen wirtschaftlich-unternehmerischen, kann dieses Subjekt von seinem Eigentum nicht machen.

Das genossenschaftliche, kollektive Eigentum wird wiederum nicht primär dadurch gekennzeichnet, daß es nach außen hin als absolutes Recht respektiert werden muß. Für dieses Recht ist vielmehr die kollektive Willensbildung hinsichtlich seiner wirtschaftlichen Verwendung spezifisch. Darüber hinaus fällt ins Gewicht, daß die Verwirklichung des genossenschaftlichen Eigentumsrechts in der sozialistischen Gesellschaft auf ein weiteres Ziel orientiert ist: Den Genossen ist verfassungsrechtlich die Pflicht auferlegt, das genossenschaftliche Eigentum im kollektiven, aber auch im gesamtgesellschaftlichen Interesse zu nutzen und zu mehren. Ist doch dieses Eigentum die Vorstufe zu einem allgemein vergesellschafteten Eigentum.

Am wenigsten absolut ist jedoch in seiner Bestimmung das staatliche Eigentumsrecht. Ihm gegenüber ist keiner fremd. Nicht im Ausschluß aller und in der Nutzung durch einen einzelnen (oder ein Kollektiv), sondern gerade in seiner Verwendung im Interesse aller Bürger erschöpft sich sein Inhalt. Der besondere Schutz andererseits, den ihm die Gesetzgebung angedeihen läßt, rührt von den sozialpolitischen Grundlagen des staatlichen Eigentumsrechts her und nicht von seinem Charakter eines absoluten Rechts.

Vgl. darüber *G. Csanádi,* Das Eigentumsrecht im ungarischen Zivilgesetzbuch, in: G. Eörsi u. a., Das ungarische Zivilgesetzbuch in fünf Studien, Budapest 1963, S. 123, 124.

Das subjektive Eigentumsrecht beinhaltet die Befugnisse, die Sache, die sein Objekt darstellt, zu besitzen, zu nutzen und über sie zu verfügen. Diese Befugnisse werden weitestgehend im herkömmlichen, sachenrechtlichen Sinne aufgefaßt. So stellt der Besitz eine tatsächliche Herrschaft über eine Sache dar, die es, in der Regel, erst möglich macht, die Sache wirtschaftlich zu nutzen. Die Befugnis der Nutzung bedeutet, die Sache entsprechend ihrer wirtschaftlichen Bestimmung zu verwenden, um vermittels ihrer Eigenschaften, u. a. auch der Eigenschaft Früchte zu tragen, materielle (konsumptive und produktive) aber auch nicht materielle Bedürfnisse zu befriedigen. Letztlich beinhaltet die Verfügungsbefugnis die Möglichkeit, die Rechtsverhältnisse, die die Sache, Objekt des Eigentumsrechts, betreffen, zu bestimmen, indem bestehende Rechtsverhältnisse geändert oder aufgehoben, bzw. neue begründet werden. Unter dem gleichen Aspekt werden Verbrauch und Vernichtung der Sache gesehen und somit zur rechtlichen Befugnis der Verfügung gezählt.

Vgl. z. B. *P. E. Orlovskij/S. M. Korneev u. a.,* Graždanskoe pravo (Zivilrecht) Bd. 1, Moskau 1969, S. 265–267; *J. Wiszniewski,* Zarys prawa cywilnego (Grundriß des Zivilrechts), 2. Aufl., Warschau 1970, S. 179 u. 184.

Die Befugnisse des Besitzes, der Nutzung und Verfügung, die aus dem subjektiven Eigentumsrecht herrühren, stehen in ihrer Gesamtheit und auch einzeln dem Eigentümer zu. Letzterer übt sie in der Regel allein aus und ist somit in vollem Genuß der Objekte seines Eigentums. Er kann diese Befugnisse jedoch anderen Personen übertragen, ohne daß dabei sein Eigentumsrecht untergeht. Dies ist der Fall, wenn z. B. die Sache vermietet oder zur Aufbewahrung gegeben wird. Der Verwahrer erhält Besitz an der Sache, während der Mieter auch zu deren Nutzung berechtigt ist. Wenn der Eigentümer einen Kommissionsvertrag abschließt, überträgt er dem Kommissionär Besitz- und Verfügungsbefugnis zugleich.

Die Situation, die bei der Ausübung des staatlichen Eigentumsrechts entsteht, nämlich durch die Übertragung auf staatliche Wirtschaftsunternehmen des sog. Rechts auf operative Verwaltung, das die gleichen drei Befugnisse des Eigentümers beinhaltet, wird in einem anderen Zusammenhang zu erörtern sein (siehe unten B, I).

Was den Eigentümer im Vergleich zum Mieter, Verwahrer, Kommissionär oder zu anderen Personen, denen er einige seiner Befugnisse übertragen hat, auszeichnet, ist, daß er die fraglichen Befugnisse aus eigener Macht ausübt. Dies bedeutet, daß er sein subjektives Recht auf ein anderes, stärkeres Recht nicht zu stützen braucht und daß er frei bestimmen kann, ob er selbst oder eine andere Person die einzelnen Eigentumsbefugnisse ausüben wird. Demgegenüber stützt sich das jeweilige Recht der o. g. Personen (Mieter, Verwahrer u. a.) auf das Recht des Eigentümers.

Es wird in der Lehre allgemein anerkannt, daß (zeitweilige) Einschränkungen des Eigentumsrechts, sei es allgemein, sei es im konkreten Fall durch ein Rechtsgeschäft (Pfand, Hypothek) an der Substanz dieses Rechts nicht rühren.

Die bisherigen Ausführungen erlauben eine allgemeine Definition des Eigentumsrechts, die folgende wesentliche Elemente umfaßt: Es ist das Recht einer Person oder einer Mehrzahl von Personen, im Rahmen einer sozial-ökonomischen Ordnung und entsprechend der Struktur ihrer Eigentumsverhältnisse aus eigener Macht eine Sache (Produktionsmittel, Konsumtionsmittel) zu besitzen, zu nutzen und über sie zu verfügen.

Vgl. *V. Knapp*, Les différentes catégories de la propriété, in: V. Knapp/I. Szabó u. a., Introduction aux Droits socialistes, Budapest 1971, S. 352, 353; *C. Statescu*, Drept civil. Persoana fizica. Persoana juridica. Drepturile reale (Zivilrecht. Natürliche Personen. Juristische Personen. Sachenrechte), Bukarest 1970, S. 531.

Einige Autoren weisen darauf hin, daß das Eigentumsrecht von seinem Inhaber in eigenem Interesse ausgeübt wird. Dieses Moment ist jedoch nicht allein für das Eigentumsrecht charakteristisch. Auch Mieter, Kommissionäre und andere, denen der Eigentümer bestimmte Befugnisse (Nutzungsbefugnis, Verfügungsbefugnis) übertragen hat, handeln zumindest teilweise auch im eigenen Interesse, wenn sie die Sache nutzen oder über sie verfügen.

IV. Übertragung des Eigentumsrechts

1. Allgemeines

Das subjektive Eigentumsrecht ist, anders als andere absolute Rechte, nicht auf die Person des Inhabers fixiert. Es kann vom Eigentümer auf andere (natürliche oder juristische) Personen übertragen werden. Dies geschieht durch einen Vertrag, ein Testament oder im Wege der gesetzlichen Erbfolge. Andererseits kann das Eigentumsrecht dem Inhaber durch einen rechtmäßigen staatlichen Akt entzogen werden. Dies ist der Fall bei der Enteignung privaten Eigentums. Hier entsteht ein neues, unabhängiges (primäres) Eigentumsrecht, namentlich des Staates. Das Recht der Privatperson wird unabhängig von ihrem Willen beendet. Übertragung, Erwerb und Verlust des Eigentumsrecht sind korrelative Beziehungen. Das Recht des bisherigen Eigentümers erlischt nicht nur im Falle der Übertragung oder der Enteignung, sondern auch dann, wenn sein Objekt verbraucht oder zerstört worden ist oder aber wenn der Eigentümer sein Recht willentlich aufgegeben hat. Für die Aufgabe des Eigentumsrechts gelten allerdings, soweit es sich um Liegenschaften handelt, sachliche Einschränkungen und Formbedingungen.

Das Gesagte zeigt, daß dem sozialistischen Recht sowohl der *ursprüngliche* als auch der *abgeleitete* (derivative) *Eigentumserwerb* bekannt sind, daß die Übertragung des Eigentumsrechts sowohl einzeln als auch im Wege der Gesamtrechtsnachfolge möglich ist.

Ein ursprünglicher Eigentumserwerb, zu dem außer Enteignung und gerichtlicher Einziehung des Vermögens auch Aneignung, Ersitzung, Fund u. a. Erwerbsarten zählen, ist dann gegeben, wenn das Eigentumsrecht kraft Gesetzes, Gerichtsentscheidung oder durch eine rechtserhebliche Handlung in der Person des Erwerbers begründet wird, und zwar unabhängig vom Willen des bisherigen Eigentümers. Letzterer kann entweder dagegen sein (wie bei Nationalisierung und Vermögenseinziehung) oder vom Vorgang des Eigentumserwerbs überhaupt keine Kenntnis erlangt haben (z. B. bei Aneignung, Fund u. a.). Der abgeleitete Eigentumserwerb basiert dagegen auf dem Willen des früheren Eigentümers. Dies gilt auch für die gesetzliche Erbfolge, bei der, wenn der Erblasser testamentarisch nichts anderes verfügt hat, die Vermutung besteht, daß er die Übertragung seines Eigentumsrechts auf seine Erben in der vom Gesetz vorgesehenen Weise billigt.

Vgl. darüber O. S. *Joffe*, Sovetskoe graždanskoe pravo (Sowjetisches Zivilrecht), Moskau 1967, S. 387, 388.

Es sei auch darauf hingewiesen, daß einige Arten des ursprünglichen Eigentumserwerbs in den einzelnen sozialistischen Rechten unterschiedlich geregelt sind. So ist z. B. die Aneignung herrenloser Sachen nach sowjetischem, bulgarischem und tschechoslowakischem Recht nicht zulässig, weil herrenlos gewordene Sachen automatisch dem Staatseigentum zugerechnet werden. Andererseits werden gefundene Sachen nicht Eigentum des Finders. Er ist vielmehr verpflichtet, sie dem Eigentümer zurückzugeben oder, wenn dieser nicht bekannt ist, einer staatlichen Stelle gegen Belohnung zu übergeben (siehe Art. 144–146 ZGB RSFSR; Art. 453 tschechoslowakisches ZGB; Art. 87 f. bulgarisches Eigentumsgesetz). Dagegen läßt das ungarische Gesetz sowohl Aneignung von herrenlosen Sachen als auch Fund von verlorenen Sachen zu, allerdings nur dann, wenn es sich um übliche Gegenstände des persönlichen Eigentums handelt (§ 127 und §129–131 ungarisches ZGB). Andere Sachen, die nicht zu den üblichen Gegenständen des persönlichen Eigentums gehören, gehen ins staatliche Eigentum über, wenn sie herrenlos geworden oder wenn sie verloren worden sind und, im letzteren Falle, wenn binnen Jahresfrist der Eigentümer nicht festgestellt werden kann.

Das sowjetische und das tschechoslowakische Recht kennen außerdem das Institut der Ersitzung nicht.

Vgl. *G. Csanádi,* Das Eigentumsrecht im ungarischen Zivilgesetzbuch, in: G. Eörsi u. a., Das ungarische Zivilgesetzbuch in fünf Studien, Budapest 1963, S. 142 f.; *S. Luby,* La propriété personnelle, in: S. Luby u. a., Le droit civil tchécoslovaque, Bratislava 1969, S. 66.

Im Gegensatz zu einigen westlichen Rechtsordnungen (z. B. der deutschen) gehen die sozialistischen Rechte bei der Übertragung von Eigentum nicht von der Konstruktion zweier Rechtsgeschäfte aus, nämlich eines Verpflichtungsgeschäfts (kausales) und eines Verfügungsgeschäfts (abstraktes). Die sozialistischen Rechte knüpfen an den Vertrag (z. B. Kaufvertrag, Schenkung, Tausch), durch den das Eigentumsrecht übertragen werden soll, bereits die dingliche Wirkung an. Dieser Vertrag ist ein kausales Rechtsgeschäft. Auch dann, wenn für den Übergang des Eigentumsrechts weitere Handlungen, wie Übergabe der Sache, Eintragung in ein Register u. ä. erforderlich sind, wird kein weiterer Vertrag (Übereignung, Auflassung) geschlossen. Dies gilt sowohl für bewegliche Sachen wie auch für Liegenschaften. Eine Abstraktion von der causa findet hier also nicht statt.

Vgl. *H. Kleine,* Die historische Bedingtheit der Abstraktion von der causa, Berlin (Ost) 1953; *A. Szpunar,* Le transfert de propriété par contrat, in: Le droit de propriété dans les pays de l'Est, Brüssel 1964, S. 46.

Von den verschiedenen Arten des Eigentumserwerbs und der Übertragung von Eigentumsrecht werden im folgenden nur die Eigentumsübertragung durch Rechtsgeschäft, insbesondere durch Vertrag und der gutgläubige Eigentumserwerb an beweglichen Sachen vom Nichteigentümer behandelt.

2. *Übertragung des Eigentumsrechts an beweglichen Sachen*

Die sozialistischen Rechte kennen zwei Systeme der Eigentumsübertragung: das Konsensualsystem (der Einigung) und das Traditionssystem (der Übergabe). Wenn man als Muster einen Kaufvertrag nimmt, so ist nach beiden Systemen zunächst eine Einigung zwischen dem Veräußerer und dem Käufer (Erwerber) darüber erforderlich, daß die Sache verkauft wird, d. h., daß das Eigentumsrecht des bisherigen Eigentümers auf den Käufer übergeht. Nach dem Konsensualsystem reicht die Einigung zwischen den Vertragspartnern aus, um das Eigentum zu übertragen. Diesem System haben sich das bulgarische (Art. 24 Abs. 1 GVV), das polnische (Art. 155 ZGB) und das rumänische Recht (Art. 971 ZGB) angeschlossen.

Vgl. C. *Statescu*, Drept civil. Persoana fizica. Persoana juridica. Drepturile reale. (Zivilrecht. Natürliche Personen. Juristische Personen. Sachenrechte), Bukarest 1970, S. 858; *J. Wiszniewski*, Zarys prawa cywilnego (Grundriß des Zivilrechts), 2. Aufl., Warschau 1970, S. 189, 190.

Die Bestimmungen der Gesetze sind dispositiv. Die Parteien können auch einen anderen Zeitpunkt für den Übergang des Eigentumsrechts festlegen. Dies ist z. B. der Fall, wenn die Parteien einen Eigentumsvorbehalt bis zur vollen Zahlung des Kaufpreises vereinbaren.

Das Konsensualsystem kennt verschiedene Ausnahmen, so z. B. bei Wahlschulden, bei künftigen Sachen und bei Gattungsschulden. Alle diese Ausnahmen sind in folgendem begründet: Damit das Eigentumsrecht allein durch die Einigung der Parteien übertragen wird, ist es erforderlich, daß die Verpflichtung individualisiert wird, d. h. daß sie sich auf eine vorhandene gut abgegrenzte Sache bezieht. Erst zum Zeitpunkt der Individualisierung, die in den oben genannten Fällen erforderlich ist, kann das Eigentumsrecht auf den anderen Vertragspartner übergehen.

Die Individualisierung der Verpflichtung zur Eigentumsübertragung kann auf verschiedene Weise erfolgen. Wenn es sich um Gattungssachen handelt, kann die Individualisierung durch gemeinsame Handlungen der Vertragspartner erfolgen, indem sie aus der Masse der Sachen gleicher Gattung diejenige Menge bereitstellen, die für die Erbringung der vereinbarten Leistung erforderlich ist (z. B. aus den Stoffbeständen im Lager des Verkäufers werden 500 m Stoff abgesondert und für die Lieferung vorgesehen); je nach Vereinbarung mag auch allein der Verkäufer zur Aussonderung berechtigt sein. Das bulgarische Gesetz (Art. 24 Abs. 2 GVV) sieht die Möglichkeit vor, allein durch eine Vereinbarung der Vertragspartner, also ohne Vornahme von materiellen Handlungen die geschuldete Leistung zu individualisieren (wenn z. B. die Parteien vereinbaren, daß

100 t Kohlen von einem bestimmten Kohlenlager des Verkäufers geliefert werden sollen).

Wenn keine Individualisierung der Verpflichtung vorher stattfindet, wird das Eigentumsrecht an beweglichen Sachen, die ihrer Gattung nach bestimmt werden, mit deren Übergabe an die andere Partei übertragen, da spätestens zu diesem Zeitpunkt feststeht, auf welche Sachen sich die Verpflichtung zur Eigentumsübertragung bezieht.

Vgl. Art. 24 Abs. 2 bulgarisches GVV; Art. 155 § 2 polnisches ZGB und zu den einzelnen Fällen der Individualisierung *A. Kožucharov*, Obligacionno pravo. Obšto učenie (Schuldrecht. Allgemeine Lehre), 3. Aufl., Sofia 1958, S. 184, 185.

Nach dem System der Übergabe (Traditionssystem) ist für die Übertragung des Eigentumsrechts an beweglichen Sachen neben der Einigung der Parteien erforderlich, daß die Sache dem Erwerber übergeben wird, d. h. daß sie in seine tatsächliche Gewalt gelangt. Nach diesem System richtet sich die Eigentumsübertragung im sowjetischen (Art. 135, 136 ZGB RSFSR), tschechoslowakischen (§ 134 Abs. 1 ZGB), ungarischen (§ 117 Abs. 2 ZGB) und im Recht der DDR (§ 929 Satz 1 BGB).

Die jeweiligen Bestimmungen des sowjetischen und des tschechoslowakischen Gesetzes wie auch die des BGB sind dispositiver Natur.

Die Übergabe ist eine Realhandlung. Sie verschafft demjenigen, dem die Sache übergeben wird, tatsächliche Herrschaft über sie. Das Gesetz läßt aber auch andere Handlungen zu, denen es die rechtliche Wirkung der Übergabe zuschreibt. So besagt z. B. § 136 ZGB RSFSR, daß die Übergabe der veräußerten Sache erfolgt ist, wenn sie einem Transportunternehmen zur Beförderung an den Empfänger zur Verfügung gestellt, oder wenn sie der Post übergeben wird. Dies gilt jedoch nur dann, wenn nach dem Vertrag keine Verpflichtung des Verkäufers zur Übersendung der Sache an einen anderen als den Erfüllungsort besteht. Wenn so eine Verpflichtung besteht, stellt sich die Frage nach der Übergabe der Sache erneut am Bestimmungsort: Der Verkäufer ist seiner Verpflichtung zum Transport der Sache nachgegangen, jetzt muß er sie aber auch dem Käufer übergeben. Ebenfalls als Ersatzübergabe wird nach dem besagten Text das Aushändigen des Konnossements oder eines anderen Titels, in dem das Verfügungsrecht über die Sache inkorporiert ist, angesehen.

Die in Art. 136 ZGB RSFSR angegebenen Fälle der Ersatzübergabe sind nur beispielhaft aufgezählt. Die Autoren weisen darauf hin, daß auch eine solche Übergabe zulässig ist, bei der der Veräußerer dem Käufer den Schlüssel des Lagers aushändigt, in dem sich die verkaufte Ware befindet oder einfach auf die Sache mit einer Handbewegung hindeutet. In all diesen Fällen wird dem Erwerber die Möglichkeit gegeben, von der Sache Besitz zu ergreifen. Es bedarf nicht der Übergabe, wenn sich die Sache ohnehin im Besitz des Erwerbers befindet.

Auch ist es zulässig, daß die Parteien ein Besitzkonstitut vereinbaren, das anstelle der Übergabe tritt. Dies bedeutet, daß der Veräußerer das Eigentumsrecht an der Sache dem Erwerber überträgt, jedoch im Besitz der Sache weiterhin bleibt, allerdings als Mieter, Entleiher oder aufgrund eines anderen zwischen den Parteien vereinbarten Rechtsverhältnisses. Die Übergabe, die dem Erwerber Besitz an der Sache verschaffen sollte, fällt hier deshalb aus, weil durch die genannte Vereinbarung dem Erwerber ein Rechtsbesitz übertragen wird.

Vgl. O. S. *Joffe/Ju. K. Tolstoj,* Novyj graždanskij kodeks RSFSR (Das neue Zivilgesetzbuch der RSFSR) Leningrad 1965, S. 155, 156.

Eine sehr glücklich formulierte Bestimmung hinsichtlich der Übergabe der Sache bei der Eigentumsübertragung findet sich im ungarischen Zivilgesetzbuch. Dazu sagt § 117 Abs. 2 ZGB, daß dies durch die tatsächliche Übergabe der Sache geschieht oder „auf eine andere Weise erfolgen (kann), wodurch zweifelsfrei wird, daß die Sache aus der Gewalt des Übertragenden in die Gewalt des Erwerbers des Eigentums gelangt ist“. Diese Bestimmung verzichtet auf eine Aufzählung der Fälle der Ersatzübergabe zugunsten einer allgemeinen Formel, in der das Prinzip, um das es in dieser Materie geht, deutlich zum Ausdruck gebracht wird. Das Prinzip ist, daß die übertragene Sache in die Herrschaftssphäre des Erwerbers des Eigentumsrechts gelangen muß. Und jede rechtmäßige Handlung, die dazu führt, der besagten Person tatsächliche Gewalt über die Sache zu verschaffen, soll als Übergabe im Sinne des Gesetzes gewertet werden. Das gleiche soll, so meine ich, auch für die anderen sozialistischen Rechte gelten, weil das Prinzip, auf dem das Erfordernis der Übergabe bei Eigentumsübertragung beruht, in all diesen Rechten das gleiche ist.

Die oben dargestellten zwei Systeme der Eigentumsübertragung scheinen nur auf den ersten Blick stark voneinander abzuweichen. Die verschiedenen Ausnahmen vom Konsensualsystem (wie bei Gattungsschuld, Wahlschuld oder Eigentumsvorbehalt), auf die bereits hingewiesen wurde, gleichen dieses System weitgehend an das Traditionssystem an.

Andererseits können sich beide Übertragungsarten insofern näherkommen, als die entsprechenden gesetzlichen Bestimmungen es den Parteien überlassen, abweichende Vereinbarungen vom jeweiligen System zu treffen.

Des weiteren ermöglicht es das Institut des gutgläubigen Eigentumserwerbs im Konsensualsystem, das Eigentumsrecht an einer beweglichen Sache, solange sie noch nicht übergeben worden ist, vom früheren Eigentümer zu erwerben, obwohl er sie bereits veräußert hat. Das Ergebnis ist das gleiche, wie, wenn die Sache nach dem Traditionssystem bereits veräußert aber noch nicht übergeben worden ist und der Eigentümer sie zum zweiten Mal verkauft. Der zweite Käufer wird hier Eigentümer, da das Eigentumsrecht noch beim Veräußerer liegt, solange er die Sache dem ersten Käufer nicht übergeben hat.

Anders würde die Lösung in den beiden Systemen ausfallen, wenn der zweite Käufer bösgläubig wäre. Nach dem Konsensualsystem kann er wegen seines bösen Glaubens in diesem Fall nicht erwerben. Nach dem Traditionssystem dürfte der bösgläubige Zweitkäufer doch Eigentümer werden, wenn er vom Eigentümer kauft, der zwar über die Sache einen Kaufvertrag mit dem Erstverkäufer geschlossen, die Sache aber noch nicht übergeben hat. Da er sie nicht übergeben hat, ist der erste Käufer nicht Eigentümer geworden, der Veräußerer ist Eigentümer geblieben und kann demzufolge über die Sache anderweitig verfügen. Dies ist die sachenrechtliche Lage. Davon bleiben schuldrechtliche Ansprüche des ersten Käufers aus dem Vertrag mit dem Veräußerer unberührt.

Das ungarische Recht enthält hierzu eine interessante, wohlgemerkt schuldrechtliche, Bestimmung in § 203 ZGB. Sie statuiert die Unwirksamkeit solcher Verträge, durch die bösgläubig die Befriedigungsgrundlage des Anspruchs eines Dritten teilweise oder ganz entzogen wird. Demnach wird der erste Käufer den zweiten Kauf anfechten und dem Verkäufer gegenüber die Übergabe der Sache, die er erwerben wollte, durchsetzen können (so ausdrücklich *G. Csanádi,* Das Eigentumsrecht im ungarischen Zivilgesetzbuch, in: G. Eörsi u. a., Das ungarische Zivilgesetzbuch in fünf Studien, Budapest 1963, S. 137, Anm. 47). Das Ergebnis fällt nach ungarischem Recht also ebenso aus wie dies allgemein nach dem Konsensualsystem für den bösgläubigen Zweitkäufer der Fall ist: er wird nicht Eigentümer.

Im Verhältnis zu den Gläubigern des Käufers und des Verkäufers stellt sich die Lage folgendermaßen dar. Wenn der Käufer in Zahlungsschwierigkeiten gerät, kann der Verkäufer ein Zurückbehaltungsrecht an der Sache ausüben, obwohl sie – nach dem Konsensualsystem – ins Eigentum des Käufers übergegangen ist. Das Zurückbehaltungsrecht versetzt die Gläubiger des Käufers in eine unvorteilhafte Lage dem Verkäufer gegenüber, der seine Forderung durch Vollstreckung in die zurückbehaltene Sache befriedigen kann. Was die Gläubiger des Verkäufers anbetrifft, so ist jede Sache, die sich jeweils im Besitz des Verkäufers befindet, auch wenn sie entsprechend dem Konsensualsystem bereits ins Eigentum des Käufers übergegangen ist, dem Zugriff dieser Gläubiger ausgesetzt. Im besprochenen Falle muß sich der Käufer also bemühen, die von ihm gekaufte Sache aus der Vollstreckungsmasse zu befreien. Nach dem Traditionssystem wiederum ist der Käufer noch nicht Eigentümer. Deshalb bleiben ihm nur schuldrechtliche Ansprüche (auf Erfüllung, auf Schadensersatz) gegenüber dem Verkäufer.

3. *Übertragung des Eigentumsrechts an Liegenschaften*

Die Besonderheiten der sachenrechtlichen Normierung der Liegenschaften drückt sich auch in der Übertragung des Eigentumsrechts an ihnen aus. Wegen der wirtschaftlichen Bedeutung von Grundstücken, Gebäuden, landwirtschaftlich genutzten Parzellen u. a. muß das Eigentumsrecht an diesen Objekten eine gewisse Transparenz aufweisen. Sie ist gesichert durch die Eintragung des Eigentumsrechts (und anderer Rechte) in speziellen Büchern (Grundbüchern, Registern), die von jedem Interessierten eingesehen werden können. Für die Übertragung des Eigentumsrechts an Liegenschaften ist demnach zweierlei erforderlich: a) Die Vertragspartner müssen sich darüber einigen, daß das Eigentumsrecht vom einen auf den anderen Vertragspartner übergeht; b) die Eigentumsübertragung muß in einem öffentlichen Register festgehalten werden. Die Einigung der Parteien ist wie auch bei beweglichen Sachen eine schuldrechtliche Bindung mit sachenrechtlichem Effekt, so daß eine zweite Einigung (wie die Auflassung), durch die erst das Eigentumsrecht übertragen wird, nicht erforderlich ist. Auch bei Liegenschaften wird also nicht zwischen kausalem und abstraktem Rechtsgeschäft getrennt. Andererseits ist die Eintragung im entsprechenden Register nicht als eine Ersatzhandlung für die Übergabe bei beweglichen Sachen zu werten. Denn die Übergabe ist nicht nach allen sozialistischen Rechtssystemen ein konstitutives Element der Eigentumsübertragung. Die Eintragung im Register und der Besitz beweglicher Sachen nach erfolgter Übergabe haben gemeinsam, daß sie nach außen einen Rechtszustand manifestieren. Demgegenüber ist die Besitzergreifung von Liegenschaften, wie noch zu zeigen ist, von untergeordneter Bedeutung.

Der Vertrag, mit dem Eigentum an Liegenschaften übertragen wird, ist formgebunden. Er muß notariell beurkundet werden, sonst ist er nichtig.

Obwohl die Eintragung von Verträgen über das Eigentumsrecht und andere Sachenrechte an Liegenschaften im entsprechenden Register (Grundbuch) vorgeschrieben ist, hat sie nicht in allen sozialistischen Rechten eine konstitutive Wirkung. Eine solche Wirkung, d. h. daß das Eigentum erst mit der Eintragung auf den anderen Vertragspartner übergeht, statuieren ausdrücklich Art. 135 Abs. 2 ZGB RSFSR, § 134 Abs. 2 tschechoslowakisches ZGB und § 117 Abs. 3 des ungarischen ZGB.

Vgl. OG Ungarn (3589/1963), WGO 1965, 1, S. 61.

Nach polnischem, bulgarischem und rumänischem Recht, die, wie wir bereits gesehen haben, dem Konsensualprinzip folgen, wird grundsätzlich nicht verlangt, daß das Eigentumsrecht an Liegenschaften eingetragen wird. Das Eigentumsrecht geht bei Liegenschaften wie auch bei beweglichen Sachen auf den Erwerber über allein durch die Einigung der Vertragspartner. Das rumänische Recht kennt jedoch Ausnahmen.

Vgl. *A. Szpunar*, Le transfert de propriété par contrat, in: Le droit de propriété dans les pays de l'Est, Brüssel 1964, S. 48; *C. Statescu*, Drept civil. Persoana fizica. Persoana juridica. Drepturile reale.

(Zivilrecht. Natürliche Personen. Juristische Personen. Sachenrechte) Bukarest 1970, S. 858, 859.

Die Eintragung des Eigentumsrechts und anderer Sachenrechte wird in Rumänien je nach Landesteilen entweder im Grundbuch oder in einem anderen Register vorgenommen. Der Effekt der Eintragung ist in beiden Fällen unterschiedlich. Während die Eintragung im Register ihre Wirkung im Verhältnis zu Drittpersonen zeitigt, ist die Grundbucheintragung essentiell für die Begründung des Eigentumsrechts.

Das Grundbuchwesen ist in den sozialistischen Ländern nicht einheitlich geregelt. Trotz der tiefgreifenden Umwandlung der Eigentumsverhältnisse ist das Grundbuchwesen nicht überall von Grund aus neu geregelt worden. Viele Formen des alten Rechts wirken hier nach.

In einigen Ländern (z. B. Ungarn, DDR) gilt ein traditionelles Grundbuchsystem mit einer vollständigen Erfassung der in Frage kommenden Grundstücke in geodätischer und rechtlicher Hinsicht. In anderen Ländern (z. B. UdSSR, Bulgarien) werden Register geführt, die in ihrem Aufbau von den Grundbüchern abweichen. Sie werden nach Personen und nicht nach Grundstücken geführt und erfassen nicht alle rechtserheblichen Tatsachen, die den Status des jeweiligen Grundstückes betreffen (vgl. für Einzelheiten *T. Ionasco,* Le droit de la propriété personnele, in: V. Knapp/I. Szabó u. a., Introduction aux Droits socialistes, Budapest 1971, S. 415 f.; insbes. 421, 422). Die geodätische Erfassung der Parzelle erfolgt hier durch andere Ämter.

Die Eintragungen im Grundbuch oder in den entsprechenden Registern werden vorgenommen entweder vom Gericht (z. B. nach polnischem Recht, vgl. *J. Wiszniewski,* Zarys prawa cywilnego (Grundriß des Zivilrechts), Warschau 1970, S. 247, 248) oder von der örtlichen Verwaltung (z. B. nach dem Recht der DDR, vgl. *M. Posch u. a.,* Das Zivilrecht der DDR. Sachenrecht, Berlin (Ost) 1956, S. 189).

Abgesehen von der konstitutiven Wirkung der Eintragungen, die, wie oben gezeigt wurde, nur in einigen sozialistischen Rechten gegeben ist, haben Grundbücher und Register eine Publizitätsfunktion: Jeder kann sich anhand dieser Bücher über die Rechtslage des jeweiligen Grundstückes erkundigen. In den Fällen, in denen die betreffenden Register nach Personen geführt werden, ist dies jedoch nur begrenzt möglich. Grundbücher und Register genießen öffentlichen Glauben. Die

Eintragungen in ihnen gelten als richtig und auf sie kann man sich berufen, solange sie in einem formellen Verfahren nicht geändert worden sind. Im Prozeß brauchen die berechtigten Personen die rechtserheblichen Tatsachen nicht zu beweisen, die Gegenstand einer Grundbucheintragung sind. Etwaige Mängel der Rechtsgeschäfte, auf denen die eingetragenen Rechte fußen, werden jedoch nicht nach allen hier behandelten Rechtsordnungen durch die Eintragung geheilt.

Die Eintragung des Eigentumsrechts ist für die Gläubiger des Erwerbers wichtig, da sie ihre Forderungen sachenrechtlich sichern können. Schließlich gibt die Eintragung demjenigen gutgläubigen Käufer die Priorität, der beim mehrfachen Kauf als erster sein Eigentumsrecht eintragen läßt. Er wird Eigentümer und nicht die vorangegangenen Käufer derselben Sache, die ihre Rechte nicht haben eintragen lassen.

4. *Gutgläubiger Erwerb beweglicher Sachen vom Nichteigentümer*

Das sozialistische Recht hat dieses alte Institut des bürgerlichen Rechts übernommen. Seine rechtspolitische Begründung liegt im schutzwürigen Interesse der Drittpersonen, die darauf müssen vertrauen können, daß derjenige, der eine bewegliche Sache in seiner Herrschaft hat, befugt ist, sie auch zu veräußern. Dies ist in der Regel der Fall, wenn die betreffende Person Eigentümer der Sache ist. Der Besitz ist ein ziemlich sicheres Indiz für das Eigentumsrecht an beweglichen Sachen. Der Besitzer braucht jedoch nicht immer Eigentümer der Sache zu sein. Er kann zwar aus einem gültigen Rechtstitel besitzen und dennoch zur Verfügung nicht berechtigt sein. Wenn er dann die Sache verkauft, muß der Käufer, der auf den Besitz vertraut und nicht ohne weiteres die tatsächlichen Rechtsverhältnisse prüfen kann, geschützt werden, indem man ihm den Erwerb des Eigentums an der beweglichen Sache sichert.

Das Institut des gutgläubigen Eigentumserwerbs an beweglichen Sachen findet nach übereinstimmenden Regeln in den sozialistischen Rechten *keine Anwendung*, wenn es sich um Sachen handelt, die sich im *Staatseigentum* befinden. Ausgenommen bleiben verständlicherweise Objekte, die in staatlichen Handelsgeschäften zum Verkauf angeboten werden. In den Anwendungsbereich des genannten Instituts fallen dagegen alle anderen Eigentumsformen: Man kann gutgläubig das Eigentumsrecht an beweglichen Sachen vom Nichtberechtigten erwerben, wenn diese Sachen persönliches, privates oder genossenschaftliches Eigentum darstellen. Allein das sowjetische Recht dehnt das genannte Verbot auch auf das genossenschaftliche und auf das Eigentum der gesellschaftlichen Organisationen aus (Art. 153 ZGB RSFSR).

Die Voraussetzungen des gutgläubigen Eigentumserwerbs vom Nichteigentümer sind folgende: Der Erwerber einer beweglichen Sache muß diese Sache in Besitz nehmen und er muß dabei *gutgläubig* sein.

Gutgläubig ist in diesem Zusammenhang derjenige, der beim Eigentumserwerb nicht weiß, daß der Veräußerer nicht Eigentümer der Sache ist. Die irrige Annahme des Erwerbers über die Rechtslage darf allerdings von ihm nicht verschuldet sein. Sie ist dann verschuldet, wenn der Erwerber nach den gegebenen Umständen durch eine elementare Sorgfalt hätte erfahren oder annehmen können, daß der Veräußerer tatsächlich nicht Inhaber des in Frage kommenden Eigentumsrechts ist.

Die Gutgläubigkeit muß in der Regel beim Besitzantritt gegeben sein. Eine spätere Kenntnis des Rechtszustandes ist irrelevant: Der gutgläubige Erwerber bleibt Eigentümer der Sache. In den Fällen einer Ersatzübergabe wird der Zeitpunkt ausschlaggebend sein, zu dem die Ersatzübergabe erfolgt ist. Bei vereinbartem Besitzkonstitut muß gelten, daß der Erwerber schon zum Zeitpunkt der Vereinbarung in gutem Glauben war. Die rechtliche Regelung des gutgläubigen Eigentumserwerbs ist nicht durchweg einheitlich. Das polnische Recht z. B. knüpft an den gutgläubigen Eigentumserwerb keine weiteren Voraussetzungen (Art. 169 ZGB), dagegen verlangen das sowjetische (Art. 152 ZGB RSFSR), das ungarische (§ 118 ZGB) und das bulgarische Recht (Art. 78 Eigentumsgesetz), daß der Erwerb der Sache entgeltlich erfolgt ist. Das ungarische Recht gibt darüber hinaus dem Eigentümer die Gelegenheit, binnen Jahresfrist vom gutgläubigen Ersterwerber die Sache zurückzukaufen, wenn das Geschäft außerhalb des Handelsverkehrs getätigt worden ist. Das tschechoslowakische Recht wiederum schränkt die Möglichkeit des gutgläubigen Erwerbs vom Nichteigentümer auf zwei Fälle ein: erstens, wenn die bewegliche Sache im Handelsverkehr erworben (§ 208 ZGB) und zweitens, wenn der Veräußerer zwar allgemein als Erbe ausgewiesen war, dennoch über die in Frage kommende Sache nicht verfügen durfte (§ 486 ZGB). In der Deutschen Demokratischen Republik gelten noch die Bestimmungen des BGB (§ 932 ff.).

Vgl. *M. Posch u. a.*, Das Zivilrecht der DDR. Sachenrecht. Berlin (Ost) 1956, S. 108 ff., insbes. S. 112–118.

Es bedarf der Hervorhebung, daß in allen sozialistischen Rechten, auch wenn ausdrückliche Bestimmungen fehlen, der gutgläubige Eigentumserwerb vom Nichteigentümer immer gesichert ist, wenn die Sache in staatlichen, genossenschaftlichen oder auch privaten *Geschäften des Einzelhandels* erworben wird. Diese Regelung läßt sich nicht allein durch Erwägungen der allgemeinen Rechtssicherheit erklären, sondern ist vielmehr vor dem Hintergrund der dem sozialistischen Einzelhandel zugedachten Funktion zu sehen, eine Versorgungseinrichtung (Dienstleistungseinrichtung) für die Bevölkerung zu sein. Der Bürger muß demnach jedem Einzelhandelsgeschäft vertrauen können, daß es in Ausübung dieser seiner Funktion ihn mit Konsumgütern versorgt, deren eigentumsrechtliche Herkunft nicht anfechtbar ist.

So auch *G. Csanádi*, Das Eigentumsrecht im ungarischen ZGB in: G. Eörsi u. a., Das ungarische Zivilgesetzbuch in fünf Studien, Budapest 1963, S. 141, 142.

Einheitlich ist die Regelung des gutgläubigen Erwerbs von Geld, Inhaberpapieren und zumeist von Sachen in der Zwangsvollstreckung. In diesen Fällen wird der gutgläubige Käufer ohne jede Voraussetzung Eigentümer der gekauften Sache.

Die Regeln bezüglich beweglicher Sachen, die *gestohlen, verloren* oder auf andere Weise aus dem Besitz des bisherigen Eigentümers ohne seine Zustimmung gekommen sind, gehen in den einzelnen sozialistischen Rechten auseinander. Das sowjetische Recht (Art. 152 Abs. 1 ZGB RSFSR) läßt einen gutgläubigen Erwerb an solchen Sachen überhaupt nicht zu. Die gleiche Lösung ergibt sich für das ungarische Recht durch einen Umkehrschluß aus § 118 Abs. 2 S. 1 ZGB, in dem es heißt, daß ein gutgläubiger Eigentumserwerb an einer Sache möglich ist, von einer Person, der sie der Eigentümer „anvertraut hat". Dagegen schließen das bulgarische und das polnische Recht den gutgläubigen Eigentumserwerb einer gestohlenen, verlorenen oder sonst abhanden gekommenen Sache für drei Jahre aus. Nach Ablauf dieser Zeit konsolidiert sich das Recht des Erwerbers: er wird Eigentümer (vgl. Art. 78 Abs. 2 bulgarisches Eigentumsgesetz; Art. 169 Abs. 2 polnisches ZGB).

V. Schutz des subjektiven Eigentumsrechts

1. *Allgemeines*

Nach marxistischer Auffassung bilden die Eigentumsverhältnisse das Kernstück der Produktionsverhältnisse einer jeden sozialen Epoche und prägen als solche alle ihre Institutionen. Daher sei jeder Staat bemüht, die jeweiligen Eigentumsstrukturen dadurch zu festigen, daß er ihnen einen effektiven Rechtsschutz angedeihen läßt. Der sozialistische Staat sichert ebenfalls die in ihm herrschende Eigentumsverhältnisse mit dem gesamtgesellschaftlichen Eigentum (Staatseigentum oder Volkseigentum) an der Spitze. Schutz und Förderung erfahren die in der sozialistischen Gesellschaft institutionalisierten Eigentumsformen (Staatseigentum, genossenschaftliches Eigentum, persönliches Eigentum und Privateigentum) nicht allein durch das objektive Eigentumsrecht. Vielmehr sind daran verschiedene Zweige des sozialistischen Rechts direkt oder indirekt beteiligt. Insbesondere sind es aber das Strafrecht, das Verwaltungsrecht und das Zivilrecht, die konkrete Ansprüche und Verfahren zum Schutz des Eigentums entwickeln. Die Ansprüche, die das Sachenrecht (Eigentumsrecht) dem Eigentümer gibt, um sein Recht vor Eingriffen zu schützen, werden im folgenden behandelt.

Zunächst sei darauf hingewiesen, daß im sozialistischen Recht sowohl das *Eigentum* als auch der *Besitz* geschützt werden, wobei letzterer als tatsächlicher Zustand, also unabhängig von einem Rechtstitel, der ihm möglicherweise zugrunde liegt, als schutzwürdig angesehen wird. Eine Ausnahme macht hier das sowjetische Recht, das nur dem rechtmäßigen Besitzer Schutzansprüche gewährt.

Vgl. Art. 157 ZGB RSFSR und *P. E. Orlovskij/S. M. Korneev*, Graždanskoe pravo (Zivilrecht), Bd. I, Moskau 1969, S. 426.

Die *Ansprüche*, die der Eigentümer nach sozialistischem Recht erheben kann, wenn ihm die Sache weggenommen oder wenn er in der Ausübung seiner Rechte auf andere Weise gestört worden ist, rühren vom alten Recht her. Dies sind der Herausgabeanspruch (Vindikationsanspruch), der Anspruch auf Beseitigung und Unterlassung von Störungen (negatorischer Anspruch) sowie die sie begleitenden Ausgleichsansprüche (Herausgabe von Nutzungen und Ersatz von Aufwendungen). Auf den verstärkten Schutz des gesellschaftlichen Eigentums, insbesondere des Staatseigentums kommen wir in anderem Zusammenhang zu sprechen (siehe unten B I).

2. *Der Herausgabeanspruch*

Dieser Anspruch steht dem Eigentümer zu, der vom Besitz der ihm gehörenden (beweglichen oder unbeweglichen) Sache gegen seinen Willen ausgeschlossen ist. Dies muß durch eine Person geschehen, die zum Besitz derselben Sache nicht berechtigt ist. Der Anspruch richtet sich also gegen den besitzenden Nichteigentümer und fußt auf dem Eigentumsrecht des Klägers. Gegenstand des Anspruchs ist das durch Besitzentzug verletzte subjektive Eigentumsrecht. Dabei kann sich der Herausgabeanspruch nur auf eine individuell bestimmte Sache – auch wenn sie aus einer Gattung ausgewählt worden ist – beziehen, die noch in der Herrschaftssphäre des Besitzers existiert. Wenn die Sache bereits verbraucht oder zersört worden ist, kann die Klage nur auf Schadensersatz lauten. In diesem Sinne ist der Herausgabeanspruch des Eigentümers einheitlich in allen sozialistischen Rechten geregelt.

Vgl. Art. 151 ff. ZGB RSFSR; § 132 tschechoslowakisches ZGB; Art. 222 polnisches ZGB; Art. 108, 109 bulgarisches Eigentumsgesetz; § 115 i. V. m. § 188 ff. ungarisches ZGB; § 985 ff. BGB für das DDR-Recht.

Der Herausgabeanspruch findet seine Grenzen dort, wo die Sache vom neuen Besitzer nach den gesetzlichen Bestimmungen über den gutgläubigen Erwerb vom Nichteigentümer erworben worden ist (siehe oben IV, 4). Der gutgläubige Eigentümer kann die Klage abwehren, indem er sich auf sein Eigentumsrecht beruft.

Der Eigentümer kann seinen Herausgabeanspruch auch nicht gegen einen Besitzer durchsetzen, der aufgrund eines vereinbarten oder gesetzlichen Rechtstitels besitzt. Dies ist der Fall z. B. beim Mieter, Pächter, Verwahrer und bei anderen Personen, die gegenüber dem Eigentümer zum Besitz berechtigt sind.

Gegen verbotene Eigenmacht kann sich der Eigentümer nach einigen sozialistischen Rechten (z. B. polnischem Recht – Art. 343 ZGB; ungarischem Recht – § 190 ZGB, dem Recht der DDR – § 859 BGB) durch Selbsthilfe schützen. Nach anderen Rechten (z. B. dem sowjetischen und bulgarischen) ist der Eigentümer auch in diesem Falle auf seinen Herausgabeanspruch angewiesen.

Die staatlichen Wirtschaftsunternehmen und die anderen staatlichen juristischen Personen, die Staatseigentum verwalten, verfügen ebenfalls im Falle von Besitzentziehung über einen Herausgabeanspruch. Er richtet sich nach den allgemeinen Grundsätzen in dieser Materie. Wenn allerdings ein Rechtsstreit zwischen staatlichen Organisationen und anderen, nichtstaatlichen Eigentumssubjekten geführt wird, gilt zunächst eine (widerlegbare) Vermutung zugunsten des Eigentumsrechts des Staates.

Vgl. darüber *G. Csanádi,* Das Eigentumsrecht im ungarischen Zivilgesetzbuch, in: G. Eörsi u. a., Das ungarische Zivilgesetzbuch in fünf Studien, Budapest 1963, S. 157, 158, der entgegen den Bedenken verschiedener Autoren sich für die Aufrechterhaltung dieser Vermutung einsetzt, allerdings nur, soweit sie Liegenschaften oder andere Produktionsmittel betrifft. In diesem Sinne ist die Regelung im ungarischen Recht (§ 176 ZGB).

Der Schutz des *staatlichen* sozialistischen *Eigentumsrechts* ist durch eine Reihe von besonderen Bestimmungen geregelt, die, allgemein gesprochen, auf eine Verstärkung dieses Schutzes hinauslaufen (vgl. unten B I). In diesem Zusammenhang sei nur darauf hingewiesen, daß Sachen, die sich im Staatseigentum befinden, auch gutgläubig nicht erworben werden können, wenn die Person, die sie veräußert, dazu nicht berechtigt ist. Demnach kann auch von gutgläubigen Erwerbern Herausgabe verlangt werden.

In ihren gegenseitigen Beziehungen machen staatliche Organisationen und insbesondere Wirtschaftsunternehmen von ihrem Herausgabeanspruch durchaus Gebrauch. Auch formell gesehen, wird ein solcher Anspruch nach den Regeln eines Vindikationsverfahrens abgewickelt, zwar nicht vor den allgemeinen Gerichten, wohl aber vor den dafür zuständigen speziellen Jurisdiktionsorganen (in der DDR Vertragsgerichte genannt und in den anderen Staaten staatliche Arbitrage). Freilich geht es dabei nach h. L. nicht um die Durchsetzung von Eigentumsrecht, sondern um die störungfreie Ausübung des Rechts auf operative Verwaltung, das die staatlichen Wirtschaftsorganisationen über das ihnen zugeteilte Vermögen ausüben. Dennoch wird dieses Recht quasi petitorisch geschützt.

Die Verjährung des Herausgabeanspruchs ist in den einzelnen sozialistischen Rechten unterschiedlich geregelt. Soweit der Herausgabeanspruch der Verjährung unterliegt, wie z. B. nach bulgarischem und ungarischem Recht, geschieht dies in der allgemeinen Verjährungsfrist von fünf Jahren. Das tschechoslowakische Recht (§ 100 Abs. 2 ZGB) schließt die Verjährung des Herausgabeanspruchs aus. Auch im sowjetischen Recht verjährt der Herausgabeanspruch nicht (Art. 90 Abs. 2 ZGB RSFSR), allerdings nur wenn ihn eine staatliche sozialistische Organisation gegen eine Privatperson, eine Genossenschaft oder andere gesellschaftliche Organisation geltendmacht. Die gleiche Bestimmung kennt auch das polnische Recht (Art. 223 § 2 ZGB). Im übrigen bezieht sich die Unverjährbarkeit des Herausgabeanspruchs nur auf unbewegliche Sachen.

3. *Der Anspruch auf Herausgabe von Nutzungen und der Anspruch auf Ersatz von Verwendungen*

Diese beiden Ansprüche begleiten den Anspruch des Eigentümers auf Herausgabe der Sache, an der er den Besitz verloren hat (siehe oben 2). Sie sind herkömmlich geregelt.

Der bösgläubige Besitzer ist verpflichtet, *alle Nutzungen*, die er von der Sache gezogen hat, dem Eigentümer herauszugeben, bzw. zurückzuerstatten. Das gleiche gilt auch für Nutzungen, die der bösgläubige Besitzer zwar nicht gezogen hat, jedoch bei ordnungsgemäßer Wirtschaft hätte ziehen können. Er haftet außerdem für die schuldhafte Beschädigung und den Verlust der Sache. Der bösgläubige Besitzer kann seinerseits nur den Ersatz der notwendigen Verwendungen vom Eigentümer fordern.

Die meisten Gesetze machen hierin keine Unterscheidung zwischen notwendigen Verwendungen und gewöhnlichen Erhaltungskosten. Allein § 194 ungarisches ZGB trifft, ähnlich wie § 994 BGB, diese Unterscheidung und statuiert, daß nur für die notwendigen Verwendungen des Besitzers ein Ersatz zu leisten ist.

Der gutgläubige Besitzer, gegen den der Herausgabeanspruch gerichtet ist, ist besser gestellt als der bösgläubige. Er konnte die ganze Zeit, in der er geglaubt hat, Eigenbesitzer zu sein, Nutzungen aus der Sache ziehen, die er dem wirklichen Eigentumer nicht zurückzuerstatten braucht. Das Gesetz toleriert also für diese Zeit eine *Nutzungsbefugnis* des gutgläubigen Besitzers einer fremden Sache. Außerdem verpflichtet ihn das Gesetz nicht, die Sache nach Maßgabe einer ordnungsmäßigen Wirtschaft zu nutzen, d. h. bestimmte zu erwartende Früchte auch tatsächlich zu ziehen. Der gutgläubige Besitzer kann soviel Früchte von der Sache ziehen, wie es ihm beliebt, und er darf sie auch behalten.

Über den Ersatz für die *Verwendungen*, die der gutgläubige Besitzer an der Sache erbracht hat, treffen die einzelnen Rechte abweichende Regelungen. Im sowjetischen Recht z. B. hat der gutgläubige Besitzer keinen Anspruch auf Ersatz für die Verwendungen, solange er die Nutzungen von der Sache ziehen darf, d. h. bis zu dem Zeitpunkt, in dem er erfährt, daß sein Besitz einen rechtlichen Grund entbehrt (Argument aus Art. 155 Abs. 1 letzter Satz ZGB RSFSR). Ähnlich ist die polnische Regelung (Art. 226 Abs. 1 ZGB). Dem gutgläubigen Besitzer ist demnach untersagt, vom Eigentümer den Ersatz der notwendigen Kosten für die Erhaltung der Sache zu fordern; dies gilt allerdings nur, soweit diese Kosten durch die vom gutgläubigen Besitzer gezogenen und bei ihm verbleibenden Nutzungen gedeckt sind. Für die übersteigenden Kosten kann dagegen der Besitzer Ersatz vom Eigentümer verlangen. Das ungarische Recht unterscheidet wiederum, wie bereits erwähnt, zwischen notwendigen Verwendungen und üblichen Erhaltungskosten, zu denen regelmäßig wiederkehrende Ausgaben wie Hypotheken-Zinsen, Grundsteuern u. a. zählen. Gemäß § 194 ungarisches ZGB sind dem Besitzer nur die notwendigen Verwendungen zu ersetzen. Die gleiche Lösung findet sich bekanntlich im § 994 BGB, der gegenwärtig in der Deutschen Demokratischen Republik noch gilt. Schließlich verfügt das bulgarische Eigentumsgesetz (Art. 72 Abs. 2), daß der gutgläubige Besitzer den Ersatz der notwendigen Ausgaben, ohne weitere Differenzierung, verlangen kann.

Für andere (nützliche) Verwendungen, die den Wert der Sache steigern und zum Zeitpunkt der Übergabe an den Eigentümer noch vorhanden sind, wird übereinstimmend in allen sozialistischen Rechten dem gutgläubigen Besitzer Ersatz geschuldet. Soweit es sich um Geräte und Einrichtungen handelt, die ohne Beschädigung der Sache getrennt werden können, kann der Besitzer sie mitnehmen.

Der gutgläubige Besitzer wird in bezug auf die Herausgabe der Nutzungen und den Ersatz von Verwendungen von dem Zeitpunkt an dem bösgläubigen Besitzer gleichgestellt, von dem an er erfährt, daß er ohne Rechtsgrund die Sache besitzt. Dies tritt meistens mit der Rechtshängigkeit des Prozesses ein, in dem der Eigentümer seinen Anspruch auf Herausgabe der Sache geltend macht.

4. Der negatorische Anspruch

Die sozialistischen Rechte schützen den Eigentümer, der in der Ausübung seines Rechtes auf andere Weise als durch Besitzentzug gestört wird, in herkömmlicher Weise. Die Gesetze gebrauchen unterschiedliche Formulierungen für die Kennzeichnung des Anspruches des Eigentümers. Art. 109 Abs. 1 des bulgarischen Eigentumsgesetzes z. B. sagt, daß der Eigentümer „die Einstellung jeder ungerechtfertigten Handlung, die ihn in der Ausübung seines Rechtes hindert“, verlangen kann.

Art. 222 Abs. 2 des polnischen Zivilgesetzbuches spricht in diesem Zusammenhang einmal von Beseitigung der Störung und auch von der „Wiederherstellung des Zustandes, der mit dem (Eigentums-)Recht vereinbar ist". In der Tat kann der Eigentümer die Beseitigung einer andauernden Störung sowie die Unterlassung möglicher künftiger Störungen fordern. Bei Paralysierung der Verfügungsbefugnis sind spezielle Schutzansprüche gegeben (z. B. in der Zwangsvollstreckung, um eine Sache, die nicht dem Schuldner gehört, aus der Vollstreckungsmasse auszusondern).

Anderer Auffassung ist Joffe. Nach ihm schützt der negatorische Anspruch gegen jede Beeinträchtigung des Eigentumsrechts, außer dem Besitzentzug, also auch gegen jede Beeinträchtigung der Verfügungsbefugnis des Eigentümers. Deshalb sei der Anspruch, den ein Ehegatte auf Befreiung seiner Sache von der gegen den anderen Ehegatten gerichteten Zwangsvollstreckung erhebt, ein echter negatorischer Anspruch. Er bestehe neben dem Anspruch auf Feststellung des Eigentumsrechts und beziehe sich gerade auf die Wiedereinräumung der Verfügungsbefugnis des ersteren Ehegatten, die durch das Vollstreckungsverfahren ohne Rechtsgrund beeinträchtigt worden war (vgl. *O. S. Joffe,* Sovetskoe graždanskoe pravo (Sowjetisches Zivilrecht), Moskau 1967, S. 489).

Die Ansprüche auf Beseitigung und Unterlassung von Störungen sind gleichermaßen gegeben beim Eigentumsrecht an beweglichen wie an unbeweglichen Sachen. In der Regel wird dieser Eigentumsschutz jedoch bei Immobilien praktisch bedeutsam und insbesondere in den Beziehungen der Eigentümer von benachbarten Grundstücken.

Vgl. OG RSFSR (v. 5. 6. 1969), WGO 1971, 1, S. 42: der Beklagte hat das Küchenfenster des Klägers zugebaut.

Die negatorischen Ansprüche richten sich in der Regel gegen denjenigen, von dem die Störungen ausgehen. Wenn diese jedoch mit der Nutzung einer fremden Sache, insbesondere eines fremden Grundstückes zusammenhängen (wenn z. B. der Grundstückseigentümer eine nicht gestattete Tätigkeit seines Mieters duldet, durch die die Nachbarn in unzumutbarer Weise gestört werden), so kann sowohl der unmittelbare Störer als auch der Eigentümer der Sache belangt werden. Selbstverständlich kann man nicht wegen Störung eines Eigentumsrechts klagen, wenn eine gesetzliche Duldungspflicht, z. B. aus gewerblicher Tätigkeit zu Lasten des Eigentümers besteht; auch dann nicht, wenn mit dem Eigentümer vereinbart worden ist, daß die störenden Handlungen ausgeübt werden dürfen (wie z. B. im Falle einer Grunddienstbarkeit).

B. Besondere Eigentumsformen

I. Das Eigentumsrecht des sozialistischen Staates

1. Originäre Natur

Das Eigentumsrecht des sozialistischen Staates wird nicht im Wege der Rechtsnachfolge erworben, sondern entsteht jedesmal originär in der Person des sozialistischen Staates. Dies gilt zunächst für die Vergesellschaftung (Verstaatlichung) kapitalistischen produktiven Privateigentums, die in der Konstituierungsphase der sozialistischen Gesellschaft im großen Umfang durchgeführt wurde. Es gingen also nicht die Rechte der enteigneten kapitalistischen Eigentümer auf den sozialistischen Staat über. Vielmehr wurde durch die Nationalisierungsakte ein vom Typ her neues Eigentumsrecht zugunsten des sozialistischen Staates begründet, das keinerlei Lasten und Beschränkungen duldet.

2. Inhalt

Das Eigentumsrecht des sozialistischen Staates umfaßt alle Befugnisse des subjektiven Eigentumsrechts, nämlich Besitz, Nutzung und Verfügung, wie sie bereits beschrieben wurden (siehe oben A, III, 2). Es ist, genauer gesagt, ein integrales Recht, in dem alle Befugnisse zur wirtschaftlichen Verwertung von Eigentum innerhalb der sozialistischen sozial-ökonomischen Ordnung vereinigt sind. Nur ist es kein Ausschließlichkeitsrecht im traditionellen Sinne. Denn die anderen Rechtssubjekte sind, obwohl formal nicht Miteigentümer, von der Funktion des sozialistischen Eigentumsrechts her gesehen, dazu bestimmt, an der wirtschaftlichen Verwertung der Eigentumsobjekte zu partizipieren.

Als Eigentümer fungiert der sozialistische Staat, wenn er sich an Vermögensbeziehungen beteiligt, die durch das Zivilrecht als Beziehungen gleichgestellter Rechtssubjekte geregelt werden. Darüber hinaus übt er aber auch Herrschaftsrechte im Zusammenhang mit dem staatlichen sozialistischen Eigentum aus. Der Staat plant, leitet und kontrolliert alle Tätigkeiten, die das staatliche Eigentum betreffen, weist Vermögenskomplexe zur Bewirtschaftung an staatliche Organisationen zu, verteilt Vermögenskomplexe um, prüft die hauptsächlichen Investitionsentscheidungen usw. Diese Befugnisse des sozialistischen Staates rühren von seiner wirtschaftlich-organisatorischen Funktion her. Darin drückt sich die Einheit von politischer und ökonomischer Macht des sozialistischen Staates aus, die für ihn charakteristisch ist.

Die herrschende Lehre in den sozialistischen Staaten differenziert hierin jedoch nicht. Sie faßt alle Befugnisse, die der sozialistische Staat in bezug auf das Volkseigentum und die damit zusammenhängenden anderen Eigentumsformen ausübt, als Befugnisse eines uneingeschränkten Eigentümers auf, der in gesamtgesellschaftlichem Interesse handelt. Darunter fallen auch die Befugnisse der Planung, Leitung und Kontrolle des Volkseigentums, die der Staat durch Gesetze, normative oder individuelle Verwaltungsakte realisiert. Die Lehre spricht in diesem Zusammenhang von einer Vielfalt der Methoden der Ausübung der Eigentümerrechte des Staates und will in der Trias „Besitz, Nutzung und Verfügung" auch Befugnisse der Staatsgewalt wie Planung, Leitung und Kontrolle des Volkseigentums untergebracht wissen.

Vgl. *P. E. Orlovskij/S. M. Korneev u. a.*, Graždanskoe pravo (Zivilrecht) Bd. I, Moskau 1969, S. 310 ff.

3. *Ausübung des staatlichen Eigentumsrechts. Recht auf operative Verwaltung*

Würde der sozialistische Staat sein Eigentumsrecht allein ausüben, würde dies eine besondere Organisationsstruktur der sozialistischen Wirtschaft erforderlich machen. Das Modell, das in der ersten Zeit nach der Oktoberrevolution in der UdSSR praktiziert wurde, sah folgendermaßen aus: Es gab keine selbständigen Staatsunternehmen, ausgestattet mit eigener Rechtspersönlichkeit, die eine wirtschaftliche Tätigkeit ausübten. Die wirtschaftenden Einheiten (Betriebe) waren staatliche Wirtschaftsorgane, die in hierarchischer Abhängigkeit von übergeordneten Verwaltungsorganen, wie Wirtschaftsministerien, speziellen Komitees oder Gebietskörperschaften standen. Ihre produktive oder sonstige wirtschaftliche Tätigkeit war an Weisungen der letzteren gebunden, spielte sich, was den Austausch anbetrifft, nicht in vertraglich abgesicherten Formen ab und wurde nicht nach dem Prinzip der Kostenrechnung bewertet. Die Versorgung mit Rohstoffen und Materialien erfolgte durch zentrale Zuweisungen, wie auch die Realisierung der Produktion nach verbindlichen Liefer- und Leistungsaufträgen der übergeordneten Organe ablief. Bei Störungen in den gegenseitigen Beziehungen der wirtschaftenden Staatsorgane trat keine zivilrechtliche Haftung gegenüber dem Partner ein, sondern es mußte sich jeder Adressat einer Planaufgabe dem betreffenden staatlichen Leitungsorgan gegenüber, also verwaltungsrechtlich verantworten. So wurde das Eigentumsrecht des Staates durch seine Organe ausgeübt und es gab keine Trennung zwischen der Rechtssubjektivität des Staates und der Rechtspersönlichkeit der wirtschaftenden Staatsorgane, wie auch letztere keine selbständigen Rechte in bezug auf das ihnen anvertraute Staatsvermögen besaßen.

Dieses Modell wurde in der Sowjetunion nur in den 20er Jahren praktiziert und später mehrfach in Richtung einer Verselbständigung der operativen staatlichen Wirtschaftsorgane geändert. Von den anderen sozialistischen Ländern wurde es in dieser rigorosen Ausprägung nicht übernommen.

Nach dem anderen und noch gegenwärtig praktizierten Modell übt der Staat sein Eigentumsrecht nicht im oben dargestellten Sinne allein aus. Er errichtet staatliche Unternehmen mit eigener Rechtspersönlichkeit und vertraut ihnen Komplexe des staatlichen Vermögens an, mit denen diese Unternehmen wirtschaften müssen. Damit delegiert jedoch der Staat sein Eigentumsrecht nicht an die genannten Organisationen. Die Konstruktion ist neu und hat keine Entsprechung in Figuren des westlichen Rechts. Sie wird bezeichnet als „operative Verwaltung“ des Volkseigentums durch selbständige staatliche Wirtschaftsorganisationen. In der Lehre charakterisiert man diese operative Verwaltung als subjektives Recht der staatlichen Wirtschaftsunternehmen oder aber als rechtliche Situation, d. h. als einen Komplex von Rechten und Pflichten, die solche Unternehmen in bezug auf das Staatseigentum haben.

Vgl. *P. E. Orlovskij/S. M. Korneev u. a.*, Graždanskoe pravo (Zivilrecht) Bd. I, Moskau 1969, S. 315 ff.; *G. Csanádi*, Das Eigentumsrecht im ungarischen ZGB, in: G. Eörsi u. a., Das ungarische Zivilgesetzbuch in fünf Studien, Budapest 1963, S. 151 ff.; *V. Knapp*, La propriété socialiste in: V. Knapp/I. Szabó u. a., Introduction aux Droits socialistes, Budapest 1971, S. 377 ff.

Das Recht auf operative Verwaltung enthält eine Reihe von Befugnissen, die staatliche Wirtschaftsunternehmen in bezug auf das ihnen anvertraute Staatsvermögen ausüben. Dies sind Befugnisse der wirtschaftlichen Verwendung (Nutzbarmachung) und der Verwaltung des genannten Vermögens. Sie sind zu unterscheiden von staatlichen Verwaltungsbefugnissen (Planung, Kontrolle, Verfügung u. a.) hinsichtlich der gleichen Objekte. So können staatliche wirtschaftsleitende (administrative) Organe Vermögensobjekte (z. B. Maschinen, Ausrüstungen, usw.), die zum Anlagefonds eines staatlichen Unternehmens gehören, umverteilen und einem anderen Unternehmen zuweisen. Eine solche Verfügung wäre, wie bereits erwähnt (siehe oben 2), als Ausübung staatlicher Machtbefugnisse zu qualifizieren, während Verfügungsbefugnisse eines Wirtschaftsunternehmens in bezug auf sein Vermögen (z. B. Veräußerung von Gegenständen durch Vertrag) Ausdruck seines Rechts auf operative Verwaltung sind, wenn auch verschiedene Überschneidungen denkbar sind.

Der *Inhalt* des Rechts auf operative Verwaltung ist variabel. Er richtet sich nach *Stellung* und *Aufgabenbereich* des jeweiligen Unternehmens als des Trägers des Rechts. Und dies ist einleuchtend, wenn man sich die Funktion des Rechts auf operative Verwaltung vor Augen hält: Es geht hier um die planmäßige Verwendung des Volkseigentums in den verschiedensten Zweigen der sozialistischen Wirtschaft mit deren spezifischen Orientierungen und Zielen. Das ungarische Zivilgesetzbuch enthält in diesem Zusammenhang eine signifikante

Bestimmung. § 171 Abs. 2 besagt, daß Wirtschaftsunternehmen und sonstige staatliche Organisationen das ihnen übertragene Vermögen „im Interesse der Erfüllung ihres Planes, bzw. für den im Staatshaushaltsplan festgesetzten Zweck“ nutzen und verwalten müssen und, was noch wichtiger ist, daß ihnen dabei „alle Befugnisse zustehen, die zur Erfüllung dieser Pflicht notwendig sind“. Der Umfang und konkrete Inhalt der Befugnisse der operativen Verwaltung sind also nicht ein für alle Mal festgelegt, sondern hängen jeweils vom Kompetenzbereich der in Frage kommenden Unternehmen ab. Auf den Zusammenhang zwischen dem Inhalt des Rechts auf operative Verwaltung und dem Aufgabenbereich des Trägers dieses Rechts weisen auch § 66 tschechoslowakisches Wirtschaftsgesetzbuch und Art. 94 Abs. 2 ZGB RSFSR hin.

In der sozialistischen Rechtslehre ist es üblich, die operative Verwaltung des Staatsvermögens durch die staatlichen Wirtschaftsunternehmen mit den Befugnissen des Besitzes, der Nutzung und der Verfügung zu umschreiben. Im sowjetischen Recht hat diese Auffassung einen positivrechtlichen Ausdruck gefunden, indem die Gesetze selbst (z. B. Art. 94 Abs. 2 ZGB RSFSR) die oben genannten Befugnisse als den Inhalt der operativen Verwaltung bezeichnen. Obwohl die Unternehmen tatsächlich Befugnisse der Nutzung, des Besitzes und der Verfügung in bezug auf das ihnen zugeteilte Staatsvermögen ausüben, ist es zweifelhaft, ob das Recht auf operative Verwaltung durch den Hinweis auf diese Triade glücklich qualifiziert ist. Denn einerseits variieren diese Befugnisse von Fall zu Fall, wie oben gezeigt wurde, zum anderen wären sie in dieser allgemeinen Formulierung von den gleichnamigen Befugnissen des Eigentümers, in diesem Falle des sozialistischen Staates, nicht zu unterscheiden. Das Spezifische bei der operitiven Verwaltung sind nicht die genannten Befugnisse selbst, sondern ist der Umstand, daß die staatlichen Unternehmen bei der Nutzung und Verwaltung des Volkseigentums, obwohl Nichteigentümer, von solchen Befugnissen Gebrauch machen, und zwar in dem Rahmen, der ihren jeweiligen Aufgaben entspricht.

Die staatlichen Wirtschaftsunternehmen üben das Recht auf operative Verwaltung des ihnen anvertrauten Volksvermögens im eigenen Namen aus, sind also selbständige Träger dieses Komplexes von Rechtsbefugnissen. Dies wird ermöglicht durch ihren Status einer juristischen Person. Durch die Ausübung von Vermögensrechten im Rahmen der operativen Verwaltung entstehen für die Staatsunternehmen Verbindlichkeiten, für die sie aus demselben Grunde selbständig haften. Andererseits genießen die Unternehmen einen Schutz des Rechts auf operative Verwaltung ihres Vermögens, der dem Eigentümerschutz entspricht (siehe oben A, V, 2).

Das Recht auf operative Verwaltung ist kein Eigentumsrecht. Selbständigkeit und Rang dieses Rechts werden dadurch jedoch nicht beeinträchtigt. Nach außen hin verhalten sich die staatlichen Wirtschaftsunternehmen so, als ob sie im rechtlichen Sinne Eigentümer wären: Sie veräußern z. B. die für den Verkehr bestimmten Waren, die sie selber herstellen oder umsetzen, und sind vor jedem rechtswidrigen Eingriff in ihre Vermögenssphäre geschützt. Die *Veräußerung* kann z. B. bei Konsumgütern an Privatpersonen erfolgen, die somit Eigentümer der Kaufsache werden. Der Veräußerer – Staatsbetrieb – ist kein Eigentümer, ist jedoch im Rahmen seines Rechts auf operative Verwaltung befugt, sich in manchen Fällen wie ein Eigentümer zu verhalten, d. h. seinem Vertragspartner das Eigentumsrecht an der Kaufsache zu verschaffen. Das gleiche gilt auch bei Veräußerungen an Genossenschaften.

Dagegen entsteht bei Warenlieferungen zwischen staatlichen Wirtschaftsunternehmen kein Eigentumsrecht auf der Seite des Bestellers: der Lieferer verschafft ihm nach herrschender Lehre kein Eigentumsrecht an der verkauften Sache, sondern überträgt ihm lediglich ein Recht auf operative Verwaltung, und zwar, wie noch zu zeigen ist, mit wandelbarem Inhalt (siehe unten 4).

In den Beziehungen zwischen den staatlichen Wirtschaftsunternehmen und dem sozialistischen Staat ist, wie bereits erwähnt, letzterer Eigentümer, Nur gestalten sich diese Beziehungen nicht nach den Grundsätzen des Sachenrechts, so daß die

Staatsunternehmen als Nichteigentümer dem Staatseigentum als Fremde gegenüberstünden. Vielmehr verwalten und bewirtschaften diese Unternehmen das Volksvermögen im Rahmen des ihnen zuerkannten zweckgebundenen Rechts auf operative Verwaltung. So ist letzteres nicht als ein eingeschränktes Eigentumsrecht anzusehen, wie es auch kein beschränktes Sachenrecht vom Typ des Nießbrauchs u. ä. ist. Das Recht auf operative Verwaltung ist ein besonderes Recht mit dem bereits dargestellten Inhalt, dessen Funktion vom staatlichen sozialistischen Eigentum abzuleiten ist.

In den sozialistischen Ländern wurde Ende der 60iger Jahre im Zuge der großen Wirtschaftsreform die Diskussion über den Charakter des Rechts auf operative Verwaltung wiederbelebt. Die Befürworter der sog. sachenrechtlichen Konzeption haben dafür plädiert, den Staatsunternehmen mehr Rechte in Bezug auf ihr Vermögen einzuräumen, die man, in der äußersten Variante, als Eigentumsrechte der Betriebe aufgefaßt wissen wollte. Diese Meinung hat sich jedoch nicht durchgesetzt; vgl. *H. Langer/G. Pflicke/R. Streich,* Volkseigentum und Stellung der Betriebe, Staat und Recht 1967, 3, S. 401 ff., insbes. S. 409, 410; *H. Oberländer/M. Posch,* Probleme der rechtlichen Regelung des Volkseigentums, Staat und Recht 1969, 12, S. 1820, 1821; über diese Diskussion auch *H. Slapnicka,* Die sozialistische Kollektivperson, Wien–Köln–Graz 1969, S. 194 ff.

Nach jugoslawischer Doktrin und geltendem Recht sind die staatlichen Wirtschaftsunternehmen keine Verwalter des gesellschaftlichen Eigentums, sondern direkte Eigentümer. Denn hier wird nicht ein übergeordnetes Staatseigentumsrecht anerkannt, dessen Subjekt der sozialistische Staat ist. Die höchste Form der Vergesellschaftung stellt das gesamtgesellschaftliche Eigentum dar, das getragen wird von den einzelnen Betriebskollektiven und Gebietskörperschaften und nicht von einem zentralen Rechtssubjekt, dem Staat, der aus seinem Recht heraus Befugnisse der Verwaltung und Nutzung des gesellschaftlichen Eigentums an die Wirtschaftsunternehmen delegiert; vgl. *D. Stojanović,* Das gesellschaftliche Eigentum in der jugoslawischen Doktrin und Rechtsprechung OER 1969, 2, S. 101 ff.

Das Recht auf operative Verwaltung steht den staatlichen Wirtschaftsunternehmen zu. Inhalt und Funktion dieses Rechts hängen mit der operativen wirtschaftlichen Tätigkeit der Unternehmen zusammen. Das Recht auf operative Verwaltung ermöglicht das rationale Wirtschaften mit dem Staatseigentum. Geht man von der Zweckgebundenheit dieses Rechts aus, wäre die Beziehung der anderen staatlichen Organisationen (staatliche Einrichtungen), die nicht den Status eines Wirtschaftsunternehmens haben, und auch keine wirtschaftlichen Ziele verfolgen, zu dem ihnen zugeteilten Vermögen nicht als Recht auf operative Verwaltung zu qualifizieren. Die genannten staatlichen Einrichtungen wirtschaften nicht mit diesem Vermögen, sondern benutzen es zur Verwirklichung ihrer jeweiligen, nicht wirtschaftlichen, sondern administrativen, kulturellen, sozialen und anderen Ziele. Die Nutzungsbefugnisse, die die staatlichen Organisationen in diesem Fall hinsichtlich der ihnen zugeteilten Vermögensobjekte haben, als Recht auf operative Verwaltung im oben dargestellten Sinne zu bezeichnen, wie dies des öfteren in der Lehre getan wird, erscheint unzutreffend. Nichtsdestoweniger genießt das genannte Vermögen bei den staatlichen Organisationen einen quasi eigentumsrechtlichen Schutz, der so ausgestaltet ist, als ob sie selbständige, vom Staat getrennte Eigentümer oder Inhaber eines Rechts auf operative Verwaltung des Staatseigentums wären.

4. Übertragung des Rechts auf operative Verwaltung

Die staatlichen Wirtschaftsunternehmen üben im Prozeß ihrer jeweiligen Tätigkeit das Recht auf operative Verwaltung des ihnen zugeteilten Staatseigentums aus. Dazu gehört, daß sie Erzeugnisse ihrer Produktion realisieren oder als Handelsorganisationen Waren umsetzen. Bei Rechtsgeschäften, die sie dabei schließen, gelangt die Ware in die Vermögenssphäre des jeweiligen Käufers. Wenn dies ein anderes staatliches Unternehmen ist, erlangt letzteres Rechte in bezug auf diese Ware, sie „gehört“ nunmehr ihm, wird seinem Vermögensfonds zugeordnet. Das Unternehmen – Erwerber der Ware – wird bekanntlich dadurch nicht Eigentümer, sondern erhält ein Recht auf operative Verwaltung am erworbenen Vermögen. In solchen Fällen findet also eine Übertragung des Rechts auf operative Verwaltung statt.

Das Kennzeichnende dabei ist, daß der Erwerber das Recht auf operative Verwaltung nicht in seiner ursprünglichen Beschaffenheit, d. h. mit dem Inhalt, den dieses Recht beim Veräußerer gehabt hat, erlangt. Der Umfang des Rechts auf operative Verwaltung richtet sich nunmehr nach der Stellung und dem Aufgabenbereich des neuen Inhabers. Dies ist deshalb erforderlich, weil die übertragenen Teile des Staatsvermögens fortan vom letztgenannten Unternehmen verwaltet und bewirtschaftet werden müssen: der Inhalt des Rechts richtet sich hier nach seiner ökonomischen Funktion.

Das geltende sozialistische Recht geht zwar, wie das übrige kontinentale Recht, von der Konstruktion aus, daß bei rechtsgeschäftlicher Übertragung eines subjektiven Rechts der Erwerber nur dann und nur insoweit Inhaber des in Frage kommenden Rechts wird, als dieses Recht in der Person des Veräußerers vorhanden war und in der Gestalt, in der es beim letzteren existiert hat. In der oben beschriebenen Hypothese wird jedoch diese Konstruktion verlassen zugunsten des Prinzips der strengen Zweckgebundenheit der Vermögensrechte der staatlichen Wirtschaftsunternehmen.

5. *Der zivilrechtliche Schutz des Staatseigentums*

Das Staatseigentum genießt einen besonderen Schutz. Bestimmungen verschiedener Rechtszweige wie des Staatsrechts, des Verwaltungsrechts, des Arbeitsrechts u. a. enthalten Schutzvorschriften zugunsten dieses Eigentums. Das Zivilrecht bietet seinerseits außer den allgemeinen zivilrechtlichen Ansprüchen (Herausgabeanspruch, negatorische Ansprüche, Ansprüche auf Herausgabe von Nutzungen und auf Ersatz von Verwendungen) eine Reihe von speziellen Bestimmungen, die den Schutz des Staatseigentums verstärken.

In allen sozialistischen Rechten findet sich eine allgemeine, zumeist verfassungsrechtlich verankerte Pflicht zum Schutz des Staatseigentums, die gleichermaßen Bürger, gesellschaftliche Organisationen und staatliche Organe betrifft. Diese sind verpflichtet: a) das Volkseigentum nicht zu schädigen; b) es vor Schadenszufügungen Dritter zu bewahren; c) mit dem Staatseigentum sparsam und in volkswirtschaftlich vertretbarer Weise umzugehen.

Die allgemeine Rechtspflicht, das Staatseigentum zu schützen, ist in manchen Zivilgesetzbüchern detaillierter dargelegt. Insbesondere werden die Beziehungen geregelt, die zwischen dem Staat (dem jeweiligen staatlichen Organ oder Unternehmen) und derjenigen Person entstehen, die Staatsvermögen vor Schädigungen bewahrt und dabei selbst Schaden erlitten hat (z. B. § 175 und 178 ungarisches ZGB; Art. 127 polnisches ZGB). Diese Person hat Ersatzansprüche gegenüber dem staatlichen Organ (Unternehmen), in dessen Verwaltung sich die geretteten Güter befunden haben. Darüber hinaus sind Rentenansprüche zugunsten der unterhaltsberechtigten Angehörigen solcher Personen gegeben, die bei Rettung von Volkseigentum ums Leben gekommen sind. Die einschlägigen Ansprüche richten sich gegen den Fiskus.

Schutzcharakter haben auch die Bestimmungen der Zivilgesetze, die verbieten, Gegenstände des staatlichen Eigentums, die zur Ausstattung eines staatlichen Unternehmens (oder einer anderen staatlichen Organisation) gehören, an nicht staatliche juristische Personen und an Bürger zu veräußern (z. B. § 96 Abs. 3 tschechoslowakisches WGB; Art. 96 Abs. 1 ZGB RSFSR; § 169 Abs. 2 „c" ungarisches ZGB). Das Verbot erstreckt sich naturgemäß auf Gegenstände, die nicht im Rahmen einer wirtschaftlichen Tätigkeit zur Veräußerung bestimmt sind. Dadurch soll die Integrität des staatlichen Eigentumsfonds gesichert werden.

Eine weitere Schutzbestimmung von prinzipieller Bedeutung ist diejenige, die in allen sozialistischen Rechten eine Zwangsvollstreckung in Grundmittel staatlicher Unternehmen untersagt. Damit soll eine kontinuierliche Tätigkeit der staatlichen Wirtschaftsunternehmen trotz wirtschaftlicher Risiken oder Unzulänglichkeiten der eigenen Wirtschaftsführung gesichert werden.

In manchen sozialistischen Rechten finden sich Bestimmungen auf Spezialgebieten des Zivilrechts, die die vorrangige Stellung des Volkseigentums noch weiter ausbauen. So wird z. B. das Prinzip, daß das Volkseigentum nicht ohne weiteres in eine andere Eigentumsform umgewandelt werden darf, durch Sonderbestimmungen im Bereich des Eigentumserwerbs gestützt.

Das polnische (Art. 171 ZGB), das rumänische (Art. 1909 ZGB) und das sowjetische Recht (Art. 153 ZGB RSFSR) schließen den gutgläubigen Erwerb von beweglichen Sachen, die zum Staatseigentum gehören, aus, wenn sie vom Nichteigentümer, und d. h. in diesem Zusammenhang, von einer staatlichen Organisation, die darüber nicht verfügen darf, erworben worden sind. Andere Rechte verbieten wiederum den Erwerb von staatlichem Eigentum durch Ersitzung. Art. 86 bulgarisches Eigentumsgesetz dehnt dieses Verbot auf alle Sachen aus, während es nach polnischem (Art. 177 ZGB) und ungarischem Recht (§ 121 Abs. 3 ZGB) nur für unbewegliche Sachen gilt.

Vgl. zum Verbot des gutgläubigen Erwerbs staatlichen Eigentums: OG Rumänien (v. 16. 4. 1966) WGO 1969, 1, S. 58.

Nach sowjetischem Recht unterliegt der Herausgabeanspruch der allgemeinen Verjährungsfrist von drei Jahren bzw. einem Jahr in den Beziehungen zwischen staatlichen Wirtschaftsunternehmen und zwischen genossenschaftlichen Organisationen. Art. 90 ZGB RSFSR enthält eine besondere Regelung für den Herausgabeanspruch der staatlichen Organisationen. Demnach verjährt dieser Anspruch nicht, wenn ihn ein staatliches Organ, ein staatliches Wirtschaftsunternehmen oder eine andere staatliche Organisation gegenüber nicht staatlichen Rechtssubjekten (Genossenschaftsorganisationen, anderen Gesellschaftsorganisationen und Bürgern) geltend macht. Im polnischen Recht findet sich ebenfalls eine solche Regelung. Art. 223 Abs. 2 polnisches ZGB besagt, daß der Herausgabeanspruch aus dem staatlichen Eigentum, der sich auf bewegliche Sachen bezieht und gegen ein nicht staatliches Rechtssubjekt gerichtet ist, der Verjährung nicht unterliegt. Hier wird allein auf bewegliche Sachen hingewiesen, weil nach allgemeine Regelung der Herausgabeanspruch hinsichtlich unbeweglicher Sachen ohnehin nicht verjährt.

II. Das Recht des persönlichen Eigentums

1. *Bestimmung und Quellen des persönlichen Eigentums*

Das persönliche Eigentum bildet eine der vier Eigentumsformen im sozialistischen Eigentumssystem (siehe oben A, II, 2). Es ist nicht ein „kleines“ Privateigentum, wie des öfteren außerhalb des sozialistischen Rechtskreises gesagt worden ist. Dieses Eigentum ist weder Ergebnis einer wirtschaftlich-unternehmerischen Tätigkeit noch ist es auf eine solche ausgerichtet. Daher sind die Objekte des persönlichen Eigentums in der Regel keine Produktionsmittel, sondern Gegenstände des individuellen täglichen Gebrauchs (siehe unten 2).

Bei Gegenständen, die zugleich Produktionsmittel und Objekte des individuellen täglichen Gebrauchs sein können, wie z. B. bei Kraftfahrzeugen, kommt es auf den Zweck der Verwendung an: Wenn sie zur Gewinnerzielung im Rahmen einer wirtschaftlichen Tätigkeit eingesetzt werden (z. B. Taxibetrieb), sind sie als Privateigentum zu qualifizieren. Dazu bedarf es jedoch der staatlichen Genehmigung. Personenkraftwagen, die als Gebrauchsgegenstände im persönlichen Eigentum stehen, dürfen nicht ohne weiteres, und auch nicht von Fall zu Fall, zur Gewinnerzielung verwendet werden (z. B. Gelegenheitsfahrten gegen Bezahlung). Andererseits stellen Produktionsmittel jeder Art, auch wenn sie in einem „Ein-Mann-Betrieb" benutzt werden, z. B. bei Einzelhandwerkern, Privateigentum dar.

Das persönliche Eigentum ist im Sozialismus kein Antipode des kapitalistischen Privateigentums. Diese Funktion übernimmt hier das staatliche sozialistische Eigentum als gesamtgesellschaftliches Eigentum. Die Bestimmung des persönlichen Eigentums liegt darin, dem einzelnen in seinem Individualbereich in der Weise dienlich zu sein, daß er durch dieses Eigentum seine persönlichen materiellen Bedürfnisse befriedigen kann. Die Zivilgesetze weisen übereinstimmend darauf hin (Art. 105 Abs. 1 ZGB RSFSR; Art. 28 Abs. 3 bulgarisches Eigentumsgesetz; Art. 132 polnisches ZGB; § 126 tschechoslowakisches ZGB; § 92 Abs. 1 ungarisches ZGB). In einigen gesetzlichen Bestimmungen ist noch ein weiteres Moment enthalten: das persönliche Eigentum diene ebenfalls der Befriedigung der „kulturellen Bedürfnisse" des einzelnen. Damit ist jedoch nur eine Selbstverständlichkeit ausgesagt, nämlich daß das persönliche Eigentum, wie übrigens auch jedes andere Eigentum, die Befriedigung kultureller Interessen ermöglicht, indem es die erforderliche materielle Grundlage hierfür schafft.

In den Genuß persönlichen Eigentums kommt sehr oft nicht nur der Eigentümer selbst, sondern auch seine Angehörigen, die mit ihm einen Haushalt führen. Letztere werden dadurch jedoch nicht Miteigentümer. Dieses ökonomische Moment der gemeinsamen Nutzung des persönlichen Eigentums bestimmt aber manchmal den Umfang der Sachen, die als persönliches Eigentum gelten: Eine Familie kann nach manchen Rechten z. B. nur ein Wohnhaus besitzen, dessen Größe von der Zahl der Familienmitglieder abhängt.

Die typischen Quellen des persönlichen Eigentums sind das Arbeitseinkommen des Bürgers und die gesetzlich garantierte Vererbung von persönlichem Eigentum. Selbstverständlich entsteht persönliches Eigentum auch dann, wenn Personen, die rechtmäßig Produktionsmittel besitzen und mit ihnen wirtschaften, einen Teil ihres Gewinns in persönliche Gebrauchsgegenstände umwandeln. Solche Fälle sind aber angesichts der beschränkten Zulassung von Privateigentum selten. Einmal entstanden, genießt das persönliche Eigentum, unabhängig von seiner Quelle, den ihm gebührenden Rechtsschutz.

2. Objekte des persönlichen Eigentums

Es wurde bereits darauf hingewiesen, daß die typischen Objekte des persönlichen Eigentums Gebrauchsgegenstände sind, die zur Deckung des persönlichen Bedarfs bestimmt sind. Selten sind es auch Produktionsmittel, die allerdings nicht als solche, sondern zum Zwecke der persönlichen Bedarfsdeckung benutzt werden (siehe oben 1).

Die gängigsten Objekte des persönlichen Eigentums sind Gegenstände des täglichen Bedarfs wie Kleidungsstücke, Wohnungseinrichtungen, Kraftfahrzeuge, Sportgeräte, Wohnhäuser u. ä. Auch Instrumente und Einrichtungen zur Ausübung von freien Berufen, soweit es sich also nicht um wirtschaftlich-unternehmerische Tätigkeit handelt, gehören dazu. Objekte des persönlichen Eigentums sind ferner Bücher, Musikinstrumente, Kunstgegenstände und Schmuck. Persönliches Eigentum der Bauern sind im Rahmen der gesetzlichen Bestimmungen außer den oben erwähnten Gegenständen auch bestimmte Gebäude mit landwirtschaftlicher Bestimmung, Inventar, Nutzvieh, u. a., die entsprechend den Statuten der landwirtschaftlichen Produktionsgenossenschaften nicht in kollektives Eigentum eingebracht werden müssen. Arbeitseinkommen und Ersparnisse genießen nach sozialistischem Recht den Rang von persönlichem Eigentum.

Der Kreis der hier in Frage kommenden *Gegenstände* ist offen. Die Zivilgesetze (z. B. Art. 105 Abs. 2 ZGB RSFSR; Art. 133 polnisches ZGB; § 127 tschechoslowakisches ZGB) zählen nur beispielhaft auf, welche Objekte das persönliche Eigentum der Bürger ausmachen. Mit der technischen Entwicklung und dem wachsenden allgemeinen Wohlstand mehrt und erweitert sich das Eigentum der Bürger: z. B. nicht nur Fahrräder und Autos, sondern auch Segel- und Motorboote, nicht nur Wohnungen, sondern auch Wochenendhäuser (so ausdrücklich § 127 tschechoslowakisches ZGB) können persönliches Eigentum bilden, in Zukunft vielleicht auch Sportflugzeuge. Die Art der Gegenstände des persönlichen Eigentums ist also theoretisch unbegrenzt.

Einige besondere Probleme stellen *Wohnungen* und Wohnhäuser als Objekte des persönlichen Eigentums dar. In den sozialistischen Rechten gelten restriktive verwaltungsrechtliche Vorschriften für die Benutzung von Wohnungen. Da kein oder nur ein sehr enger, staatlich kontrollierter Wohnungsmarkt besteht, werden in einem Verwaltungsverfahren Wohnobjekte bedürftigen Bürgern zur Verfügung gestellt. Durch die Entscheidung des zuständigen staatlichen Organs werden die Wohnbedürfnisse des Antragstellers festgestellt. Die Größe der ihm daraufhin zugewiesenen Wohnfläche richtet sich nach der Zahl der Familienmitglieder entsprechend der jeweils geltenden Norm für die Wohnraumnutzung. Diese Regelung gilt unabhängig davon, ob die zu verteilenden Wohnobjekte dem staatlichen Eigentumsfonds, einer Privatperson oder aber auch dem Antragsteller selbst gehören. So werden die Eigientümer von Wohnungen und Wohnhäusern in der Nutzung ihres persönlichen Eigentums beschränkt.

In manchen sozialistischen Ländern sind dem Eigentum an Wohnungen und Wohnhäusern Grenzen gezogen, die allerdings im einzelnen variieren. Solche Normen finden sich z. B. im sowjetischen, bulgarischen und tschechoslowakischen Recht. Nach Art. 106 Abs. 4 ZGB RSFSR darf ein Bürger zusammen mit seiner Familie, mit der er einen gemeinsamen Haushalt führt, ein Wohnhaus, einen Teil davon oder eine Wohnung von nicht mehr als 60 qm Wohnfläche besitzen. Größere Wohnungen dürfen nur von mehrköpfigen Familien erworben oder in Eigentum behalten werden, und zwar mit Genehmigung der örtlichen staatlichen Verwaltung (des Exekutivkomitees des betreffenden Volksrates). Die Normen, die dabei befolgt werden, sind die gleichen wie bei Wohnungen des staatlichen Wohnungsfonds, die an Bürger vermietet werden (Art. 106 Abs. 5). Die Sanktion, mit der die Verletzung dieser Norm nach sowjetischem Recht geahndet wird, ist die zwangsweise Veräußerung der Vermögensobjekte, die die genannte Grenze überschreiten. Art. 107 ZGB RSFSR stellt es dem Eigentümer frei, das größere oder das zweite Wohnobjekt, das er nicht behalten darf, binnen eines Jahres vom Zeitpunkt des Erwerbs an zu veräußern. Wenn der Eigentümer dies nicht tut, findet eine Zwangsversteigerung statt. Der Erlös wird dem früheren Eigentümer nach Begleichung der Kosten der Versteigerung ausgehändigt. Wenn sich jedoch kein Käufer für das in Frage kommende Wohnobjekt findet, geht letzteres nach Beschluß der Verwaltung unentgeltlich in Staatseigentum über.

Das bulgarische Gesetz über das Eigentum der Bürger (vom 30. 3. 1973) setzt als Grenze des zulässigen Wohnungseigentums eine bebaute Fläche von 120 qm fest. Sie kann einem oder mehreren zusammenwohnenden Familienmitgliedern gehören. Ausgenommen sind unverheiratete Minderjährige. Letztere dürfen darüber hinaus ein Wohnobjekt in der genannten Größe in Eigentum haben, das dann allerdings vermietet werden muß. Zudem dürfen Privatpersonen ein Wochenendhaus (oder einen Teil davon) außerhalb ihres Wohnsitzortes mit höchstens 60 qm bebauter Fläche und jeweils nur eine Garage an den beiden Orten besitzen. Detaillierte Bestimmungen geben Aufschluß darüber, was unter Wohnung und Wochenendhaus im Sinne des Gesetzes zu verstehen ist (Art. 3 und 5). Soweit man einen höheren Wohnungsbedarf – was nach dem Gesetz durchaus zulässig ist – nicht nachweisen kann, müssen alle überschüssigen Wohnobjekte bei der örtlichen Verwaltung gemeldet und durch deren Vermittlung zum Kauf angeboten werden. Nur in einigen Ausnahmefällen (z. B. zwischen Verwandten in gerader Linie, Art. 15 Ziff. 1 des Gesetzes) kann der Verkauf direkt zwischen den Parteien abgewickelt werden. Den Erlös aus dem Verkauf erhält der Eigentümer. Wenn binnen eines Jahres das Objekt nicht realisiert werden kann, entsteht zugunsten der örtlichen Verwaltung ein Vorkaufsrecht. Nach Ablauf der allgemeinen Frist von zwei Jahren zum Verkauf solcher Wohnobjekte erhält die Verwaltung ein Nutzungsrecht: Sie vermietet die Objekte, wenn dies der Eigentümer noch nicht getan hat, und erhält in beiden Fällen den Mietzins (Art. 8). Die Sanktion der Enteignung trifft nur nicht deklarierte überschüssige Wohnobjekte (Art. 52).

Nach tschechoslowakischem Recht beträgt die Norm für Eigentum an Wohnhäusern und Wohnungen 120 qm Wohnfläche (§ 128 ZGB). Auf die Frage, was geschieht, wenn eine Person das Eigentum an einem größeren Wohnhaus erlangt, gibt das Gesetz keine direkte Antwort. § 130 Abs. 2 des tschechoslowakischen Zivilgesetzbuches enthält eine allgemeine Bestimmung, die die Anhäufung von Eigentumsobjekten über den persönlichen und den Familienbedarf hinaus betrifft: dem überschüssigen persönlichen Eigentum wird der Schutz und die besondere Förderung, die diese Art von Eigentum genießt, entzogen. Dafür gilt jedoch eine wichtige Voraussetzung. Die sogenannte Anhäufung von persönlichem Eigentum verliert erst dann den Rechtsschutz, wenn sie „gegen die Interessen der Gesellschaft zustandegekommen ist" (§ 130 Abs. 2 ZGB). Bei dieser etwas dehnbaren Formel des Gesetzes wird nur in krassen Fällen festzustellen sein, daß überschüssiges Wohnungseigentum in gesellschaftswidriger Weise erworben worden ist und deshalb den Rang von persönlichem Eigentum verliert.

3. *Befugnisse. Zweckgebundene Ausübung*

Der Träger des persönlichen Eigentumsrechts hat die traditionellen Befugnisse eines Eigentümers. Er besitzt und nutzt die Eigentumsobjekte und kann auch über sie verfügen. Die Ausübung der Eigentümerbefugnisse ist hier am Zweck des persönlichen Eigentums orientiert. So besagt § 93 ungarisches ZGB, daß der Eigentümer von seinem persönlichen Eigentumsrecht „freien Gebrauch machen kann“, allerdings nur zur Befriedigung seiner persönlichen Bedürfnisse. Denselben Gedanken bringt das sowjetische Recht noch prägnanter zum Ausdruck: Nach Art. 105 Abs. 3 ZGB RSFSR darf das persönliche Eigentum nicht in der Weise benutzt werden, daß dadurch „nicht erarbeitetes Einkommen“ erzielt wird. Dieses Verbot wird sanktioniert durch die Enteignung von Vermögenswerten, mit denen im Sinne des Gesetzes spekuliert worden ist (Art. 111 ZGB RSFSR).

Manche Einschränkungen der Verfügungsbefugnis des persönlichen Eigentümers, wie z. B. das Verbot im sowjetischen Recht, Objekte des Wohneigentums mehr als einmal binnen drei Jahren zu veräußern, fallen nicht ins Gewicht (vgl. über solche Einschränkungen des persönlichen Eigentumsrechts *R. O. Chalfina*, Formy sobstvennosti i pravo sobstvennosti (Eigentumsformen und Eigentumsrecht), in: V. M. Čchikvadze (Hrsg.), Gosudarstvo, pravo, ekonomika (Staat, Recht, Wirtschaft), Moskau 1970, S. 194.

4. *Entwicklungstendenzen des persönlichen Eigentums*

Trotz der bestehenden Einschränkungen nimmt der Umfang des persönlichen Eigentums in den sozialistischen Ländern ständig zu, entsprechend der Vergrößerung desjenigen Teils am Bruttosozialprodukt, der für die individuelle Konsumtion bestimmt ist. Auf die Hebung des Lebensstandards der Bevölkerung wird immer größerer Wert gelegt. Andererseits sind die Vorstellungen von den Bedürfnissen des einzelnen, die die Grenzen des persönlichen Eigentums markieren, Wandlungen unterzogen. Die gewandelten Vorstellungen werden den Entwicklungsprozeß beschleunigen. Es ist zu erwarten, daß verschiedene noch geltende Einschränkungen des persönlichen Eigentums mit der Zeit wegfallen werden. Die sich mehrenden Vermögensobjekte, die vom Eigentümer zeitweilig oder ständig persönlich nicht genutzt werden, werden in der Zukunft sicher vermietet werden können und sich auf diese Weise in Quellen zusätzlichen Einkommens verwandeln. Dies wird den Begriff des „nicht erarbeiteten Einkommens“, das gegenwärtig durch Nutzung von persönlichem Eigentum nicht erzielt werden darf, aufweichen.

DRITTES KAPITEL

Vertragsrecht

O. S. Joffe/Ju. K. Tolstoj, Novyj graždanskij kodeks RSFSR (Das neue Zivilgesetzbuch der RSFSR), Leningrad 1965 (IV. u. V. Kapitel); *P. E. Orlovskij/S. M. Korneev u. a.,* Graždanskoe pravo (Zivilrecht), Bd. I Moskau 1969 (III. Abschnitt), Bd. II Moskau 1970; *A. Wolter,* Prawo cywilne. Zarys części ogólnej (Zivilrecht. Grundriß des Allgemeinen Teils), Warschau 1970 (X. Abschnitt); *W. Czachórski,* Prawo zobowiązań w zarysie (Schuldrecht im Grundriß), Warschau 1970; *Z. Kratochvil u. a.,* Nove občanské právo (Das neue Zivilrecht) Prag 1965; *A. Kožucharov,* Obligacionno pravo. Obšto učenie (Schuldrecht. Allgemeine Lehre) 3. Aufl., Sofia 1958; *ders.,* Obligacionno pravo. Otdelni vidove obligacionni otnošenija (Schuldrecht. Einzelne Schuldverhältnisse), 3. Aufl., Sofia 1965; *H. Kleine u. a.,* Das Zivilrecht der DDR. Allgemeiner Teil, Berlin (Ost) 1955 (XI. Abschnitt); *T. R. Popescu/P. Anca,* Teoria generala a obligatiilor (Allgemeine Theorie der Verbindlichkeiten) Bukarest 1968; *V. V. Laptev u. a.,* Chozjajstvennoe pravo (Wirtschaftsrecht), 2. Aufl., Moskau 1970 (6. u. 9. Kapitel); *S. Buczkowski/Z. K. Nowakowski,* Prawo obrotu uspołeczionego (Das Recht des vergesellschafteten Verkehrs), Warschau 1971 (5.–7. Abschnitt); *U.-J. Heuer u. a.,* Sozialistisches Wirtschaftsrecht, Berlin (Ost) 1971 (4. u. 5. Abschnitt) *O. Spitzner u. a.,* Kommentar zum Kooperationsrecht, Berlin (Ost) 1970; *T. Ionascu/E. A. Barasch,* Teoria generala a cotractelor economice (Allgemeine Theorie der Wirtschaftsverträge) Bd. 1 u. 2, Bukarest 1963–65; *J. N. Hazard,* Communists and Their Law, Chicago 1969 (13. Kapitel); *K. Zweigert/H. Kötz,* Einführung in die Rechtsvergleichung, Bd. I, Tübingen 1971 (§ 27).

T. Ionascu, Les obligations en général dans le droit des pays socialistes; *ders.,* Les contrats économiques; *ders.,* La responsabilité civile en droit socialiste; *ders.,* La responsabilité civile et delictuelle des organisations économiques socialistes, alle in: V. Knapp/I. Szabo u. a., Introduction aux Droits socialistes, Budapest 1971; *K. Plank,* Les obligations entre les citoyens et les organisations socialistes; *ders.,* Les obligations entre les citoyens, in: S. Luby u. a., Le droit civil tchécoslovaque, Bratislava 1969; *J. Spišiak,* Les obligations entre les orgánisations socialistes, in: S. Luby u. a., Le droit civil tchécoslovaque, Bratislava 1969; *B. Kemenes,* Die prinzipiellen Grundlagen des Vertragssystems im ungarischen Zivilgesetzbuch, in: G. Eörsi u. a., Das ungarische Zivilgesetzbuch in fünf Studien, Budapest 1963; *G. Eörsi,* The Legal Consequences of the Breach of Contract and the Anticipatory Breach, in: Z. Péteri u. a., Essays in Comparative Law, Budapest 1966; *ders.,* Die zivilrechtliche Verantwortlichkeit im ungarischen Zivilgesetzbuch, in: G. Eörsi u. a., Das ungarische Zivilgesetzbuch in fünf Studien, Budapest 1963; *A. Harmathy,* Adhesion Contracts, Model Contracts, in: Z. Peteri u. a., Hungarian Law-Comparative Law, Budapest 1970; *R. O. Chalfina,* Dogovornaja otvetstvennost' po sovetskomu graždanskomu pravu (Die Vertragshaftung nach sowjetischem Zivilrecht), in: B. T. Blagojevič u. a., Recueil des travaux relatifs au droit etranger et droit comparé, Belgrad 1966.

Z. Kratochvil, Služby v občanském právo (Dienstleistungen im Zivilrecht), Prag 1966; *J. Dabrowa,* Wina jako przesłanka odpowiedzialności cywilnej (Das Verschulden als Voraussetzung der zivilrechtlichen Haftung), Breslau 1968; *V. G. Verdnikov/A. Ju. Kabalkin,* Graždansko-pravovye formy tovarnodenežnych otnošenij (Die zivilrechtlichen Formen der Ware-Geld-Beziehungen), Moskau 1970; *O. Spitzner,* Wirtschaftsverträge – Sozialistische Wirtschaftsleitung, Berlin (Ost) 1965; *H. Such,* Der Liefervertrag, Berlin (Ost) 1967; *M. I. Braginskij,* Obščee učenie o chozjajstvennych dogovorach (Die allgemeine Lehre von den Wirtschaftsverträgen), Minsk 1967; *I. A. Tančuk/V. P. Efimočkin/T. E. Abova,* Chozjajstvennye objazatel'stva (Wirtschaftsverbindlichkeiten), Moskau 1970; *O. S. Joffe,* Plan i dogovor v socialističeskom chozjajstve (Plan und Vertrag in der sozialistischen Wirtschaft), Moskau 1971; *Č Goleminov,* Aktualni problemi na dogovornata sistema v narodnoto stopanstvo (Aktuelle Probleme des Vertragssystems in der Volkswirtschaft), Sofia 1970; *V. Tadžer,* Dogovorût za dostavka pri novata stistema (Der Liefervertrag im Neuen System), Sofia 1970; *D. A. Loeber,* Der hoheitlich gestaltete Vertrag, Berlin 1969.

E. C. Hellbling, Das Schuldrecht des neuen Zivilgesetzbuchs Ungarns, Zeitschrift für Rechtsvergleichung 1964, 2–3, S. 104–123; 1965, 3–4, S. 135–181; *A. Harmathy,* Dogovor v novych uslovijach v UNR (Der Vertrag unter den neuen Bedingungen in der Volksrepublik Ungarn), Sovetskoe Gosudarstvo i Pravo 1971, 3; *ders.,* The Reform of Economic Management and the new Regulation of Contracts in Hungary, Acta Juridica 1968, 1–2; *K. Čapek,* Hospodařske smouvy podle § 352–360 hospodarského zákoniku (Die Wirtschaftsverträge nach § 352–360 des Wirtschaftsgesetzbuches) Arbitražne Praxe 1965, 1; *V. G. Verdnikov,* Struktura dogovornych otnošenij v narodnom chozjajstve (Die Struktur der Vertragsbeziehungen in der Volkswirtschaft), Sovetskoe Gosudarstvo i Pravo 1972, 6; *M. Posch,* Die materielle Verantwortlichkeit des Bürgers und der Betriebe im Zivilrecht, Staat und Recht 1970, 7; *V. Petev,* Probleme des Liefervertrages nach bulgarischem Recht, Rabels Zeitschrift für ausländisches und internationales Privatrecht 1968, 1; *ders.,* Die Sachmängelhaftung bei Kauf- und Lieferverträgen in den sozialistischen Rechten, Rabels Zeitschrift für ausländisches und internationales Privatrecht 1970, 2; *U. Drobnig,* Eigentum und Vertrag im sozialistischen Recht, Jahrbuch für Sozialwissenschaft 1951, S. 157 ff.

I. Allgemeines

Das Vertragsrecht ist ein Bereich des sozialistischen Zivilrechts, in dem besonders viele traditionelle Regelungen anzutreffen sind. Dies ist nur natürlich, weil gerade im Bereich des Vertragsrechts gesellschaftliche Beziehungen des täglichen Verkehrs wie Kauf, Miete, Dienstleistungen u. a. angesiedelt sind, deren Funktion und Struktur weitgehend stabil bleiben. Dagegen weisen die Vertragsbeziehungen der staatlichen Wirtschaftsorganisationen markante Besonderheiten auf, die, wie unten noch zu zeigen ist, in Grundsatz- und Spezialregelungen ihren Niederschlag finden.

Die Vertragsbeziehungen stellen Schuldverhältnisse dar. Ihren Inhalt bilden hauptsächlich das Recht des Gläubigers, eine bestimmte Leistung zu fordern und die Verpflichtung des Schuldners, diese Leistung zu erbringen. Schuldverhältnisse entstehen auch nach sozialistischem Zivilrecht entweder aus einem Rechtsgeschäft (Vertrag u. a.) oder aufgrund einer anderen rechtserheblichen Tatsache (z. B. einer unerlaubten Handlung, Geschäftsführung ohne Auftrag u. a.). Entstehung und Inhalt von Vertragsbeziehungen zwischen staatlichen Wirtschaftsunternehmen werden auch durch staatliche Planungsakte beeinflußt. Dies sind die verschiedenen Wirtschaftspläne, die den Rang von Gesetzen (Gesamtwirtschaftsplan), von Verordnungen des Ministerrates oder einzelner Ministerien (Wirtschaftszweigpläne oder solche mit zweigüberschreitender Reichweite) oder von individuellen Wirtschaftsverwaltungsakten

(konkrete Liefer- und Leistungsaufträge an staatliche Betriebe) haben. Unter den gegenwärtigen Bedingungen des neuen Wirtschaftsmodells in den sozialistischen Ländern, das u. a. eine größere Selbständigkeit der staatlichen Unternehmen vorsieht, geht allerdings der Einfluß von direkten staatlichen Auflagen zur Herstellung und Realisierung bestimmter Waren merklich zurück. Auf dieses Problem wird in einem anderen Zusammenhang noch näher einzugehen sein.
Vermittels der allgemeinen Vertragsbeziehungen werden im wesentlichen ökonomische Interessen des einzelnen realisiert. Kaufverträge, Mietverträge (ausgenommen die restriktive verwaltungsrechtliche Normierung des Vermietens von Wohnobjekten), Werkverträge, Auftrag, Kommissionsvertrag, Versicherungsverträge, Kredit- und sonstige Bankverträge u. a. folgen ziemlich stark dem herkömmlichen Muster. Die Arbeitsverträge unterliegen wiederum einer besonderen Regelung, die sich außerhalb des Zivilrechts befindet.

Andererseits kommt den Vertragsbeziehungen zwischen den staatlichen Wirtschaftsorganisationen sowie zwischen diesen und den sozialistischen Genossenschaften besondere Bedeutung zu. Die sozialistische Wirtschaft funktioniert, entgegen der ursprünglichen Konzeption, nicht wie ein bis ins letzte Detail programmierter Mechanismus, sondern überläßt den Planadressanten im Rahmen der erlassenen Pläne Freiräume für die Vertragsgestaltung. Liefer- und Leistungsbeziehungen der staatlichen Wirtschaftsunternehmen, die Betriebsforschung, Entwicklung und Einführung neuer Technik sowie Kredit-, Transport- und Versicherungsbeziehungen werden durch Verträge (sog. Wirtschaftsverträge) geregelt. Ihre rechtliche Normierung ist zumeist in Spezialgesetzen verankert. Manche Zivilgesetzbücher und allgemeine Vertragsgesetze enthalten ebenfalls Bestimmungen über die Verträge der sozialistischen Wirtschaftsorganisationen. Die allgemeinen Bestimmungen des Schuldrechts finden hier subsidiäre Anwendung.

Im folgenden werden Grundsatzprobleme der Vertragsautonomie, der Gestaltung und Erfüllung von Verträgen sowie die Haftung aus allgemeinen und Wirtschaftsverträgen behandelt. Als besondere Vertragstypen werden exemplarisch der allgemeine Kaufvertrag sowie der Liefervertrag zwischen den staatlichen Wirtschaftsunternehmen herangezogen. Viele interessante Problemkomplexe einzelner Vertragstypen (z. B. der Investbauverträge, der Verträge über wissenschaftlich-technische Leistungen, der Finanzierungsverträge der staatlichen Wirtschaftsorganisationen u. a.) müssen außer Betracht bleiben.

II. Vertragsfreiheit

1. Die Vertragsfreiheit ist dem sozialistischen Recht nicht unbekannt. Die Vertragsfreiheit wird hier jedoch nicht von den gleichen *Prämissen* abgeleitet wie im bürgerlichen Vertragsrecht.

In der kapitalistischen Sozial- und Wirtschaftsordnung wurde die Vertragsfreiheit grundsätzlich in Verbindung mit der Selbstbestimmung und der freien Entfaltung des Individuums gesehen, das als politisch mündig, ethisch aufgeklärt und wirtschaftlich selbständig vorausgesetzt wurde. Spätere Spannungen im wirtschaftlichen Bereich zwischen der postulierten Autonomie des einzelnen und der sie einschränkenden Macht wirtschaftlicher Konzentrationsgebilde haben an diesem Verständnis wenig geändert, obwohl die Vertragsfreiheit praktisch verschiedene Grenzen fand. Die rechtliche Regelung blieb weiterhin liberal und von der Entwicklung grundsätzlich unangetastet. Nach wie vor wird die Vertragsfreiheit zusammen mit der sog. Eigentumsfreiheit als eine Form der Privatautonomie betrachtet, die aus verfassungsrechtlichen Grundsätzen abgeleitet und dem einzelnen als Befugnis zur Selbstgestaltung von Lebensverhältnissen in den vom Gesetz gezeichneten Grenzen zuerkannt wird.

Die sozialistische Wirtschaftsordnung ist bekanntlich als eine kollektivistische konzipiert. Die private Wirtschaftsinitiative und die damit verbundene Vertragsautonomie gehören demnach nicht zu ihren Essentialien. Andererseits bedarf es kaum der Hervorhebung, daß eine Eigentumsfreiheit im Sinne von Nutzung und Verfügung insbesondere über produktives Eigentum nach Belieben des Eigentümers hier nie zur Debatte gestanden hat. Dies war auch praktisch ausgeschlossen durch die Vergesellschaftung der hauptsächlichen Produktionsmittel und die Errichtung von staatlichen Wirtschaftsunternehmen, die jahrzehntelang streng an Plannormen und Weisungen administrativer Organe gebunden waren. Zum anderen wird in der sozialistischen Rechtsordnung aus den verfassungsrechtlichen Grundrechten und Freiheiten keine Privatautonomie abgeleitet, d. h. einen den einzelnen überlassene und vom Gesetz gesicherte freie Gestaltung von Lebensverhältnissen in allen sozialen Bereichen, zu der auch die Vertragsfreiheit gehört. Das Recht auf die sog. *Mitgestaltung* der sozialistischen Gesellschaftsordnung ist seiner Funktion und seiner Struktur nach eher ein Gegenstück zur Privatautonomie. Es ist Befugnis und Pflicht zugleich zur Beteiligung an gesellschaftlichen Entscheidungsprozessen, ausgerichtet an das postulierte kollektive Interesse unter den tagespolitischen Direktiven der führenden kommunistischen Partei.

Grundsätzliche Erwägungen erklären, warum dem Problem der Vertragsfreiheit in der sozialistischen Zivilrechtslehre lange Zeit wenig Aufmerksamkeit geschenkt wurde. Zuweilen ist behauptet worden, daß Vertragsautonomie in einer sozialistischen Gesellschaft keinen Platz habe. Diese Auffassung war verbunden mit dem Glauben an eine perfekt funktionierende strenge Planwirtschaft, in der die Bindungen zwischen den Wirtschaftssubjekten einer zentralen detaillierten Regelung unterliegen. Diese Erwartung hat sich jedoch als falsch erwiesen. Die Praxis der Planwirtschaft zeigte, daß es nicht vorteilhaft, ja nicht einmal möglich ist, das feinmaschige Netz der Wirtschaftsbeziehungen in vorgefertige Planformen zu pressen und ihm alle Eigendynamik zu nehmen, indem die Wirtschaftsunternehmen zu bloßen Vollstreckern von Produktions- und Warenlieferungsbefehlen degradiert werden. In jüngster Zeit wird daher das Problem der Vertragsfreiheit erneut zur Diskussion gestellt, da die staatlichen Wirtschaftsunternehmen nach dem neuen Wirtschaftsmodell in weiten Bereichen eigene Initiative entwickeln müssen, die sich rechtlich unter anderem in weitgehend freier Vertragsgestaltung ausdrückt.

2. Die *rechtliche Figur* der Vertragsfreiheit ist im sozialistischen Recht nicht originell. Danach können die vertragschließenden

Parteien ihren *jeweiligen Partner* nach eigenem Ermessen bestimmen, soweit im konkreten Falle mehrere Subjekte als Vertragspartner in Frage kommen. Wenn in einem Bereich (z. B. bei Dienstleistungen wie Energieversorgung oder Nachrichtenübermittlungen) ein Unternehmen eine Monopolstellung genießt, sind die Vertragsabschlüsse mit ihm zwingend und kein Ausdruck von Vertragsautonomie. Ein derartiger Fall liegt nach geltendem Recht auch bei staatlichen Wirtschaftsorganisationen vor, die Produktionsunternehmen mit Rohstoffen und anderen, zumeist kontingentierten Materialien und Ausrüstungen versorgen (sog. material-technische Versorgung). Mit ihnen müssen die Produktionsunternehmen Verträge abschließen, soweit eine anderweitige Versorgung mit den kontingentierten Rohstoffen und Materialien nicht möglich ist. Am ausgeprägtesten ist die Bindung an bestimmte Vertragspartner bei der materialtechnischen Versorgung im sowjetischen Recht.

Zum anderen gehört zur Vertragsfreiheit, daß die Partner den *Inhalt ihres Geschäfts* frei bestimmen können. Dies geschieht nach Maßgabe eines geregelten Vertragstyps oder indem sie eine neue Vertragsfigur frei gestalten (Innominatkontrakte). Diese inhaltliche Vertragsfreiheit war im sozialistischen Recht nicht immer gesichert. Es gab eine Zeitlang Verträge, welche die staatlichen Wirtschaftsunternehmen auf Grund eines an sie gerichteten Planauftrags abschlossen, der ihnen die wesentlichen Elemente des Vertragsinhalts vorschrieb. Der Vertrag diente dabei der Detaillierung und Spezifizierung der zu erbringenden Leistungen (z. B. Liefertermine, Transportbedingungen, Zahlungsmodalitäten). Die inhaltliche Vertragsfreiheit der Partner war bei diesen Planverträgen sehr beschränkt. Dennoch hielt man es für richtig, die Liefer- und Leistungsbeziehungen der staatlichen Unternehmen auch unter den Bedingungen einer rigiden Planung auf vertragliche Basis zu stellen, sei es nur um bei Leistungsstörungen auf die Vertragshaftung mit ihren Modalitäten zurückgreifen zu können. Auf diese Weise wurde versucht, die beschränkte Eigeninitiative der Unternehmen wachzuhalten. Die Ergebnisse waren mehr als bescheiden. Die Wirtschaftsunternehmen schlossen nur pro forma

Verträge und bemühten sich weder um deren optimale Gestaltung noch um eine ordnungsgemäße Erfüllung.

Mit der Zeit wurde erkannt, daß eine größere Selbständigkeit der staatlichen Betriebe im wirtschaftlichen Mikrobereich wie auch in der gesamten Volkswirtschaft die Effizienz des gesellschaftlichen Reproduktionsprozesses zu steigern vermag und andere positive soziale Wirkungen zeitigt. Die wirtschaftliche Selbständigkeit der Staatsunternehmen fand ihren rechtlichen Ausdruck unter anderem in einer weiter gesteckten Vertragsfreiheit. Dies wurde zumeist spezialgesetzlich neu geregelt (in Verordnungen des jeweiligen Ministerrates über den Status der staatlichen Wirtschaftsunternehmen oder in Spezialgesetzen und Verordnungen über die Verträge dieser Unternehmen). In manchen Rechtsordnungen benutzte man jedoch nach wie vor die bereits vorhandenen allgemeinen Bestimmungen der Zivilgesetze, die eine Vertragsfreiheit für alle Rechtssubjekte statuieren (z. B. § 200 ungarisches ZGB; Art. 9 bulgarisches GVV).

Die Begründung der Vertragsfreiheit ist somit im Bereich der Beziehungen der staatlichen Wirtschaftsorganisationen rein pragmatisch. Nicht eine ethisch motivierte Privatautonomie der einzelnen und ihrer Gruppierungen, sondern Erwägungen wirtschaftlicher Effektivität geben hier den Ausschlag.

a) Die *staatlichen Wirtschaftsunternehmen* können nach geltendem Recht und nach übereinstimmender Auffassung in der Lehre Verträge abschließen, die als Ausdruck ihrer Vertragsfreiheit aufzufassen sind. Die Unternehmen bringen ihre Produkte auf den Markt, der unter sozialistischen Wirtschaftsverhältnissen zwar nicht vom Prinzip von Angebot und Nachfrage beherrscht wird, jedoch den Warenaustausch als wesentliches Element des Reproduktionsprozesses kennt. In diesem Austausch stehen sich die staatlichen Wirtschaftsunternehmen als mehr oder weniger *selbständige Wirtschaftssubjekte* gegenüber. Sie schließen Liefer- und Leistungsverträge, Transportverträge, Investbauverträge, Versicherungsverträge u. a. m. In ihren gegenseitigen Beziehungen herrscht also ein formal fixierter Vertragszustand, der, einmal eingetreten, die Vertragsparteien mit Pflichten, Ansprüchen und Verantwortlichkeiten aneinander bindet. Diese Verträge werden, wie im folgenden zu zeigen ist, unter verschiedenen Voraussetzungen abgeschlossen.

Das Ausmaß der Vertragsfreiheit richtet sich nach der Bindung des jeweils abzuschließenden Vertrages an Planungsakte. Es gibt Verträge, die die sozialistischen Wirtschaftsorganisationen auch heute noch abschließen aufgrund zweiseitiger Planaufgaben, die in Form zwingender Wirtschaftsverwaltungsakte ergehen (plangebundene Wirtschaftsverträge). Durch solche Verwaltungsakte werden sowohl die Parteien wie auch der wesentliche Inhalt des Vertrages bestimmt. Die Parteien werden angehalten, bestimmte Warenlieferungen vorzunehmen, bzw. entgegenzunehmen oder bestimmte Arbeiten auszuführen. Als Vertragspartner legen die Adressaten einer solchen Planaufgabe die Modalitäten ihrer gegenseitigen Beziehungen durch Absprachen fest. Sie vereinbaren insbesondere Liefertermine im Rahmen der Planperiode, spezifizieren die zu erbringenden Teilleistungen (Sortiment, Güteklasse), vereinbaren Vertragsstrafen für verspätete und nicht qualitätsgerechte Lieferungen, legen Zahlungsbedingungen fest u. a. m. Dieses Vertragsregime gleicht dem Regime der Planverträge unter dem früheren, zentralisierten Planungsmodell. Die Vertragsfreiheit der Parteien ist dementsprechend beschränkt.

Solche Verträge mit direkter Abhängigkeit von Planungsakten werden unter den gegenwärtigen Wirtschaftsbedingungen in den sozialistischen Ländern ziemlich selten geschlossen. Sie kommen zustande z. B. bei Lieferungen von Erzeugnissen für Verteidigungszwecke, aber auch bei kontingentierten Waren oder bei großen Investitionsvorhaben, die zentral geleitet werden.

Manche Autoren schlagen sogar vor, daß die Figur der plangebundenen Verträge überhaupt abgeschafft wird; vgl. *O. S. Joffe*, Plan i dogovor v socialističeskom chozjajstve (Plan und Vertrag in der sozialistischen Wirtschaft), Moskau 1971, S. 136–138.

Die sozialistischen Wirtschaftsunternehmen gestalten heute ihre Vertragsbeziehungen überwiegend anders. Unter den Bedingungen des neuen Wirschaftsmodells ist ihre Tätigkeit wohl an den staatlichen Gesamtwirtschaftsplan und an eigene, von ihm abhängige Produktions-, Absatz- und andere Pläne gebunden, die jedoch den Unternehmen Freiräume für eigene Wirtschaftsinitiative lassen. Letztere wird ausgeübt auch durch Vertragsgestaltung nach eigenem wirtschaftlichen Ermessen.

Die staatlichen Wirtschaftsunternehmen erforschen insbesondere den internen Markt. Sie suchen nach Absatzmöglichkeiten für ihre Produktion und sind bemüht, ihre materialtechnische Versorgung zu sichern. Dabei schließen sie mit Kunden und Lieferanten (in der Regel ebenfalls staatliche Unternehmen oder aber auch Genossenschaftsbetriebe) Verträge ab. Diese Verträge sind nicht wie die oben dargestellten Planverträge an einen Wirtschaftsplanungsakt gebunden, der wesentliche Elemente des Vertragsinhalts im voraus bestimmt. Im Gegenteil, die staatlichen Wirtschaftsunternehmen sind weitgehend frei, im Rahmen der bestehenden Wirtschaftsstrukturen ihre Vertragspartner zu wählen und die gegenseitigen Beziehungen nach eigenem Ermessen zu gestalten. Aus solchen Verträgen entstehen gegenwärtig die meisten Beziehungen zwischen den gleichgestellten staatlichen Unternehmen in der sozialistischen Wirtschaft. Man könnte diese Verträge daher als ungebundene, *autonome Wirtschaftsverträge* bezeichnen.

Freilich müssen sich alle Verträge der staatlichen Wirtschaftsunternehmen auf deren Betätigungsfeld beziehen und dürfen nicht beliebige Inhalte aufweisen. Dies gilt ebenfalls für die autonomen Wirtschaftsverträge. Auch sie sind Instrumente zur Realisierung der planmäßig gesetzten Ziele der staatlichen Wirtschaftsunternehmen. Die Vertragsfreiheit muß also bei Wirtschaftsverträgen das Erfordernis der Planmäßigkeit berücksichtigen.

In diesem Zusammenhang sagt Art. 9 des bulgarischen Gesetzes über die Verpflichtungen und die Verträge, daß die Parteien frei den Inhalt ihrer Verträge bestimmen können, „soweit er dem Gesetz, dem staatlichen Volkswirtschaftsplan und den Regeln des sozialistischen Gemeinschaftslebens nicht widerspricht"; vgl. zur Vertragsfreiheit *V. Tadžer,* Dogovorût za dostavka pri novata sistema (Der Liefervertrag im Neuen System), Sofia 1970, S. 89 ff.; *V. G. Verdni-*

kov/A. *Ju. Kabalkin,* Graždansko-pravovye formy tovarnodenežnych otnošenij (Die zivilrechtlichen Formen der Ware-Geld-Beziehungen), Moskau 1970, S. 46 ff.

b) Einen breiten Raum nimmt die Vertragsfreiheit nach geltendem sozialistischen Recht in den *Beziehungen zwischen den Bürgern* ein, in denen sie als Privatpersonen und nicht als Träger von öffentlichen Funktionen auftreten. Die Gestaltung dieser Beziehungen ist weitgehend autonom, d. h., daß es, anders als bei den Wirtschaftssubjekten, keine Zentrale gibt, die ihnen einen Kontrahierungszwang auferlegt bzw. den Inhalt ihrer gegenseitigen Beziehungen vorschreibt. Ausgenommen bleiben freilich die Fälle, in denen Monopolunternehmen mit Dienstleistungsfunktionen als Vertragspartner auftreten, mit denen die Bürger Verträge abschließen müssen, weil sie auf deren Dienstleistungen angewiesen sind (Wasser-, Gas- und Elektrizitätswerke sowie Bahn, Post, Fernmeldewesen u. a.). Dies sind jedoch klassische Fälle, also nicht typisch für das sozialistische Recht.

Die Vertragsfreiheit des einzelnen in den sozialistischen Ländern beruht nicht auf dem Gedanken der Privatautonomie. Der einzelne wird nicht als autonomes Subjekt begriffen, das dem Staat gegenübersteht und als solches eine Persönlichkeitssphäre hat, in die der Staat aus grundsätzlichen sozial-ethischen und gesellschaftspolitischen Erwägungen nicht eingreifen darf. Der einzelne wird vielmehr als Teil der Gemeinschaft angesehen, die wiederum repräsentiert wird durch den sozialistischen Staat. Somit erhält aber der Staat eine neue Dimension: vom Gleichberechtigten gegenüber dem Individuum verwandelt er sich in ein Gebilde höheren Ranges, das alle nur denkbaren Befugnisse innehat, während dem einzelnen nur die vom Staat konzedierten Rechte verbleiben. In dieser Konzeption ist kein Platz für Privatautonomie. Die dennoch positivrechtlich festgelegte Vertragsfreiheit des einzelnen wird daher allein mit Erwägungen wirtschaftlicher Natur begründet.

Die Vertragsfreiheit des Bürgers erstreckt sich also wesentlich auf den Bereich der Wirtschaft. Hier muß sie sich jedoch naturgemäß im Rahmen der errichteten gesellschaftlich-ökonomischen Struktur halten. So kann der einzelne nur äußerst eingeschränkt produktives Eigentum erwerben (z. B. als Genossenschaftler oder als Einzelhandwerker) und darf überhaupt nicht wirtschaftlich-unternehmerische Tätigkeit im Bereich der Industrie (oder des Groß- und Außenhandels) neu aufnehmen. Wie bereits erwähnt wurde (siehe oben Kap. II, A, II, 2, d), existiert in einigen sozialistischen Ländern nur eine unerhebliche Zahl von solchen privaten Unternehmen. Als Anwendungsfeld der Vertragsfreiheit bleibt demnach der Versorgungsbereich: der Bürger kann Geschäfte des täglichen Bedarfs sowie alle anderen Geschäfte, die zur Befriedigung seiner materiellen und kulturellen Bedürfnisse dienen, abschließen. Dabei muß er sich natürlich nach den gesetzlichen Bestimmungen richten, die die Grenzen seiner Vertragsfreiheit durch imperative Regeln markieren. Ebenfalls muß er die in verbindlichen Rechtsakten gefaßten Bestimmungen des Volkswirtschaftsplanes und anderer wirtschaftlicher Pläne beachten, soweit sie für ihn als einzelnen relevant sind. Außerdem stellen die Regeln des sozialistischen Gemeinschaftslebens sozial-ethische Kriterien für das Verhalten des einzelnen dar, die er bei allen rechtsrelevanten Handlungen und deshalb auch bei Ausübung der Vertragsfreiheit beachten muß. Diese Forderung ist nicht anders als das in allen kontinentalen Rechten bekannte Verbot des Verstoßes gegen die „guten Sitten“, dessen Verletzung mit Nichtigkeit der in Fragen kommenden Handlung geahndet wird. In dem abgesteckten Rahmen kann der einzelne Verträge beliebigen Inhalts und mit von ihm bestimmten Personen abschließen, welche entweder einem gesetzlich festgelegten Vertragstypus entsprechen oder aber eine vertragliche Neugestaltung darstellen.

Bei der Beurteilung der Vertragsfreiheit des einzelnen im sozialistischen Recht muß beachtet werden, daß er im Bereich der Versorgungsgeschäfte einem Netz von staatlichen Dienstleistungsorganisationen gegenübersteht, die miteinander nur in geringem Maße konkurrieren können. Auch dort, wo gleichzeitig Genossenschaftsbetriebe als potentielle Vertragspartner zur Wahl stehen, ändert sich das Bild nicht wesentlich, weil diese Betriebe im Rahmen des Planungssystems ebenfalls keine größere Konkurrenz darstellen. Im Bereich des Kreditwesens gibt es wiederum nur staatliche Kreditinstitute, die den Bürgern Verträge mit einheitlichen Geschäftsbedingungen anbieten. Der Vertragsfreiheit sind enge Grenzen gesetzt, auch was Versicherungsverträge der einzelnen anbetrifft. Mit dem einzigen staatlichen Versicherungsinstitut müssen alle Bürger, die erwerbstätig sind, unabhängig von der Höhe ihres Einkommens Rentenversicherungen, Krankenversicherungen und solche für berufliche Invalidität abschließen. Die angebotenen Versicherungsleistungen sind einheitlich, dagegen richtet sich der Prämiensatz nach dem Einkommen des Versicherten, darf jedoch eine bestimmte Grenze nicht überschreiten. Bei sonstigen Versicherungsarten (z. B. Lebensversicherung, Gebäudeversicherung, Hausratversicherung) gibt es verschiedene Gestaltungsmöglichkeiten. Die Verträge werden aber auch hier immer mit dem einen staatlichen Versicherungsinstitut abgeschlossen.

III. Plan und Vertrag. Vertragsabschlußpflicht bei staatlichen Wirtschaftsunternehmen

Wie bereits dargelegt wurde (siehe oben II), ist im sozialistischen Recht die Vertragsfreiheit der staatlichen Wirtschaftsunternehmen in verschiedener Hinsicht eingeschränkt, unter anderem auch dadurch, daß mitunter verschiedene Planungsakte den Abschluß eines Vertrages vorschreiben. Dies wirft die Frage nach dem Verhältnis zwischen Plan und Wirtschaftsvertrag auf. Dieses Verhältnis ist ein Spezifikum des Rechts einer Planwirtschaft, das unter den Bedingungen des gegenwärtigen Wirtschaftssystems in den sozialistischen Ländern neue Aspekte gewonnen hat.

Früher, bei der rigiden *zentralistischen Planung,* hatte der Wirtschaftsvertrag die eindeutige Funktion, zur Erfüllung bestimmter Planaufgaben der sozialistischen Wirtschaftsunternehmen beizutragen, indem er diese Aufgaben durch vertragliche Abreden spezifizierte, den besonderen Bedingungen der betroffenen staatlichen Unternehmen anpaßte und ihre Erfüllung zusätzlich mit Vertragssanktionen versah. Der Wirtschaftsvertrag folgte zeitlich immer den bestätigten Plänen, die eine Vertragsabschlußpflicht für die Adressaten der Planaufgaben begründeten. Er war somit schlichtes *Instrument der Planerfüllung.*

Bekanntlich hat sich diese Rolle der Wirtschaftsverträge im *neuen Planungssystem* gewandelt. Vertragsabschlüsse werden weitgehend bereits in der Vorplanperiode getätigt mit dem Ziel, Produktionskapazitäten und Absatzmöglichkeiten, Versorgungsbedürfnisse und Marktkonjunktur genauer zu erfassen und so zu einer strukturkonkreten, wirklichkeitsnahen Planung beizutragen. Der Wirtschaftsvertrag erscheint hier als *Planungsinstrument.*

Vgl. *U.-S. Heuer u. a.*, Sozialistisches Wirtschaftsrecht, Berlin (Ost) 1971, S. 91 ff.

Nach der derzeitigen Regelung wird in Bulgarien diese Planungsmethodik nicht mehr praktiziert. Die Betriebspläne sind hier auf fünf Jahre festgelegt. Verträge werden jedoch jährlich geschlossen. *Č. Goleminov,* Aktualni problemi na dogovornata sistema v narodnoto stopanstvo (Aktuelle Probleme des Vertragssystems in der Volkswirtschaft), Sofia 1970, S. 71 ff. u. 126, 127.

Noch allgemeiner: der zwischen den staatlichen Wirtschaftsorganisationen abgeschlossene Vertrag ist schlechthin Planungs- und Leitungsinstrument der sozialistischen Wirtschaft, das in verschiedenen Stadien des Wirtschaftsablaufes eingesetzt wird, um Ware-Geld-Beziehungen rechtlich zu vermitteln.

Vgl. *I. A. Tančuk/V. P. Efimočkin/T. E. Abova,* Chozjajstvennye objazatel'stva (Wirtschaftsverbindlichkeiten), Moskau 1970, S. 126.

Die staatlichen Wirtschaftsunternehmen üben also ihre jeweilige Tätigkeit nicht allein aufgrund von Rechtsakten allgemeinen Charakters und von administrativen Weisungen aus. Sie gehen auch Vertragsbeziehungen ein. Dazu sind sie gesetzlich verpflichtet.

Im § 8 Abs. 1 Vertragsgesetz DDR heißt es: „Die Betriebe sind verpflichtet, über ihre Beziehungen, die die Lieferung von Erzeugnissen, die Durchführung von Bau- und Montageleistungen, von wissenschaftlich-technischen Leistungen oder von sonstigen Leistungen zum Gegenstand haben, Wirtschaftsverträge abzuschließen." Vgl. dazu *O. Spitzner u. a.,* Kommentar zum Kooperationsrecht, Berlin (Ost) 1970, S. 88.

So werden Leistungs- und Lieferverträge zwischen Produktions-, Handels- und sonstigen Betrieben geschlossen, außerdem verschiedene Vereinbarungen getroffen zur Organisation und Koordinierung der Produktion, angefangen von der Forschung und Entwicklung, über die arbeitsteiligen Fertigungsprozesse bis hin zum Absatz der fertigen Produktion. Die Wirtschaftsunternehmen bestimmen in der Regel selbst, zu welchem Zeitpunkt, mit welcher Dauer und unter welchen Bedingungen sie ihre Beziehungen mit anderen Kooperationsteilnehmern auf vertraglicher Basis gestalten sollen. Sie üben dadurch eine breite Wirtschaftsinitiative aus, zu der sie nach dem neuen Modell der Planung und Leitung der Wirtschaft berechtigt und zugleich verpflichtet sind. So gesehen, besteht hier keine Pflicht der staatlichen Unternehmen zum Abschluß von bestimmten Verträgen mit von vornherein designierten Vertragspartnern. Man kann höchstens sagen, wie dies im § 8 Abs. 1 des Vertragsgesetzes der DDR statuiert ist, daß die Betriebe allgemein verpflichtet sind, ihre Tätigkeit auch durch Verträge zu organisieren. Es wäre jedoch falsch anzunehmen, daß die sozialistischen Wirtschaftsorganisationen wie privatkapitalistische Unternehmen handeln, motiviert durch das Streben nach Gewinnmaximierung in einer günstigen Marktkonjunktur. Die Tätigkeit der staatlichen Wirtschaftsunternehmen ist nicht von dieser Art, auch wenn sie bemüht sind, rentabel zu arbeiten unter Berücksichtigung der jeweiligen Bedingungen des sozialistischen Marktes. Die Tätigkeit dieser Unternehmen ist nicht denkbar ohne die staatlichen Pläne, die sie wie ein dichtes Netz umweben. Ihre Tätigkeit ist in allen Phasen von Plänen verschiedenster Art geprägt. So sind auch die Verträge als eine Form staatsunternehmerischen Wirtschaftens plangebunden und dienen zur Erfüllung der an die Betriebe gestellten Planaufgaben. Die meisten Wirtschaftsverträge sind nach der gegenwärtigen Regelung nur in dieser allgemeinen Ausrichtung *vom Plan abhängig*.

Vgl. *Č Goleminov,* Aktualini problemi na dogovornota sistema v narodnoto stopanstvo (Aktuelle Probleme des Vertragssystems in der Volkswirtschaft), Sofia 1970, S. 82; *V. G. Verdnikov/A. Ju. Kabalkin,* Graždansko-pravovye formy tovarnodenežnych otnošenij

(Die zivilrechtlichen Formen der Ware-Geld-Beziehungen), Moskau 1970, S. 135.

Unter den Verträgen, die staatliche Wirtschaftsunternehmen abschließen, gibt es, wie bereits erwähnt, aber auch solche, die einem *strengen Regime* unterliegen.

Vgl. *V. V. Laptev u. a.,* Chozjajstvennoe pravo (Wirtschaftsrecht) 2. Aufl., Moskau 1970, S. 173.

Diese Verträge sind unmittelbar an den Plan gebunden. Das bedeutet, daß die *Vertragspartner* sowie *wesentliche Teile des Vertragsinhalts,* mitunter auch der Zeitpunkt des Abschlusses, durch konkrete Planungsakte festgelegt sind. Diese Akte statuieren für ihre Adressaten – die künftigen Vertragspartner – eine echte Vertragsabschlußpflicht. Des öfteren sind die Vertragspartner organisatorisch demselben Leitungsorgan, das den Planauftrag erteilt hat, unterstellt, so daß die daraus entstandene *zweiseitige Vertragsabschlußpflicht* leicht zu spezifizieren ist. Aber auch dann, wenn die Planadressaten verschiedenen Wirtschaftsbranchen angehören und daher planungs- und verwaltungsrechtlich unterschiedlich zugeordnet sind, können für sie gegenseitige Vertragsabschlußpflichten entstehen, und zwar aus ihren aufeinander abgestimmten und bestätigten Plänen. Dies ist auch dann der Fall, wenn ein staatliches Wirtschaftsunternehmen als einziger in Frage kommender Lieferer von bestimmten Erzeugnissen oder als Dienstleistungsbetrieb mit Monopolstellung auftritt.

Die Vertragsabschlußpflicht muß durchgesetzt werden, wenn sich der eine Partner weigert, die angeordnete Vertragsbindung einzugehen, weil davon die Erfüllung von Planverbindlichkeiten, die sich der Disposition des einzelnen Unternehmens entziehen, abhängt. Zu diesem Zweck wird die *staatliche Wirtschaftsarbitrage* angerufen, ein Spezialgericht, das kompetent ist, über Streitigkeiten zwischen staatlichen Wirtschaftsunternehmen zu entscheiden. Dieses Gericht, das sonst als Rechtsprechungsorgan fungiert, tritt gerade in solchen Fällen in einer Funktion auf, die keine judikative ist. Es entscheidet hier als wirtschaftsleitendes Organ, indem es die Vertragsbindung zwischen den jeweiligen Parteien herstellt, und zwar mit einem

Inhalt, der sich aus den Planvorschriften ergibt oder vom Gericht nach wirtschaftlichem Ermessen angeordnet wird, auf jeden Fall aber nicht von den Vertragsparteien selbst ausgehandelt worden ist. Der Vertrag, der auf diese Weise zustande kommt, stellt vollständige Vertragsbeziehungen her, die sich von denjenigen, die im Wege der Verhandlungen zwischen den Parteien entstanden sind, nicht unterscheiden.

In bestimmten Bereichen der Tätigkeit der staatlichen Wirtschaftsunternehmen sind die Verträge, die sie abschließen, *plangebunden* in der oben beschriebenen Weise, d. h. sie kommen zustande in Erfüllung einer Vertragsabschlußpflicht – entweder durch Vertragsabschlußhandlungen der Parteien selbst oder durch die gestaltende Tätigkeit der staatlichen Wirtschaftsarbitrage. Von dieser Art sind z. B. die Eisenbahntransportverträge sowie die meisten Verträge bei Investitionsbauvorhaben, die zentral gesteuert werden. Plangebundene Verträge gibt es aber auch bei Warenlieferungen und Dienstleistungen, wo es um die material-technische Versorgung der staatlichen Betriebe geht, und zwar mit Erzeugnissen, die knapp sind und daher kontingentiert und zentral verteilt werden. Vertragsabschlußpflichten werden auch statuiert, wenn Warenlieferungen für den devisengebundenen Export, für Verteidigungszwecke und überhaupt von vorrangiger volkswirtschaftlicher Bedeutung gesichert werden müssen.

Vgl. *Č. Goleminov,* Aktualni problemi na dogovornata sistema v narodnoto stopanstvo (Aktuelle Probleme des Vertragssystems in der Volkswirtschaft), Sofia 1970, S. 107; *U.-J. Heuer u. a.,* Sozialistisches Wirtschaftsrecht, Berlin (Ost) 1971, S. 96, die in diesem Zusammenhang von „Realisierung von volkswirtschaftlich strukturbestimmenden Aufgaben" sprechen; *A. Harmathy,* Dogovor v novych uslovijach v VNR (Der Vertrag unter den neuen Bedingungen in der Volksrepublik Ungarn), Sovetskoe Gosudarstvo i Pravo 1971, 3, S. 131; *ders.,* The reform of economic management and the new regulation of contracts in Hungary, Acta Juridica 1968, 1–2, S. 218 und 226.

IV. Vertragsabschluß

1. *Die allgemeine Regelung*

Für die Verträge zwischen Privatpersonen gibt es naturgemäß

keine rechtliche Regelung, die vorschreibt, zu welchem Zeitpunkt welche Partei ein Angebot unterbreiten oder verbindliche Bestellungen an die andere Vertragspartei richten soll. Ebenfalls sind keine Verhandlungsfristen festgelegt. Wann und wie die Privatpersonen ihre Verträge abschließen, bleibt ihnen überlassen: sie üben ihre Vertragsfreiheit aus.

Aus Gründen der allgemeinen Rechtssicherheit regeln die Gesetze dennoch verschiedene Momente des Vertragsabschlusses. Übereinstimmend wird in allen sozialistischen Rechtsordnungen festgelegt, daß der Vertrag dann zustande kommt, wenn die auf seinen Abschluß gerichteten Willenserklärungen (Angebot und Annahme) der zumindest zwei sich gegenüberstehenden Vertragspartner sich decken. In manchen Bestimmungen ist der Hinweis enthalten, daß eine Einigung der Parteien zumindest über die „wesentlichen Elemente" des Vertrages erzielt werden muß.

Vgl. Art. 160 Abs. 1 ZGB RSFSR; Art. 66 Abs. 1 polnisches ZGB; dagegen bestimmt § 44 tschechoslowakisches ZGB allgemein, daß sich die Vertragsparteien über den Inhalt des Vertrages einigen müssen, ohne zwischen wesentlichen und unwesentlichen Elementen desselben zu unterscheiden.

Als *wesentlich* müssen alle Bedingungen angesehen werden (hinsichtlich des Objekts und des Inhalts der Vertragsleistungen), *die zur Identifizierung des gegebenen Vertrages* beitragen und ihn in der vereinbarten Form bereits erfüllbar machen. Jede der Vertragsparteien bleibt jedoch frei zu fordern, daß auch über andere, in diesem Sinne als unwesentlich zu qualifizierende Vertragselemente (z. B. Transportbedingungen, Zahlungsmodalitäten) eine Abrede getroffen wird. In solchen Fällen kommt der Vertrag erst dann zustande, wenn auch hierüber eine Einigung erzielt wird (in diesem Sinne ausdrücklich § 207 Abs. 2 ungarisches ZGB).

Vgl. *A. Kožucharov*, Obligacionno pravo. Obšto učenie (Schuldrecht, Allgemeine Lehre), 3. Aufl., Sofia 1958, S. 64; *A. Wolter*, Prawo cywilne. Zarys części ogólnej (Zivilrecht. Grundriß des Allgemeinen Teils), Warschau 1970, S. 242.

Es gibt aber auch Vertragsbedingungen, über die sich die Parteien nicht zu einigen brauchen, unabhängig davon, ob sie als wesentliche oder unwesentliche Elemente des Vertrages anzusehen sind, weil sie bereits durch imperative Bestimmungen, wie z. B. über normierte Preise, festgelegt sind.

Außerdem bestimmen die Gesetze einheitlich den *Zeitpunkt des Vertragsabschlusses*. So gilt der Vertrag als abgeschlossen zu dem Zeitpunkt, zu dem die Annahmeerklärung den Anbietenden erreicht hat. Dabei genügt es, daß sie ihm zugegangen ist. Kenntnis von ihrem Inhalt braucht er nicht erlangt zu haben.

Des weiteren werden bestimmte Anforderungen an die *Gestaltung des Angebots* gestellt. Nach übereinstimmender Ansicht muß das Angebot präzis und konkret genug formuliert sein, so daß es ohne weiteres (nur mit einem „Ja") angenommen werden kann. Das Angebot muß die Bereitschaft des Anbietenden, einen Vertrag unter den im Angebot enthaltenen Bedingungen abzuschließen, zum Ausdruck bringen (es ist kein Angebot, wenn man einer Person gegenüber erklären würde, daß man bereit wäre, seinen Pkw zu einem „angemessenen" Preis zu verkaufen). Die Annahme darf wiederum keine Bedingung enthalten und muß sich inhaltlich mit dem Angebot decken. Abweichungen vom Angebot gelten als ein neues Angebot. Trotzdem muß in jedem Falle geprüft werden, ob der Vertrag nicht durch die zumindest teilweise übereinstimmenden Willenserklärungen der Parteien zustandegekommen ist.

Das Angebot *bindet* den Offerenten, d. h. daß er eine bestimmte Zeit von ihm nicht abweichen kann. Nur einen Augenblick dauert die Bindung an das Angebot, wenn es einer Person unterbreitet wird, mit der der Anbietende in direkter Verbindung steht: wenn sie anwesend ist, wenn man mit ihr telefonisch oder durch andere Kommunikationsmittel, die einen Dialog mit sofortigen Fragen und Antworten ermöglichen, verbunden ist. Die Person, an die sich das Angebot richtet, muß es, wenn sie mit ihm einverstanden ist, gleich, d. h. ohne Verweis auf einen späteren Zeitpunkt („ich werde es mir überlegen") annehmen. Sonst kommt der Vertrag nicht zustande und der Anbietende ist nicht länger an das Angebot gebunden. Die Annahme zu einem späteren Zeitpunkt ist nur dann möglich, wenn das Angebot erneut unterbreitet wird, aber selbstverständlich auch dann, wenn im Angebot selbst eine Frist enthalten ist.

Vgl. Art. 163 Abs. 1 ZGB RSFSR; § 45 tschechoslowakisches ZGB; Art. 56 § 2 polnisches ZGB; § 212 Abs. 2 ungarisches ZGB; Art. 13 Abs. 3 bulgarisches GVV.

Nach herrschender Lehre muß das Angebot immer an eine *bestimmte Person* gerichtet sein. So werden Inserate, Prospekte und sonstige Ankündigungen nicht als Angebote angesehen, weil sie einen unbestimmten Personenkreis ansprechen. Sie seien nur Aufforderungen an diesen Personenkreis, von sich aus Angebote, die mit der betreffenden Ankündigung inhaltlich übereinstimmen, zu unterbreiten. Das gleiche soll auch bei konkludenten Handlungen, z. B. Warenauslagen, gelten. Dadurch soll vermieden werden, daß Käufer in ihren Erwartungen enttäuscht werden, wenn sie solche Ankündigungen als Angebote auffassen und annehmen, während die Geschäfte sie nicht einhalten können.

Manche Autoren weisen jedoch darauf hin, daß gerade Handelsgeschäfte auf eine Mehrzahl von potentiellen Käufern eingestellt sind und deshalb in der Regel so ausgestattet sind, daß sie den Wünschen der Kunden entsprechen können. Ob dies gegenwärtig der tatsächliche Zustand im Netz der Handelsorganisationen in den sozialistischen Ländern ist, mag dahingestellt bleiben.

Wenn das Angebot an eine Person gerichtet wird, mit der kein direkter Kontakt besteht – meistens dann, wenn ihr das Angebot schriftlich zugeht (Vertragsverhandlungen zwischen „Abwesenden") – gilt eine andere Regelung. Die Gesetze gehen davon aus, daß es sich in solchen Fällen um Angebote handelt, die geprüft werden müssen, und erlegen deshalb dem Annehmenden keine Pflicht auf, sich sofort zu äußern. Sie benutzen für diesen Fall eine ziemlich übereinstimmende Formel: Der Anbietende ist an sein Angebot innerhalb einer Zeit gebunden, in der, unter gewöhnlichen Umständen, die Antwort erwartet werden kann. In dieser Zeitspanne ist enthalten die Zeit der Beförderung und Zustellung von Angebot und Antwort sowie die beim Annehmenden (zumeist einer Firma) übliche Zeit zur Prüfung von Geschäftsangeboten.

Vgl. Art. 163 Abs. 2 ZGB RSFSR; Art. 13 Abs. 3 bulgarisches GVV; § 212 Abs. 2 ungarisches ZGB besagt, daß die fragliche Zeitspanne

„mit Rücksicht auf den Charakter der im Antrag bezeichneten Leistung und die Art der Absendung des Antrages“ berechnet werden muß; das polnische Gesetz (Art. 66 § 2 ZGB) und das tschechoslowakische Gesetz (§ 45 ZGB) weisen darauf hin, daß die Antwort auf das Angebot ohne Verzögerung gegeben werden muß.

Nach übereinstimmender Regelung der Zivilgesetze ist eine Änderung des Angebots nur dann relevant, wenn sie spätestens mit dem ursprünglichen Angebot die andere Partei erreicht.

2. Der Abschluß von Wirtschaftsverträgen

Im Gegensatz zu den allgemeinen Verträgen, zu denen die Verträge der Privatpersonen untereinander sowie mit Genossenschaften und staatlichen Wirtschaftsunternehmen (insbesondere Handels- und Dienstleistungsorganisationen) aber auch die Verträge zwischen den Genossenschaften selbst zählen, ist der Abschluß von Wirtschaftsverträgen, also solchen zwischen staatlichen Wirtschaftsunternehmen sowie zwischen staatlichen Unternehmen und Genossenschaften detaillierter geregelt. Diese Regelung weicht in verschiedener Hinsicht von den Bestimmungen über den Abschluß der allgemeinen Verträge ab. Sie findet sich in Spezialgesetzen über die Verträge der sozialistischen Wirtschaftsorganisationen sowie in nachgeordneten Normativakten (zumeist Verordnungen des Ministerrates, aber auch Verordnungen eines Ressortleiters).

Vgl. z. B. das bulgarische Gesetz über die Verträge zwischen den sozialistischen Organisationen vom 1. 11. 1963 und die Verordnung des Ministerrates Nr. 50/1968 über die Verträge der sozialistischen Organisationen; das Gesetz der DDR vom 25. 2. 1965 über das Vertragssystem in der sozialistischen Wirtschaft (Vertragsgesetz); die ungarische Verordnung des Ministerrates über die Lieferverträge vom 14. 2. 1966, die Verordnung des Ministerrates über die Werkverträge vom 5. 11. 1967 und die Verordnung des Ministerrates Nr. 25 vom 20. 8. 1967 über den Warenverkehr; die Verordnung des Ministerrates der Volksrepublik Polen vom 3. 8. 1973 über die allgemeinen Bedingungen der Kauf- und Lieferverträge im Verkehr zwischen Einheiten der vergesellschafteten Wirtschaft; die Verordnungen des Ministerrates der UdSSR vom 9. 4. 1969 über die Lieferung von Erzeugnissen für die produktionstechnische Versorgung und über die Lieferung von Konsumgütern; das rumänische Gesetz über die Wirtschaftsverträge vom 29. 12. 1969; Wirtschaftsgesetzbuch der ČSSR vom 4. 6. 1964 (§ 151 ff.).

Alle Arten von Wirtschaftsverträgen (z. B. Lieferverträge, Bauverträge, verschiedene Leistungsverträge, Transportverträge und Versicherungsverträge) waren früher in allen sozialistischen Ländern einer starken Reglementierung unterworfen, weil diese Verträge eng an administrative Planungsakte gebunden waren (siehe oben III). Demgegenüber zeichnet sich die gegenwärtige Regelung durch eine „Liberalisierung" der verschiedenen Vertragsabschlußverfahren aus. Dies steht, unter anderem, im Zusammenhang mit den veränderten Planungskonzeptionen, die, allgemein gesprochen, in bezug auf die Wirtschaftsverträge dadurch charakterisiert sind, daß die Wirtschaftsunternehmen durch weitgehend autonome Vertragsabschlüsse in der Periode der Planvorbereitung bei der Erstellung ihrer eigenen Pläne mitwirken, zum anderen aber auch nach der Bestätigung der Pläne in der Regel frei sind, Vertragsbindungen einzugehen, deren Inhalt und Abschlußverfahren sie selber bestimmen. Eine solche Entwicklung zeichnete sich zunächst allgemein ab, im Laufe der Wirtschaftsreform sind die betreffenden Regelungen in den einzelnen sozialistischen Ländern jedoch ziemlich unterschiedlich ausgefallen.

Vgl. *T. Ionasco,* Les contrats économiques, in: V. Knapp/I. Szabó u. a., Introduction aux Droits socialistes, Budapest 1971, S. 456; *U.-J. Heuer u. a.,* Sozialistisches Wirtschaftsrecht, Berlin (Ost) 1971, S 91 f.; *V. Petev,* Probleme des Liefervertrages nach bulgarischem Recht, RabelsZ 1968, 1, S. 130–132, anders neuerdings *Č. Goleminov,* Aktualni problemi na dogovornata sistema v narodnoto stopanstvo (Aktuelle Probleme des Vertragssystems in der Volkswirtschaft), Sofia 1970, S. 126, 127.

Es kann zunächst festgehalten werden, daß für die plangebundenen Verträge, d. h. für diejenigen, die in Erfüllung einer Vertragsabschlußpflicht entstehen, der *Zeitpunkt des Vertragsabschlusses* zumeist verbindlich festgelegt ist. Bei den autonomen Verträgen wiederum die das Gros der Verträge der staatlichen Wirtschaftsunternehmen bilden, sind die Vertragspartner angehalten, nach eigenem wirtschaftlichen Ermessen den günstigen Zeitpunkt eines jeden Vertragsabschlusses zu wählen und miteinander abzustimmen. Und dies soll nicht nur für Verträge mit einmaliger Wirkung gelten, sondern auch und besonders bei langfristigen und komplexen Geschäftsbeziehungen, bei denen die Koordinierung der zu erbringenden Leistungen auch in zeitlicher Hinsicht sehr wichtig ist.

In der Literatur werden unterschiedliche Auffassungen zu diesem Problem vertreten. Manche Autoren sprechen sich für eine (allgemeine oder ressortgebundene) Reglementierung der Zeiträume aus, in denen die Unternehmen ihre Verträge abschließen sollen; vgl. *Č. Goleminov,* Aktualni problemi na dogovornata sistema v narodnoto stopanstvo (Aktuelle Probleme des Vertragssystems in der Volkswirtschaft), Sofia 1970, S. 129; demgegenüber für eine autonome Bestimmung des Zeitpunktes der Vertragsabschlüsse *U.-J. Heuer u. a.,* Sozialistisches Wirtschaftsrecht, Berlin (Ost) 1971, S. 94, 95.

Die einzelnen Phasen der Vertragsgestaltung sind entweder für alle Wirtschaftsverträge (wie z. B. nach dem Recht der DDR, § 16 Vertragsgesetz) oder aber nur für die plangebundenen Verträge (so nach bulgarischem Recht) normiert.

Die *Gestaltungsphasen* eines Wirtschaftsvertrages werden durch folgende Momente markiert: Zunächst wird ein *Angebot* für den abzuschließenden Vertrag unterbreitet. Dies geschieht erst dann, wenn die jeweiligen Planaufgaben der staatlichen Unternehmen feststehen, weil die Verträge als Mittel zu deren Erfüllung eingesetzt werden. Wer das Angebot unterbreitet, ist meistens durch allgemeine Vorschriften bestimmt, oder aber ergibt sich aus konkreten, die künftigen Vertragspartner betreffenden, Planaufträgen. Sehr oft trifft diese Pflicht bei Liefer- und Leistungsverträgen denjenigen, der die entsprechende Ware zu liefern bzw. die vertragsspezifische Leistung zu erbringen hat.

Vgl. *S. Buczkowski/Z. K. Nowakowski,* Prawo obrotu uspołecznionego (Das Recht des vergesellschafteten Verkehrs), Warschau 1971, S. 134, 135; *V. Tadžer,* Dogovorût za dostavka pri novata sistema (Der Liefervertrag im Neuen System), Sofia 1970, S. 132 ff,

Dadurch ist jedoch ein nur ganz allgemeiner Hinweis gegeben. Denn die geltenden Bestimmungen sehen durchaus auch andere Regeln bei den verschiedenen Vertragstypen vor, und divergieren außerdem von Land zu Land. Zuweilen kann jeder der in Frage kommenden Vertragsparteien ein Vertragsangebot unterbreiten, bzw. dies erst nach Ablauf einer bestimmten Frist tun, in der die zum Vertragsangebot verpflichtete Partei nicht tätig geworden ist. Die Regelung ist mit anderen Worten sehr flexibel.

Auf das Angebot muß eine *Antwort der Gegenpartei* innerhalb einer bestimmten Frist folgen. Wenn die Antwort eine vollständige Annahme darstellt, kommt der Vertrag zustande, und zwar mit dem Zugang der Annahmeerklärung. Wenn sie jedoch vom ursprünglichen Angebot abweichende Bedingungen enthält, können sich die Parteien in einer zusätzlichen Frist einigen, oder aber die verschiedenen Standpunkte zur Vertragsgestalrung in einem besonderen Dokument („Protokoll über die Meinungsverschiedenheiten“) festhalten. Im letzteren Falle entsteht ein vorvertraglicher Streit, der von der staatlichen Arbitrage beigelegt wird.

Das *modifizierte Gegenangebot* gilt als angenommen, wenn die Partei, an die es gerichtet ist – also der ursprüngliche Anbieter – in der dafür vorgesehenen (in den einzelnen Rechtsordnungen unterschiedlich langen) Frist es nicht ablehnt und die staatliche Arbitrage nicht anruft (stillschweigende Annahme).

Der ursprüngliche Anbieter kann das Gegenangebot grundsätzlich ablehnen und den Abschluß des Vertrages verweigern. Sicher ist diese Verweigerung gestattet, wenn der Abschluß eines autonomen (nicht plangebundenen) Vertrages zur Debatte steht. Bei den plangebundenen Verträgen ist dies jedoch unzulässig. Hier muß die staatliche Wirtschaftsarbitrage eingeschaltet werden, um festzustellen, ob die den Vertrag verweigernde Partei zum Vertragsabschluß verpflichtet ist, und bejahendenfalls den Abschluß des Vertrages zu statuieren. Vorher jedoch sind die vertragschließenden Parteien verpflichtet, sich an ihre übergeordneten Organe zu wenden. Letztere müssen vermittelnd in den Streit eingreifen und ihn zu schlichten versuchen. Dabei werden naturgemäß nicht nur die Interessen der streitenden Unternehmen, sondern auch das allgemeine gesellschaftliche Interesse an den bevorstehenden wirtschaftlichen Abwicklungen berücksichtigt.

Die *Funktion der staatlichen Arbitrage* bei Verweigerung des Vertragsabschlusses sowie bei Meinungsverschiedenheiten zwischen den vertragschließenden Parteien hinsichtlich der Vertragsbedingungen (sog .*vorvertragliches Arbitrageverfahren*) war früher ziemlich unumstritten. Da alle Verträge, die die staatlichen Wirtschaftsunternehmen abschlossen, von einem Planungsakt angeordnet waren, bedurfte es einer Instanz, die dafür Sorge trug, daß diese Verträge auch tatsächlich und mit dem vorgegebenen Inhalt zustandekamen. Man wollte diese Kontroll- und Vertragsgestaltungsfunktion nicht den jeweiligen wirtschaftsleitenden Organen zuweisen (da ohnehin manche Verträge zwischen staatlichen Unternehmen mit unterschiedlicher organisatorischer Zugehörigkeit abzuschließen waren), sondern einer unabhängigen Instanz. Dies war die staatliche Wirtschaftsarbitrage. Das *Vertragsgestaltungsverfahren* wurde auf Initiative der Parteien eröffnet und entwickelte sich in den Formen eines etwas modifizierten Zivilprozesses. Dabei ging es nicht um die Schlichtung eines Rechtsstreites, sondern um eine wirtschaftsleitende Funktion, um eine vertragsgestaltende Entscheidung, die nicht aus anerkannten subjektiven Rechten der Vertragsparteien gefolgert werden konnte. Vielmehr wurde sie nach Gesichtspunkten wirtschaftlicher Zweckmäßigkeit von der Arbitrage selbst getroffen. Für diese Funktion war die staatliche Arbitrage, die sonst als spezielles Gerichtsorgan zur Entscheidung von vertraglichen Rechtsstreitigkeiten im Bereich der Planwirtschaft fungierte, durchaus vorbereitet und hat sie auch mit Erfolg ausgeführt.

Unter den Bedingungen der neuen Planung und Leitung der sozialistischen Wirtschaft stellen sich die Dinge etwas anders dar. In der oben beschriebenen Rolle eines Kontrollorgans mit vertragsgestaltender Befugnis tritt die staatliche Wirtschaftsarbitrage bei den *autonomen Verträgen* der Unternehmen ziemlich selten auf, nämlich nur dann, wenn beide vertragschließenden Parteien damit einverstanden sind, daß die im Prozeß der Vertragsverhandlungen aufgetretenen inhaltlichen Streitigkeiten von der staatlichen Arbitrage beseitigt werden. Die Parteien müssen sich also bereits in Vertragsverhandlungen befinden. Wenn sich eine Partei von vornherein weigert, einen Vertrag abzuschließen, kann ihre fehlende Bereitschaft nicht durch eine entsprechende Arbitrageentscheidung ersetzt werden, da hier keine Vertragsabschlußpflicht besteht. Dies ist der Grundsatz, der mit der Wirtschaftsreform in allen sozialistischen Rechtsordnungen eingeführte wurde. Die einzelnen Gesetze kennen jedoch verschiedene *Ausnahmen,* die nicht einheitlich konzipiert sind. So ist es z. B. nach sowjetischem Recht möglich, den Abschluß eines nicht plangebundenen Vertrages zu erzwingen, wenn zwischen den in Frage kommenden Parteien sonst dauerhafte Geschäftsbeziehungen bestehen. Das bulgarische Recht sieht wiederum Ausnahmen vom Grundsatz der Freiwilligkeit des Abschlusses autonomer Wirtschaftsverträge vor, wenn es sich um Lieferungen kontingentierter Ware handelt oder wenn der Lieferer anderer Waren eine Monopolstellung hat.

Vgl. *V. G. Verdnikov/A. Ju. Kabalkin,* Graždansko-pravovye formy tovarnodenežnych otnošenij (Die zivilrechtlichen Formen der Ware-Geld-Beziehungen), Moskau 1970, S. 147, 148; *V. Tadžer,* Dogovorůt za dostavka pri novata sistema (Der Liefervertrag im Neuen System), Sofia 1970, S. 167.

Bei den *plangebundenen Verträgen* ist die Regelung der vorvertraglichen Streitigkeiten durch die staatliche Wirtschaftsarbitrage weitestgehend die alte geblieben. Die nach wie vor bestehende Vertragsabschlußpflicht für die Parteien solcher Verträge macht es erforderlich, daß eine neutrale Instanz, nämlich die staatliche Arbitrage, die Durchsetzung der Planverbindlichkeiten sichert, die mittels der Verträge realisiert werden sollen. Deshalb behält die staatliche Arbitrage ihre Kompetenz, sowohl bei Verweigerung des Vertragsabschlusses wie auch bei divergierenden Vorstellungen der Parteien von den Vertragsbedingungen zu entscheiden. Ihre Entscheidung ist, worauf bereits hingewiesen wurde, ein Akt der Wirtschaftsverwaltung und nicht ein Gerichtsspruch. Sie schließt solche Klauseln des nicht freiwillig zustandekommenden Vertrages ein, die durch staatliche Planungsakte bereits angeordnet waren, und bestimmt darüber hinaus diejenigen Bedingungen, die die Parteien in freier Disposition hätten festlegen müssen. Sie setzt

m. a. W. einen fertigen Vertrag in die Welt, den die Parteien zu erfüllen haben als ihren eigenen.

Oberste Arbitragekommission Polen (v. 15. 7. 1968), WGO 1971, 1, S. 31.

Die Frage nach dem Charakter der Bestimmungen, die die Fristen bezüglich der Abgabe des Angebots, der Antwort auf das Angebot, der Schlichtung von Meinungsverschiedenheiten zwischen den Vertragspartnern u. a. festlegen, wurde früher in dem Sinne beantwortet, daß solche Bestimmungen nur imperativ sein können. Dies traf auf die damals allein bestehenden plangebundenen Verträge zu. Die einschlägige gegenwärtige Regelung wird dagegen allgemein als nachgiebiges Recht aufgefaßt, und zwar sowohl für plangebundene Verträge wie auch eventuell für die autonomen Verträge der staatlichen Wirtschaftsunternehmen.

Vgl. O. *Spitzner u. a.*, Kommentar zum Kooperationsrecht, Berlin (Ost) 1970, S. 112, 113; V. *Tadžer,* Dogovorût za dostavka pri novata sistema (Der Liefervertrag im Neuen System), Sofia 1970, S. 135, 136.

Bei einigen Vertragstypen wie Transportverträgen, Investbauverträgen u. a. ist dagegen das Verfahren des Vertragsabschlusses nach wie vor zwingend geregelt.

V. Wirksamkeit der Verträge

1. Alle Verträge müssen bestimmten Anforderungen genügen, damit die Rechtsfolgen eintreten, die die Parteien durch die konkrete Vereinbarung anstreben und die Gesetze mit dieser Art von Verträgen verbinden. Diese Anforderungen beziehen sich auf Eigenschaften der Parteien, auf ihren rechtlich relevanten Willen sowie auf Inhalt und Form der Verträge. Sie sind im geltenden sozialistischen Recht ziemlich traditionell ausgestaltet. Die Besonderheiten, die die Wirtschaftsverträge betreffen, wie z. B. ihre Konformität mit dem Volkswirtschaftsplan und anderen Plannormen oder ihre besondere Gebundenheit an Preisvorschriften, bedeuten, wie unten noch zu zeigen ist, eine Spezifizierung der allgemeinen Anforderungen an die Wirksamkeit der Verträge.

Die Regelung der Wirksamkeit (Gültigkeit) der Verträge ist aufgestellt sowohl im Interesse der Parteien als auch im Interesse der allgemeinen Rechtssicherheit. Die sozialistische Lehre der 30er Jahre suchte jedoch in Auseinandersetzung mit der bürgerlichen Theorie nachzuweisen, daß das Institut der Vertragsgültigkeit ausschließlich den Interessen der herrschenden Klasse diene. Manche Autoren versuchten später, etwas differenzierter den Zusammenhang zwischen der jeweiligen gesellschaftspolitischen Grundordnung und der Ausgestaltung des Instituts der Ungültigkeit von Verträgen herauszuarbeiten, indem sie auf die Unzulässigkeit beispielsweise von Bank- und Versicherungsverträgen sowie von Außenhandelsgeschäften unter Privatpersonen, von Verträgen über Einkauf landwirtschaftlicher Erzeugnisse durch private Großhändler u. a. m. hingewiesen haben. Solche Geschäfte wurden als unvereinbar mit der neuen ökonomischen Struktur und den gesellschaftspolitischen Prinzipien des sozialistischen Staates angesehen und deshalb für unwirksam erklärt. In neuerer Zeit nehmen die Autoren davon Abstand, ausdrücklich auf den sog. Klassencharakter dieser Regelungen hinzuweisen.

Vgl. *H. Kleine u. a.*, Das Zivilrecht der DDR. Allgemeiner Teil, Berlin (Ost) 1955, S. 298–300; *L. Vasilev,* Graždansko pravo na NRB. Obšta čast (Zivilrecht der Volksrepublik Bulgarien. Allgemeiner Teil), Sofia 1956, S. 416, 418; für die spätere Entwicklung vgl. *O. S. Joffe,* Sovetskoe graždanskoe pravo (Sowjetisches Zivilrecht) Moskau 1967, S. 269 ff.; *P. E. Orlovskij/S. M. Korneev u. a.*, Graždanskoe pravo (Zivilrecht), Bd. I Moskau 1969, S. 202 ff.; *A. Wolter,* Prawo cywilne. Zarys części ogólnej (Zivilrecht. Grundriß des Allgemeinen Teils), Warschau 1970, S. 251 ff.

2. Nach herkömmlicher Art unterscheidet man im sozialistischen Recht nichtige und anfechtbare Rechtsgeschäfte. Die ersteren erzeugen zu keinem Zeitpunkt die von den Parteien gewünschten Rechtsfolgen,und jedermann kann sich auf deren Nichtigkeit berufen. Sie kann, braucht jedoch nicht gerichtlich festgestellt zu werden. *Nichtige Rechtsgeschäfte* können nicht geheilt werden, die Parteien müssen das gewollte Rechtsgeschäft neu und unter Beachtung der gesetzlichen Gültigkeitserfordernisse vornehmen.

Die *Anfechtbarkeit* eines Rechtsgeschäfts und insbesondere eines Vertrages wird allgemein aufgefaßt als ein Zustand vorläufiger Gültigkeit des Vertrages, der jedoch wegen Willensmängeln rückgängig gemacht werden kann. Mit der Anfechtung werden die Rechtsfolgen vernichtet, und zwar von Anfang an. Das Anfechtungsrecht wird unterschiedlich ausgeübt: Nach sowjetischem und bulgarischem Recht bedarf es hierfür der gerichtlichen Anfechtungsklage, während z. B. nach polnischem, tschechoslowakischem und dem Recht der DDR (im letzteren Falle gilt § 143 BGB) eine Anfechtungserklärung dem Vertragsgegner gegenüber genügt. Anfechtbare Verträge können bestätigt werden, allerdings muß die berechtigte Partei bei der Bestätigung den Anfechtungsgrund kennen.

Nach sozialistischem Zivilrecht sind Verträge, die gegen ein *Gesetzesverbot* verstoßen, *nichtig*. Die Bestimmungen hierüber sind in den einzelnen Ländern einheitlich (z. B. Art. 48 ZGB RSFSR; § 200 Abs. 2 ungarisches ZGB; § 39 tschechoslowakisches ZGB; Art. 58 polnisches ZGB). Gesetzwidrig sind nicht nur Verträge, die eine Rechtsnorm verletzen, sondern auch solche, die allgemeinen Prinzipien des geltenden sozialistischen Rechts zuwiderlaufen.

Unwirksam sind ebenfalls Rechtsgeschäfte, die in Umgehung eines Gesetzesverbotes geschlossen worden sind. Solche Rechtsgeschäfte weisen auf den ersten Blick einen zulässigen Inhalt auf, verdecken jedoch eine gesetzeswidrige Absprache der Parteien: Bei einem Verbot der Veräußerung von Grund und Boden (wie im sowjetischen Recht) schließen die Parteien einen Kaufvertrag über das Gebäude zu einem Preis, der den jeweiligen Wert des Gebäudes wesentlich übersteigt, und wollen damit auch den dazugehörigen Grund und Boden übertragen wissen, obwohl der Verkäufer daran nur ein ihm vom Staat zuerkanntes Nutzungsrecht hat; oder wenn in einem Darlehensvertrag ein höherer Betrag festgelegt wird als der tatsächlich überlassene, um unzulässige Darlehenszinsen zu verdecken; siehe weitere Beispiele bei *O. S. Joffe,* Sovetskoe graždanskoe pravo (Sowjetisches Zivilrecht) Moskau 1967, S. 289, der darauf hinweist, daß in der sowjetischen Gerichts- und Arbitragepraxis häufiger Fälle von Gesetzesumgehung als von direkter Verletzung gesetzlicher Bestimmungen vorkommen.

Eine besondere Fallgruppe bilden im sozialistischen Recht Verträge, die in Verletzung oder Umgehung von Planvorschriften geschlossen worden sind. Die *Planwidrigkeit von Verträgen* ist ein Nichtigkeitsgrund, der typischerweise nur in sozialistischen Zivilgesetzen verankert ist. Seine Wirkungen sind die des Verstoßes gegen ein gesetzliches Verbot. Freilich kommen hier nur Verträge in Betracht, die eine Beziehung zum Volkswirtschaftsplan aufweisen, also Verträge der sozialistischen Wirtschaftsorganisation. Aber auch Verträge von Privatpersonen können sich ausnahmsweise als planwidrig erweisen.

Der Grund der Planwidrigkeit umfaßt zunächst einmal die Verletzung von Planungsakten, die den Charakter von Rechtsakten tragen (Volkswirtschaftsplan, Wirtschaftszweigpläne, konkrete zweiseitige Planaufträge zum Abschluß von Liefer- und Leistungsverträgen u. a.). In diesem Bereich deckt sich die Planwidrigkeit mit der Gesetzwidrigkeit als Nichtigkeitsgrund. Darüber hinaus sind aber auch Verträge nichtig, die nach ihrem Inhalt den Prinzipien der sozialistischen Planwirtschaftsordnungen zuwiderlaufen, ohne daß letztere in konkreten Rechtsnormen gefaßt worden sind.

Ein weiterer Nichtigkeitsgrund ist die Sittenwidrigkeit, nach der sozialistischen Rechtsterminologie der Verstoß gegen die *Regeln des sozialistischen Gemeinschaftslebens*. Es wird hervorgehoben, daß als Kriterium für die Sittenwidrigkeit eines Vertrages die ethischen Normen und Vorstellungen der Arbeiterklasse maßgebend seien, weil diese die herrschende Moralauffassung in der sozialistischen Gesellschaft darstellen.

Das Problem ist wesentlich komplizierter. Es ist zunächst nicht ohne weiteres belegbar, daß die Arbeiterklasse in der sozialistischen Gesellschaft einheitliche ethische Ansichten vertritt; noch weniger läßt sich nachweisen, daß die Arbeiterklasse diejenigen ethischen Prinzipien teilt, die ihr von der führenden kommunistischen Partei und vom Staat unterstellt werden. Andererseits kann nicht vertreten werden, daß die ethischen Prinzipien der Arbeiterklasse die herrschenden in der sozialistischen Gesellschaft sind.

Die Gerichte beurteilen die Übereinstimmung der Rechtsgeschäfte mit der gesellschaftlichen Moral nach Kriterien, die sie der geltenden kommunistischen Staatsideologie entnehmen und als ethische Ansichten der Arbeiterklasse hinstellen.

Vgl. OG Bulgarien (v. 3. 11. 1966), WGO 1971, 3–4, S. 226: der Verstoß gegen die „Regeln der sozialistischen Moral" von seiten des Mieters ist ein Aufhebungsgrund des Mietvertrages.

Der Verstoß gegen die Regeln des sozialistischen Gemeinschaftslebens stellt nach allen sozialistischen Rechten einen Grund für die Nichtigkeit von Rechtsgeschäften dar. Eine große Ausnahme macht das sowjetische Recht, das diesen Nichtigkeitsgrund nicht kennt.

In der sowjetischen Lehre wird überwiegend die Auffassung vertreten, daß der Verstoß gegen die Regeln des sozialistischen Gemeinschaftslebens deshalb nicht als selbständiger Nichtigkeitsgrund gewertet werden kann, weil er sich in der Regel mit einem Gesetzesverstoß deckt. Dies bedeute jedoch nicht, daß ethische Überlegungen bei der Beurteilung der Wirksamkeit eines Vertrages keine Rolle spielten. Im Gegenteil, man stelle sie des öfteren an, allerdings um die richtige Anwendung einer Rechtsnorm zu ermöglichen, d. h. doch letztlich, um die Übereinstimmung des in Frage kommenden Vertrages mit dem Gesetz festzustellen; vgl. *P. E. Orlovskij/S. M. Korneev u. a.*, Graždanskoe pravo (Zivilrecht), Bd. I, Moskau 1969, S. 105.

Die sowjetischen Gerichte müssen dem Rechnung tragen, daß die Gesetze keine Bestimmungen über Sittenwidrigkeit von Rechtsgeschäften enthalten. Da jedoch solche Geschäfte vorkommen, werden die Gerichte sicherlich versuchen, jeweils einen Verstoß gegen allgemeine Prinzipien des geltenden Rechts nachzuweisen.

Im sowjetischen Recht ist ein besonderer Nichtigkeitsgrund verankert, der wiederum den anderen sozialistischen Rechten unbekannt ist. Art. 49 ZGB RSFSR erklärt Rechtsgeschäfte für nichtig, die zu einem Zweck vorgenommen worden sind, der „den Interessen des Staates und der Gesellschaft zuwiderläuft". Voraussetzung dafür ist jedoch, daß die Parteien, oder zumindest eine von ihnen, den gesellschaftswidrigen Charakter des Geschäftszieles kennt. Durch dieses subjektive Moment unterscheiden sich solche Rechtsgeschäfte von denjenigen, die ihrem Inhalt nach objektiv, d. h. unabhängig davon, ob die Parteien es wissen, dem Gesetz oder der gesellschaftlichen Moral widersprechen. Daher können sittenwidrige Verträge nach sowjetischem Recht nicht ohne weiteres über Art. 49 ZGB RSFSR geahndet werden. Auch die Sanktionen sind verschieden: Während bei Verträgen, die gegen ein Gesetzesverbot verstoßen, in der Regel eine Restitution der erbrachten Leistungen angeordnet wird (Art. 48 Abs. 2 ZGB RSFSR), zieht die „Staats- und Gesellschaftswidrigkeit" der Verträge nach Art. 49 ZGB RSFSR die Konfiszierung des vom schuldigen Vertragspartner Geleisteten zugunsten des Fiskus nach sich.

Vgl. O. S. *Joffe,* Sovetskoe graždanskoe pravo (Sowjetisches Zivilrecht), Moskau 1967, S. 293, 295.

Was die übrigen Nichtigkeitsgründe anbetrifft, so unterscheiden sich die sozialistischen Rechte kaum von den anderen kontinentalen Rechtsordnungen. Einige Beispiele seien hier angeführt.

Einseitige geheime Vorbehalte bei Vornahme von Rechtsgeschäften sind rechtlich irrelevant. Auch wenn beide Parteien das Erklärte nicht wollen, also wenn ein Vertrag nur zum Schein geschlossen worden ist, kann er keine Rechtsfolgen erzeugen. Dagegen sind durch Scheingeschäfte verdeckte Abmachungen gültig, soweit sie den Anforderungen eines Rechtsgeschäfts genügen. Sie zeitigen ihre Wirkung sowohl zwischen den Parteien wie auch nach außen.

Die *Verletzung von Formvorschriften* bei Abschluß von Verträgen hat in der Regel die Nichtigkeit zur Folge, außer wenn die Form lediglich als Beweismittel vorgeschrieben ist. So muß z. B. gemäß Art. 44 Ziff. 2 ZGB RSFSR ein Vertrag zwischen Privatpersonen, dessen Wert 100 Rubel übersteigt, in schriftlicher Form geschlossen werden. Die Nichtbeachtung dieses Formerfordernisses führt jedoch nicht zur Nichtigkeit des Vertrages. Den Parteien wird nur die Möglichkeit genommen, sich im Prozeß auf Zeugenaussagen zu stützen (Art. 46 ZGB RSFSR).

Die Verträge zwischen den staatlichen und sonstigen sozialistischen Wirtschaftsorganisationen müssen immer in *schriftlicher Form* geschlossen werden. Dies ist eine Voraussetzung für ihre Wirksamkeit. Die Verletzung der vorgeschriebenen Form führt jedoch nicht immer zur Vertragsnichtigkeit. Die Gesetze machen unter bestimmten Bedingungen Ausnahmen von dem Formerfordernis im Interesse der reibungslosen Ab-

Regel hängt mit dem Grundsatz der speziellen Rechtsfähigkeit der juristischen Personen im sozialistischen Zivilrecht zusammen (siehe oben I. Kapitel, B, V).

Vgl. z. B. Art. 50 ZGB RSFSR; Art. 26 Abs. 3 bulgarisches GVV; gemäß Art. 36 polnisches ZGB ist ein Rechtsgeschäft, das die Grenzen der speziellen Rechtsfähigkeit der betreffenden juristischen Personen überschreitet, nur dann nichtig, wenn der andere Vertragspartner diesen Umstand gekannt hat; ähnlich auch § 20 tschechoslowakisches ZGB, der keine tatsächliche Kenntnis der Kompetenzüberschreitung verlangt, sondern sich mit dem Wissenmüssen dieses Umstandes begnügt.

Für *anfechtbar* werden im sozialistischen Zivilrecht hauptsächlich Verträge erklärt, die mit *Willensmängeln* behaftet sind: wenn sie z. B. unter Drohung oder durch arglistige Täuschung geschlossen worden sind oder wenn ein Irrtum bei der Abgabe der Willenserklärungen vorgelegen hat. Die Problematik stellt sich dar wie in den übrigen kontinentalen Rechten. Die einschlägigen Regelungen in den einzelnen sozialistischen Rechtsordnungen gleichen sich im wesentlichen.

Es gibt aber auch Unterschiede. Solche bestehen z. B. in bezug auf die begriffliche Bestimmung des *Irrtums* als Anfechtungsgrund. Während nach polnischem Recht und dem Recht der DDR – für das übrigens § 119 und 120 BGB maßgeblich sind – sowohl der Irrtum im Inhalt der Willenserklärung (Gegenstand und Art des vorgenommenen Rechtsgeschäfts sowie wesentliche Eigenschaften hinsichtlich der Person des Vertragspartners) wie auch der Irrtum in der Erklärungshandlung (Versprechen, Verschreiben u. a.), aber auch ein solcher, der wegen falscher Übermittlung der Willenserklärung zustandekommt, relevant sind, erkennen das sowjetische und das bulgarische Recht als Irrtum nur den Inhaltsirrtum an.

Vgl. A. *Wolter,* Prawo cywilne: Zarys części ogólnej (Zivilrecht, Grundriß des Allgemeinen Teils), Warschau 1970, S. 254 ff.; *H. Kleine u. a.,* Das Zivilrecht der DDR. Allgemeiner Teil, Berlin (Ost), S. 318 ff.; *L. Vasilev,* Graždansko pravo na NRB. Obšta čast (Zivilrecht der VR Bulgarien. Allgemeiner Teil), Sofia 1956, S. 455 ff.; *P. E. Orlovskij/S. M. Korneev u. a.,* Graždanskoe pravo (Zivilrecht), Bd. I, Moskau 1969, S. 211, 212.

Ein Rechtsgeschäft kann nach polnischem (Art. 84 § 1 ZGB) und tschechoslowakischem Recht (§ 49 Abs. 1 ZGB) wegen Irrtums nur dann angefochten werden, wenn der Erklärungsgegner den Irrtum fahrlässig hervorgerufen oder ihn zumindest gekannt hat. Solche Bedingungen stellen andere Rechte (z. B. das sowjetische und das bulgarische) wiederum nicht.

3. Nichtige und angefochtene Verträge begründen im allgemeinen für die Parteien die Pflicht, sich gegenseitig das zurückzuerstatten, was sie in Erfüllung solcher Verträge erhalten haben, bzw. sich gegenseitig zu entschädigen. Mitunter ziehen jedoch solche Verträge auch andere *Sanktionsfolgen* nach sich. Die in diesem Zusammenhang aufgestellten Regeln sind in den einzelnen Zivilgesetzen nicht einheitlich.

Bei gesetzwidrigen, planwidrigen und sittenwidrigen Verträgen, deren Nichtigkeit geltend gemacht worden ist, werden nach polnischem, tschechoslowakischem und bulgarischem Recht die von den Parteien erbrachten Leistungen zugunsten des Staates eingezogen. Während das polnische (Art. 412 ZGB) und das tschechoslowakische Recht (§ 457 Abs. 2 ZGB, bei dem allerdings die sittenwidrigen Verträge ausgeschlossen bleiben) für die *Konfiskation* eine rechtswidrige Absicht beim Abschluß des nichtigen Vertrages fordern, begnügt sich das bulgarische Recht (Art. 34 Abs. 3 und 4 GVV) mit der Feststellung der objektiven Rechtswidrigkeit des jeweiligen Vertrages. Die Bestimmung des teschechoslowakischen Zivilgesetzbuches (§ 457) ermächtigt das Gericht, auf Antrag des Staatsanwalts, die Konfiszierung der Vertragsleistung anzuordnen; die entsprechende Bestimmung des polnischen Rechts wiederum verpflichtet das Gericht, dies in jedem Falle zu tun. Nach Art. 34 Abs. 4 des bulgarischen Gesetzes über die Verpflichtungen und die Verträge besteht für das Gericht die Möglichkeit, von der erwähnten Sanktion abzusehen, wenn durch den nichtigen Vertrag „Interessen des Staates" nicht berührt worden sind. Das sowjetische Recht sieht im Falle von gesetz- und planwidrigen Verträgen für die Parteien die Pflicht vor, die in Erfüllung solcher Verträge erbrachten Leistungen gegenseitig zurückzuerstatten (Art. 48 ZGB RSFSR). Nur Verträge nach Art. 49 ZGB RSFSR, d. h. solche, die von den Parteien in der

eines Zivilprozesses mit anschließendem Vollstreckungsverfahren, die sonst hätten geführt werden müssen, um zur Realisierung von Geldforderungen zu gelangen.

Bei der Sicherung der Forderungen müssen sich die Vertragspartner an die im jeweiligen Recht geregelten Sicherungsinstitute halten, werden also nicht beliebige Vereinbarungen treffen können. Der Gesetzgeber in den einzelnen sozialistischen Ländern hat nur bestimmte Rechtsinstitute zur Sicherung von Vertragsforderungen zur Verfügung gestellt. Art. 186 ZGB RSFSR beschränkt ausdrücklich die Möglichkeit der Vereinbarung von Vertragssicherungen auf die im Gesetz geregelten Rechtsinstitute.

2. Insbesondere die Vertragsstrafe

Unter den verschiedenen Rechtsinstituten zur Sicherung der Vertragserfüllung kommt der Vertragsstrafe eine besondere Bedeutung zu. Sie ist in den Beziehungen zwischen den staatlichen Wirtschaftsunternehmen die meist praktizierte Vertragssicherung, und dies auch dann, wenn das betreffende Recht sonst eine Vertragsstrafe als Sicherungsinstitut bei den allgemeinen Verträgen der Bürger nicht vorsieht.

Dies ist der Fall z. B. im tschechoslowakischen Recht. Das Zivilgesetzbuch, das allein auf die Vertragsbeziehungen der Bürger untereinander oder zu staatlichen Dienstleistungsorganisationen abgestellt ist, regelt die Vertragsstrafe nicht. Demgegenüber enthalten das Wirtschaftsgesetzbuch (§ 204 ff.) und andere, nachgeordnete Normativakte detaillierte Bestimmungen über die Vertragsstrafe, die nach tschechoslowakischer Auffassung im Bereich der Vertragsbeziehungen der staatlichen Wirtschaftsunternehmen ihren eigentlichen Platz hat.

a) Die Vertragsstrafe stellt in der Regel eine Vertragsklausel dar, in der die Parteien eine *pauschale Geldentschädigung* für den Fall der Nichterfüllung oder nicht gehörigen Erfüllung festlegen. In den Beziehungen zwischen den staatlichen Wirtschaftsunternehmen kommt es allerdings vor, daß bestimmte, von vornherein gesetzlich festgelegte Vertragsstrafen geschuldet werden, auch wenn die Vertragsparteien nichts vereinbart haben (sog. normative Vertragsstrafe). Die Vertragsstrafe bietet sich vor allem dort an, wo andere als Geldverbindlichkeiten gesichert werden sollen. Selten verknüpft man eine Geldforderung mit der zusätzlichen Verpflichtung zur Zahlung einer Vertragsstrafe. Geldschulden sich besser durch Vereinbarungen über Bürgschaft, Pfandrecht, Hypothek u. ä. zu sichern, wenn man hier vom Stimulierungseffekt der gesetzlichen oder vereinbarten Zinssätze einmal absieht.

Vgl. die allgemeine Regelung der Vertragsstrafe in Art. 187 ff. ZGB RSFSR; Art. 483 ff. polnisches ZGB; §§ 246–247 ungarisches ZGB; Art. 92 bulgarisches GVV.

Das polnische Gesetz (Art. 483) besagt ausdrücklich, daß die durch die Vertragsstrafe gesicherte Verbindlichkeit keine Geldschuld darstellen darf. Dieser allgemeine Grundsatz wird in den verschiedenen Rechten im gewissen Sinne durchbrochen, wenn bei Lieferverträgen im Falle der Nichtbezahlung des Kaufpreises der Käufer mit einer Geldstrafe, die die gewöhnlichen Zinssätze weit überschreitet, sanktioniert wird, vgl. A. *Kožucharov,* Obligacionno pravo. Otdelni vidove obligacionni otnošenija (Schuldrecht. Einzelne Schuldverhältnisse), 3. Aufl., Sofia 1965, S. 195.

Für das ungarische Recht gilt gemäß § 246 Abs. 1 ZGB, daß aus der Vertragsstrafe (die nicht gezahlt worden ist) keine Zinsen gefordert werden dürfen. Eine Vereinbarung, die dieses Verbot verletzt, erklärt das Gesetz ausdrücklich für nichtig. Soweit jedoch in den anderen Rechten eine solche Bestimmung nicht vorhanden ist, muß man annehmen, daß der Verpflichtete, der sich mit der Zahlung der Vertragsstrafe in Verzug befindet, auch Zinsen schuldet. Denn die Vertragsstrafe ist im Grunde für denjenigen, der sie schuldet, eine zusätzliche Geldverbindlichkeit.

b) Die Realisierung der Vertragsstrafe ist allgemein an das *Schuldprinzip* gebunden. Dies bedeutet, daß entsprechend den allgemeinen Haftungsgrundsätzen im sozialistischen Zivilrecht der Schuldner einer Leistung, die durch Vertragsstrafe gesichert worden ist, nur dann zur Zahlung dieser Vertragsstrafe verpflichtet ist, wenn er seine entsprechende Vertragspflicht schuldhaft (vorsätzlich oder fahrlässig, und letzteres wird bei weitem häufiger der Falle sein) verletzt hat. Wenn freilich bei Verletzung der durch die Vertragsstrafe gesicherten Vertragspflicht eine Haftung unabhängig vom Verschulden eintritt, wird auch für die Geltendmachung der Vertragsstrafe ein Verschulden der beklagten Partei nicht erforderlich sein. Dies

Vgl. *T. Tadžer,* Dogovorût za dostavka pri novata sistema (Der Liefervertrag im neuen System), Sofia 1970, S. 224–225.

cc) Vertragsstrafen wegen *Verzuges* und wegen *nicht qualitätsgerechter Erfüllung* werden vereinbart sowohl zwischen privaten Vertragspartnern wie auch zwischen staatlichen Wirtschaftsunternehmen. Während es den ersteren frei steht, vom Institut der Vertragsstrafe Gebrauch zu machen, sind die staatlichen Wirtschaftsunternehmen verpflichtet, ihre Forderungen aus Verträgen in dieser Weise zu sichern. Zahlreiche spezielle Bestimmungen sehen Vertragsstrafen wegen verspäteter und schlechter Erfüllung vor, die in ihrer unteren Grenze verbindlich festgelegt sind und auch dann gelten, wenn die Vertragsparteien – staatliche Wirtschaftsunternehmen nichts vereinbart haben (*normative Vertragsstrafe*).

Die Höhe dieser Vertragsstrafen ist unterschiedlich festgesetzt: beim Verzug zwischen 5 v. H. des Wertes der verspäteten Lieferung (so z. B. nach sowjetischem und bulgarischem Recht) und 15 v. H. (z. B. nach polnischem Recht) und bei Sachmängeln sogar bis zu 20 v. H. des Wertes der gelieferten mangelhaften Ware (so z. B. nach sowjetischem Recht, wenn die Frist zur Beseitigung der Mängel abgelaufen ist); vgl. allgemein *V. Petev,* Probleme des Liefervertrages nach bulgarischem Recht, RabelsZ 1968, 1, S. 140 ff.; zu den geänderten Regelungen im bulgarischen und sowjetischen Recht und den Problemen, die sie aufwerfen, vgl. *V. Tadžer,* Dogovorût za dostavka pri novata sistema (Der Liefervertrag im neuen System), Sofia 1970, S. 204 ff. insbesondere S. 217–218; *F. Ch. Liberman,* Puti soveršenstvovanija zakonodtelstva o postavkach (Wege zur Vervollkommnung der Gesetzgebung über die Lieferungen), Sovetskoe Gosudarstvo i Pravo 1973, 9, S. 58; *V. P. Gribanov,* Osnovnye tendencii razvitija sovetskogo objazatel'stvennogo prava (Grundtendenzen in der Entwicklung des sowjetischen Schuldrechts), Sovetskoe Gosudarstvo i Pravo 1973, 1, S. 41–42.

Die Vertragsstrafe wegen Verzuges und wegen nicht qualitätsgerechter Erfüllung wird *kumulativ* geschuldet. Demnach kann von der jeweils verpflichteten Partei in der Regel diese Vertragsstrafe und darüber hinaus die nachträgliche Erbringung der ausbedungenen Leistung, d. h. Realerfüllung verlangt werden. Der Gläubiger kann aber auch vom Vertrag zurücktreten, wenn er nachweist, daß sein Interesse an der Vertragserfüllung entfallen ist. In einem solchen Falle würde die Vertragsstrafe wegen Nichterfüllung eingreifen, soweit sie ausbedungen ist. Bei staatlichen Wirtschaftsunternehmen als Vertragspartnern war früher ein solches Rücktrittsrecht nicht gegeben. Die neue Gesetzgebung gestattet es jedoch dem Gläubiger, bei entfallenem Interesse an der Erfüllung vom Vertrag zurückzutreten und zugleich Vertragsstrafe wegen Nichterfüllung zu fordern.

Vgl. *V. V. Laptev u. a.*, Chozjajstvennoe pravo (Wirtschaftsrecht), 2. Aufl., Moskau 1970, S. 184; *Č. Goleminov*, Aktualni problemi na dogovornata sistema v narodnoto stopanstvo (Aktuelle Probleme des Vertragssystems in der Volkswirtschaft), Sofia 1970, S. 231.

Das Prinzip der Kumulierung der Vertragsstrafe wegen Verzuges oder anderer nicht gehöriger Erfüllung mit der Realerfüllung des Vertrages ist in manchen Gesetzen ausdrücklich erwähnt: z. B. Art. 191 ZGB RSFSR; § 246 Abs. 3 letzter Satz ungarisches ZGB; Art. 92 Abs. 2, letzter Satz bulgarisches GVV weist in diesem Zusammenhang darauf hin, daß bei Privatpersonen diese Kumulierung nur mit einer Vertragsstrafe wegen Verzuges zulässig ist.

Das polnische Zivilgesetzbuch (Art. 483 § 2) enthält hier eine andere Regel. Ob der Schuldner von der Erfüllung seiner Vertragspflicht mit der Bezahlung der Vertragsstrafe befreit wird, hängt vom Einverständnis des Gläubigers ab. Bei dieser Aufforderung des Gesetzes, sich zu der Realerfüllung in jedem Falle zu äußern, wird der Gläubiger naturgemäß von seiner Forderung absehen, wenn er durch die Bezahlung einer Vertragsstrafe wegen Nichterfüllung zufrieden gestellt wird. In den übrigen Fällen wird er auf die Realerfüllung, trotz der ihm entrichteten Vertragsstrafe (wegen verspäteter oder anderer nicht gehöriger Erfüllung) bestehen, um seine Interessen zu wahren.

f) Die Vertragsstrafe wirkt, unabhängig von ihren sonstigen Effekten, immer *reparativ*. Sie wird ja vereinbart oder angeordnet als eine pauschale Entschädigung des Gläubigers einer Vertragsleistung für den Fall der Nichterfüllung bzw. der nicht gehörigen Erfüllung der Leistung. Dabei wird angenommen, daß durch die Vertragsverletzung ein Vermögensschaden entsteht. Dies trifft auch in der Regel zu, und ganz besonders bei der Nichterfüllung. Aber auch wenn kein Schaden entstanden ist, und eine verspätete oder nachträglich

Absatzorganisationen, als Transportunternehmen u. a. m. Wenn diese Organisationen ihre Vertragsbeziehungen nicht ordnungsgemäß abwickeln, gefährden sie dadurch nicht nur ihr betriebliches ökonomisches Interesse, sondern setzen sich auch dem Vorwurf aus, durch ihr vertragswidriges Verhalten übergeordnete Pflichten gegenüber dem Volkswirtschaftsplan zu verletzen. Aus diesem Zusammenspiel von sozusagen horizontalen und vertikalen Abhängigkeiten der staatlichen Unternehmen, die typisch für eine plangeleitete Wirtschaft sind, rühren die Anforderungen an die Vertragsdisziplin, nach denen sich die sozialistischen Wirtschaftsorganisationen in ihren gegenseitigen Beziehungen richten müssen.

Das Erfordernis der Plan- und Vertragsdisziplin gilt für alle sozialistischen Rechte; ausdrücklich hierüber Art. 168 ZGB RSFSR; Art. 63 bulgarisches GVV; § 84 Vertragsgesetz der DDR; vgl. auch *P. E. Orlovskij/S. M. Korneev u. a.*, Graždanskoe pravo (Zivilrecht), Bd. I, Moskau 1969, S. 479–481.

b) Das geltende sozialistische Recht stellt darüber hinaus strenge Anforderungen an die staatlichen und genossenschaftlichen Versorgungsorganisationen als Vertragspartner im Einzelhandel. Es wird von ihnen nicht nur eine korrekte Erfüllung ihrer Verpflichtungen gegenüber den Käufern und Auftraggebern erwartet, sondern auch eine *Beratung* und *Betreuung* der Kunden, die einen „maßgeblichen Einfluß auf die weitere Verbesserung der Arbeits- und Lebensbedingungen der Werktätigen“ haben soll.

Dies erfordere eine solche Organisation des Handelsprozesses, die den Kunden helfen würde, „Zeit zu sparen“: vgl. *C. J. Kreutzer*, Die rechtliche Gestaltung der Versorgungspflichten der Einzelhandelsbetriebe gegenüber der Bevölkerung, Neue Justiz 1973, 8, S. 229.

Diese Anforderungen an die Versorgungsorganisationen sind in zahlreichen Normativakten als konkrete Rechtspflichten fixiert. Sie wurzeln, theoretisch gesehen, in der Aufgabenstellung des Einzelhandels in der sozialistischen Wirtschaft. Er soll der Versorgung der Bevölkerung dienen und nicht allein eine durch Werbung attraktiv gestaltete Gewinntätigkeit erfüllen. Der soziologische Hintergrund der rechtlichen Regelung ist jedoch ein anderer. Die sozialistische Planwirtschaft mit den ihr innewohnenden Disproportionen, die hauptsächlich auf methodische Planungsfehler, aber auch darauf zurückzuführen sind, daß es an transparenten Kontrollmechanismen für Entscheidungen von gesamtwirtschaftlicher Tragweite fehlt, führt fast regelmäßig zu Störungen im Bereich der Versorgung der Bevölkerung mit Konsumgütern und Dienstleistungen. Denn die Einzelhandelsorganisationen sind selbst abhängig von rechtzeitigen und kompletten Lieferungen, die jedoch nur dann erfolgen können, wenn Produktions- und Lieferpläne der Partnerunternehmen zu der vorausgesetzten Erfüllung gelangen. Dies wiederum erfordert, daß die Pläne der Partnerunternehmen stabil, d. h. von sporadischen Änderungen durch übergeordnete Leitungsorgane unberührt bleiben, zugleich aber anpassungsfähig sind, so daß die Unternehmen selbst diese Pläne entsprechend den sich wandelnden Wirtschaftsbedingungen jeweils umgestalten können – zwei Voraussetzungen, die in der sozialistischen Planwirtschaft bei weitem nicht gesichert sind. Andererseits fehlen noch genügend materielle Anreize für das Personal der Versorgungsorganisationen, die es sinnvoll machen würden, sich einer sorgfältigen Bedienung und Betreuung der Kunden intensiv zu widmen. Unter den gegenwärtigen Umständen sind also solche Erwartungen und Anforderungen an den Handel als übertrieben anzusehen. Sie stellen jedoch für ihn echte Verbindlichkeiten dar, auf deren Erfüllung die Kunden Rechtsansprüche haben. Theoretisch wären diese Ansprüche einklagbar, in der Praxis jedoch begnügen sich die Kunden mit der Möglichkeit, eine Beschwerde bei der Handelsorganisation selbst einzulegen. Solche Beschwerden können aber nur dann zum Erfolg führen, wenn die Versorgungsmängel ihren Grund ausschließlich in regionalen Organisationsfehlern haben.

c) Die sozialistischen Rechte statuieren im Vertragsrecht das *Prinzip der Realerfüllung*. Realerfüllung bedeutet hier, daß der Schuldner einer Leistung sie inhaltlich so erbringen muß, wie dies im Vertrag vereinbart worden ist: Wenn eine Sache geschuldet wird, soll sie dem Gläubiger übergeben werden; wenn eine Handlung ausgeführt werden soll, soll dies auch

rechtliche Ausgestaltung divergiert bekanntlich von der der plangebundenen Verträge (siehe oben III), unter anderem auch darin, daß die Partner sie leichter aufheben können. Freilich wird auch hier im Regelfall aus wirtschaftlichen Gründen auf die Erfüllung der ursprünglich vereinbarten Leistung bestanden, die Realerfüllung ist jedoch kein unabdingbares Prinzip mehr.

S. Buczkowski/Z. K. Nowakowski, Prawo obrotu uspołecznionego (Das Recht des vergesellschafteten Verkehrs), Warschau 1971, S. 165 weisen daraufhin, daß das Erfordernis der Realerfüllung im allgemeinen „elastisch" gehandhabt werden soll, d. h., daß auf letzteres zu verzichten ist, wenn sonst ein Schaden zu entstehen droht.

Im sowjetischen Recht ist neben dem Prinzip der Realerfüllung die Forderung statuiert (Art. 168 Abs. 2 ZGB RSFSR), die Vertragspflichten in der „für die sozialistische Wirtschaft ökonomischsten Weise" zu erfüllen. Diese Forderung dürfte das Prinzip der quasi unabdingbaren Realerfüllung korrigieren, denn es kann sich mitunter durchaus als volkswirtschaftlich günstiger erweisen, an Stelle von Realerfüllung Schadensersatz zu verlangen.

d) Ein weiterer spezifischer Grundsatz der Vertragserfüllung ist der der sog. *kameradschaftlichen Zusammenarbeit* zwischen den Vertragspartnern. Obwohl er in manchen sozialistischen Zivilgesetzen (z. B. in Art. 168 Abs. 2 ZGB RSFSR, Art. 354 § 2 polnisches ZGB, § 277 Abs. 2 ungarisches ZGB) ganz allgemein formuliert ist, dürfte sein eigentlicher Anwendungsbereich doch in den Vertragsbeziehungen zwischen den staatlichen Wirtschaftsunternehmen liegen. Denn für diese Vertragspartner besteht bekanntlich eine strenge Vertragsdisziplin, die den Grundsatz der Zusammenarbeit tangiert. Man sollte überhaupt eine solche, vielleicht etwas ungewöhnlich anmutende Anforderung an die Vertragspartner im Zusammenhang mit deren Stellung im sozialistischen wirtschaftlichen Reproduktionsprozeß sehen. Als operative Einheiten in einer zentral geleiteten Wirtschaft müssen die staatlichen Wirtschaftsunternehmen alle Anstrengungen aufbringen, um die vom Gesamtplan anvisierten wirtschaftlichen Parameter zu erreichen, und sie werden darauf nicht zuletzt vermittels einer erhöhten Vertragsdisziplin verpflichtet, die sich wesentlich in den Prinzipien der Realerfüllung und der obligatorischen Zusammenarbeit äußert. Dieser Zusammenhang geht deutlich aus § 119 des tschechoslowakischen Wirtschaftsgesetzbuches hervor.

Genaugenommen begründet der Grundsatz der kameradschaftlichen Zusammenarbeit zusätzliche Rechtspflichten für die Vertragspartner. Die staatlichen Wirtschaftsunternehmen sollen nach diesem Grundsatz nicht nur eigene Anstrengungen bei der Erfüllung ihrer Vertragsobliegenheiten walten lassen, sondern auch ihre jeweiligen Vertragspartner bei der Erfüllung ihrer Pflichten unterstützen. Diese Unterstützung äußert sich konkret darin, daß jede Partei, sobald feststeht, daß sie ihren Vertragspflichten, aus welchen Gründen auch immer, nicht nachkommen kann, die andere Vertragspartei davon unterrichten muß, mit Angabe der Gründe und der voraussichtlichen Erfüllungschancen. Letztere ist wiederum verpflichtet, Maßnahmen zur Minderung eventueller Schäden, die ihr daraus erwachsen würden, zu ergreifen.

Vgl. in diesem Sinne § 120 und 121 tschechoslowakisches WGB; § 81 Vertragsgesetz der DDR; auch O. *Spitzner u. a.*, Kommentar zum Kooperationsrecht, Berlin (Ost) 1970, S. 331, 332.

Die besagten Pflichten sind rechtlicher Natur. Demnach kann derjenige Vertragspartner, der sie verletzt, dem anderen Vertragspartner gegenüber haftbar gemacht werden. In Prozessen vor der staatlichen Wirtschaftsarbitrage berufen sich die klagenden Parteien tatsächlich nicht selten auf die Verletzung der Pflichten, die aus dem Grundsatz der Zusammenarbeit resultieren.

2. *Die allgemeinen Anforderungen an die Vertragserfüllung*

So wie die Verträge entsprechend den Erfordernissen der Gesetze und den Regeln der jeweiligen gesellschaftlichen Moral (des sog. sozialistischen gesellschaftlichen Zusammenlebens) geschlossen werden müssen, um Wirksamkeit zu erlangen, sind die Vertragspartner verpflichtet, sich auch bei der Erfüllung der Verträge nach *Gesetz* und *gesellschaftlicher Moral* zu richten. Von diesen selbstverständlichen Anforderungen an die Vertragserfüllung gehen alle sozialistischen Zivilgesetze aus, manche erwähnen sie auch ausdrücklich (z. B. Art. 168

Demnach kann sich der Schuldner bei der Leistung eines *Erfüllungsgehilfen* bedienen, soweit die Leistung nicht an seine Person gebunden ist. Dies gilt für die staatlichen Wirtschaftsorganisationen als Schuldner nur bedingt. Es muß hier insbesondere berücksichtigt werden, daß die vertraglichen Verpflichtungen der sozialistischen Wirtschaftsorganisationen eng mit ihren Planaufgaben und dadurch mit administrativen Pflichten gegenüber dem Staat verbunden sind und daher deren Erfüllung nicht ohne weitres an andere Organisationen delegiert werden kann. Auch sind diese Organisationen voll ausgelastet mit Aufgaben aus ihrem Produktions- und sonstigen Plänen, daß die Übernahme der Erfüllung fremder Verpflichtungen in der Regel auch tatsächlich kaum möglich ist. Die staatlichen Wirtschaftsunternehmen können also nur dann und in dem Rahmen als Erfüllungsgehilfen anderer staatlicher Wirtschaftsorganisationen tätig werden, als dies mit ihren Planaufgaben vereinbar ist; vgl. in diesem Sinne *P. E. Orlovskij/S. M. Korneev u. a.,* Graždanskoe pravo (Zivilrecht), Bd. I Moskau 1969, S. 487, die darüber hinaus auf Fälle hinweisen, in denen die Wahrnehmung von Vertragsobliegenheiten anderer Organisationen wiederum volkswirtschaftlich geboten und rechtlich zulässig ist, wie z. B. bei Investbauverträgen, wenn die Trägerorganisation bei der Erfüllung ihrer Pflichten aus dem Generalvertrag sich anderer Bau- und Dienstleistungsunternehmen bedient (siehe auch Art. 171 Abs. 1 ZGB RSFSR); *A. Kožucharov,* Obligacionno pravo. Obšto učenie (Schuldrecht. Allgemeine Lehre), 3. Aufl., Sofia 1958, S. 209 (Art. 73 Abs. 2 bulgarisches GVV besagt, daß der Schuldner – sozialistisches Wirtschaftsunternehmen – seine Vertragspflichten durch eine Drittperson nur dann erfüllen lassen darf, wenn dies „dem Volkswirtschaftsplan nicht zuwiderläuft.")

Ein *Dritter* kann, ohne vom Schuldner beauftragt zu sein, grundsätzlich in ein fremdes Vertragsverhältnis eingreifen, um die Verpflichtungen des Schuldners zu erfüllen. Dabei braucht der Dritte kein eigenes rechtliches Interesse an der Erfüllung – das er sicherlich meistens haben wird – nachzuweisen. Und der Schuldner kann ihn an der Erfüllung seiner Vertragspflichten nicht hindern. Aber auch der Gläubiger kann sich dem überhaupt nicht oder nur unter bestimmten Bedingungen widersetzen. Die Regeln hierüber differieren in den einzelnen Rechten.

Nach sowjetischem (Art. 171 Abs. 2 ZGB RSFSR) und bulgarischem (Art. 73 Abs. 1 GVV) Recht ist der Gläubiger zur Entgegennahme der geschuldeten Leistung, die ihm eine Drittperson anbietet, verpflicht. Für das bulgarische Recht will *Kožucharov* (Obligacionno pravo. Obšto učenie[Schuldrecht. Allgemeine Lehre], 3. Aufl., Sofia 1958, S. 210) die Lösung differenzierter sehen. Der Gläubiger soll die Erfüllung durch die Drittperson verweigern können, wenn diese kein rechtliches Interesse an der Erfüllung nachweisen kann und der Schuldner sich dem widersetzt. Kožucharov möchte sogar, falls die Drittperson kein rechtliches Interesse an der Erfüllung der fremden Schuld hat, dem Schuldner das Recht einräumen, eine solche Erfüllung zu verhindern. Diese Lösungen leuchten ein, können jedoch in der gegenwärtigen Fassung des Gesetzestextes keine Stütze finden.

Das ungarische Gesetz (§ 286 Abs. 1 ZGB) gewährt dem Gläubiger die Möglichkeit, die ihm durch die Drittperson angebotene Leistung zu verweigern, wenn auch der Schuldner sich dieser Art von Erfüllung widersetzt. Dies ist auch die Regelung des § 267 Abs. 2 BGB, die für das DDR-Recht gilt. Die Bestimmung des ungarischen Gesetzes besagt jedoch darüber hinaus, daß der Gläubiger verpflichtet ist, die Erfüllung durch einen Dritten, der ein gesetzliches Interesse daran hat, anzunehmen.

Die polnische Regelung (Art. 356 § 2 ZGB) engt den Bereich der befreienden Leistung durch eine Drittperson auf Geldverbindlichkeiten ein. Demnach ist der Gläubiger verpflichtet, die ihm geschuldete Geldsumme auch von einer Drittperson, die sie ihm anbietet, anzunehmen, und zwar auch dann, wenn der Schuldner dieser Zahlung widerspricht.

Die Erfüllung durch einen Dritten führt zum Erlöschen des Vertragsverhältnisses. Der Schuldner wird von seiner Verbindlichkeit gegenüber dem nunmehr befriedigten Gläubiger befreit. Die Drittperson, die eine fremde Schuld getilgt hat, wird sich mit Ansprüchen an den ursprünglichen Schuldner wenden müssen. Welche Ansprüche sie dabei erheben kann, hängt vom internen Verhältnis zwischen Schuldner und Drittperson ab. Dies ist der Grundsatz, der von den meisten sozialistischen Rechten befolgt wird. Nur dort, wo das Gesetz ausdrücklich bestimmt, daß der Dritte an die Stelle des Gläubigers tritt, gehen alle Rechte des letzteren aus dem ursprünglichen Schuldverhältnis auf den Dritten über. Dies ist z. B. der Fall bei der Bürgschaft, wenn der Bürge den Gläubiger befriedigt und sich nunmehr mit der ganzen Forderung an den Hauptschuldner

so z. B. bei Lieferverträgen, Investbauverträgen, aber auch bei Transportverträgen und Bankverträgen.

Die Vertragspartner können ebenfalls bestimmen – soweit es Gesetzes- oder Planungsnormen nicht imperativ anordnen – wann die geschuldeten Leistungen erbracht werden müssen. Und sie tun dies in vielfältiger Weise. Die Vertragspartner legen manchmal fest, daß an einem bestimmten Tag geleistet werden soll (bestimmter Termin). Solche bestimmte Leistungstermine werden in den Vertragsbeziehungen zwischen den staatlichen Wirtschaftsunternehmen vereinbart, weil letztere verpflichtet sind, ihre Verträge so konkret wie möglich zu gestalten. Auch können die Vertragsparteien allgemein vereinbaren, daß die Leistung an einem bestimmten Tag nach Eintritt eines künftigen sicheren Ereignisses zu erbringen sein wird, z. B. drei Tage nachdem die zu versendende Ware avisiert worden ist (relativ bestimmter Termin); oder aber es wird einfach dem Gläubiger überlassen, zu bestimmen, wann er die Leistung fordern, bzw. dem Schuldner – wann er die Leistung erbringen wird. Für den letzteren Fall – wenn der Schuldner die Abmachung in der Weise verletzt, daß er unverhältnismäßig lange Zeit verstreichen läßt, ohne nähere Angaben über den Leistungstermin zu machen – räumt z. B. Art. 69 Abs. 2 des bulgarischen Gesetzes über die Verpflichtungen und die Verträge dem Gläubiger die Möglichkeit ein, vom Gericht eine endgültige Bestimmung des Leistungstermins zu fordern.

Vgl. näheres über den ganzen Fragenkomplex mit Rechtsprechung bei *A. Kožucharov,* Obligacionno pravo. Obšto učenie (Schuldrecht. Allgemeine Lehre), 3. Aufl., Sofia 1958, S. 224–226.

Wenn vom Gesetz nichts bestimmt worden ist und die Parteien keine Vereinbarung getroffen haben, gilt in allen sozialistischen Rechten der Grundsatz, daß die Fälligkeit einer Leistung mit der Entstehung der Leistungspflicht eintritt. Damit jedoch der Schuldner nicht automatisch in Verzug gerät – da er ja nicht in demselben Augenblick immer leisten kann, wie z. B. beim Ladenkauf – bestimmen die Gesetze einheitlich, daß der Schuldner durch den Gläubiger zur Leistung aufgefordert werden muß. In dieser Aufforderung wird meistens ein Leistungstermin enthalten sein. Wenn dies jedoch nicht der Fall ist, was gilt dann?

Nach polnischem (Art. 455 ZGB) und bulgarischem (Art. 69 Abs. 1 GVV) Recht muß der Schuldner, nachdem er aufgefordert worden ist, „unverzüglich“ leisten; nach tschechoslowakischem Recht (§ 78 ZGB) – am ersten Tag nach der Aufforderung und nach sowjetischem Recht (Art. 172 Abs. 2 ZGB RSFSR) – nach sieben Tagen. Im § 280 Abs. 2 des ungarischen Zivilgesetzbuches heißt es wiederum allgemein, daß der Verpflichtete „nach Ablauf der zur Vorbereitung der Erfüllung erforderlichen Zeit zu leisten (hat)“. Diese Bestimmung ist gelungen, weil sie den Besonderheiten der mannigfaltigen Situationen, in denen sich der Schuldner befinden kann, Rechnung trägt. Sie überwindet die etwas starre Regelung derjenigen Rechte, die einen Erfüllungszeitpunkt festsetzen sowie die etwas mißverständliche Aufforderung „sofort“ oder „unverzüglich“ nach der Mahnung des Gläubigers zu leisten, wie sie uns in anderen Rechten begegnet. Denn sicher bedarf es einiger Zeit, um z. B. einen Versendungskauf (Verpackung und Verladen der Ware, Ausfertigung der Begleitpapiere) oder einen Werkvertrag auszuführen.

Wenn manche Gesetze darauf hinweisen, daß die Leistungszeit durch die Natur der Leistung selbst bestimmt werden kann, so ist zu beachten, daß dabei meistens auch eine Aufforderung des Gläubigers angeordnet ist, der sich dann – um es mit den Worten des ungraischen Gesetzes zu sagen – die zur Vorbereitung der Erfüllung erforderliche Zeit anschließt.

In manchen Rechten ist die Leistungszeit *zugunsten des Schuldners* bestimmt. Dies bedeutet, daß er spätestens zu dem bestimmten Termin leisten muß, daß er jedoch das Recht hat, auch vorher seine Leistung zu erbringen. Demgegenüber ist der Gläubiger verpflichtet, den Termin abzuwarten, er kann also nicht früher die Leistung fordern. Dies ist z. B. im sowjetischen, bulgarischen und polnischen Recht der Fall.

Vgl. Art. 173 Abs. 1 ZGB RSFSR; Art. 70 bulgarisches GVV; Art. 457 polnisches ZGB; *A. Kožucharov*, Obligacionno pravo. Obšto učenie (Schuldrecht. Allgemeine Lehre), 3. Aufl., Sofia 1958, S. 226;

Nach dem Erfüllungsort des Vertrages richtet sich allgemein die örtliche Zuständigkeit von Gerichten und wirtschaftlichen Arbitrageorganen bei Streitigkeiten aus dem Schuldverhältnis. Auch hat dieser Ort Bedeutung als Anknüpfungspunkt im Internationalen Privatrecht zur Bestimmung des auf den Vertrag mit Auslandsberührung anzuwendenden materiellen Rechts; vgl. *W. Czachórski*, Prawo zobowiązań w zarysie (Schuldrecht im Grundriß) Warschau 1970, S. 311; *B. Walaszek/M. Sośniak*, Zarys prawa miedzynarodowego priwatnego (Grundriß des Internationalen Privatrechts) Warschau 1968, S. 164.

Nach geltendem Recht können die Vertragsparteien den Erfüllungsort selber bestimmen. Von dieser Möglichkeit machen sie auch weitgehend Gebrauch. Detaillierte diesbezügliche Regeln enthalten zumeist die Wirtschaftsverträge, in denen die Parteien den Ort der Erfüllungshandlungen genau festlegen. Sie tun dies in ihren autonomen Verträgen, aber auch in den plangebundenen Verträgen (z. B. bei Investbauverträgen oder Transportverträgen), soweit die ihnen zugrundeliegenden Planungsakte keine detaillierten Bestimmungen über den jeweiligen Erfüllungsort enthalten.

Mitunter kann sich der Erfüllungsort aus der Natur der zu erbringenden Leistung ergeben. Die Gesetze weisen übereinstimmend darauf hin, und in der Lehre wird allgemein angenommen, daß der Erfüllungsort z. B. von Verbindlichkeiten zur Ausführung von Reparaturarbeiten an Immobilien der Ort ist, an dem sich letztere befinden. Wenn wiederum Reparaturen (von Geräten, Pkw u. a.) in Werkstätten vorgenommen werden müssen, so ist dort der Erfüllungsort für die Verpflichtungen der Reparaturbetriebe. Bei Theater- und anderen Vorstellungen gilt als Erfüllungsort für den gewerblichen Kunstbetrieb der Ort seiner Niederlassung.

Vgl. *A. Kožucharov*, Obligacionno pravo. Obšto učenie (Schuldrecht. Allgemeine Lehre) 3. Aufl., Sofia 1958, S. 248; *P. E. Orlovskij/S. M. Korneev u. a.*, Graždanskoe pravo (Zivilrecht) Bd. I, Moskau 1969, S. 492.

Im übrigen besagen die Gesetze einheitlich, daß als Erfüllungsort der *Wohnsitz* (bei juristischen Personen der Ort der Niederlassung) *des Schuldners* zum Zeitpunkt der Entstehung der Verpflichtung gilt. Dies ist die Regel, die immer dann eingreift, wenn eine nähere Bestimmung des Erfüllungsortes durch die Parteien selbst, durch die Natur der Leistung, durch das Gesetz oder durch einen Planungsakt fehlt. Schulden sind also grundsätzlich Holschulden.

Vgl. Art. 174 Ziff. 3 ZGB RSFSR; Art. 454 § 1 S. 1 polnisches ZGB; § 82 Abs. 1 S. 2 tschechoslowakisches ZGB (in diesen drei Gesetzen ist alternativ zum Wohnsitz der jeweilige Aufenthaltsort des Schuldners angegeben); Art. 68 „c" bulgarisches GVV; § 278 Abs. 1 ungarisches ZGB; für das DDR-Recht § 269 BGB.

Geldschulden sind nach den meisten sozialistischen Rechten wiederum am *Wohnsitz* (Sitz bei juristischen Personen) *des Gläubigers* zur Zeit der Entstehung des Schuldverhältnisses zu erfüllen. Sie sind also Bringschulden.

Vgl. Art. 174 Ziff. 2 ZGB RSFSR (die Bestimmung gilt nur für Privatpersonen als Schuldner bei Geldverbindlichkeiten); Art. 454 § 1 S. 2 polnisches ZGB. Für das Recht der DDR vgl. § 270 Abs. 4 BGB, nach dem der Erfüllungsort bei Geldschulden der Wohnsitz (bzw. Ort der gewerblichen Niederlassung) des Schuldners bleibt.

Das bulgarische Recht kennt ebenfalls diese abweichende Bestimmung des Erfüllungsortes bei Geldschulden, sieht jedoch als maßgebenden Zeitpunkt nicht den Zeitpunkt der Entstehung des Schuldverhältnisses, sondern den der Ausführung der Erfüllungshandlung an (Art. 68 „a" GVV).

Nach sowjetischem Recht zieht die Änderung des Wohnsitzes des Gläubigers nach Entstehung des Schuldverhältnisses in solchen Fällen eine Änderung des Erfüllungsortes nach sich. Demnach hat der Schuldner seine Geldleistung am neuen Wohnsitz des Gläubigers zu erbringen, letzterer muß jedoch die Mehrkosten für die Übermittlung, die sich daraus ergeben, tragen.

In manchen Rechtsordnungen finden sich einige Bestimmungen über den Erfüllungsort, die von den oben dargelegten Grundsätzen abweichen. So besagt z. B. Art. 68 „b" des bulgarischen Gesetzes über die Verpflichtungen und die Verträge, daß eine geschuldete Sache, die individuell bestimmt ist, an dem Ort übergeben werden muß, an dem sie sich zum Zeitpunkt der Entstehung der Verpflichtung befunden hat. Der Erfüllungsort ist also nicht der Wohnsitz des Schuldners. Ähnlichen Inhalts – jedoch breiter gefaßt – ist die Bestimmung des § 278 Abs. 1

VIII. Störungen in der Vertragserfüllung

1. Allgemeines

Die Vertragsparteien setzen eine normale Abwicklung ihres Schuldverhältnisses voraus, das mit der Erfüllung der beiderseitigen Leistungspflichten enden soll. Es kommt dennoch nicht selten vor, daß die Vertragserfüllung durch Umstände gestört wird, die eine der Parteien zu vertreten hat. Es liegen dann Vertragsverletzungen vor, die bestimmte Rechtsfolgen (Sanktionsfolgen) nach sich ziehen.

Die sozialistischen Rechte teilen die *Vertragsverletzungen* in folgende Gruppen ein: Unmöglichkeit der Leistung (der Erfüllung), Schuldnerverzug, Gläubigerverzug, Schlechterfüllung, gänzliche Nichterfüllung. In der Lehre wird einheitlich die Auffassung vertreten, daß die einzelnen Art von Vertragsverletzungen grundsätzlich gleichgestellt und dementsprechend gleich zu behandeln sind.

Vgl. *A. Kožucharov,* Obligacionno pravo. Obšto učenie (Schuldrecht. Allgemeine Lehre), 3. Aufl., Sofia 1958, S. 261 ff. insbesondere S. 266, 267, der die Bestimmung des Art. 79 Abs. 1 bulgarisches GVV – „Wenn der Schuldner seine Pflicht nicht genau erfüllt . . ." – dahingehend interpretiert, daß eine „ungenaue" Erfüllung sowohl beim Verzug, wie bei der unvollständigen Erfüllung, wie auch bei der Schlechterfüllung gleichermaßen vorliegt; *G. Eörsi,* Die zivilrechtliche Verantwortlichkeit im ungarischen Zivilgesetzbuch: in G. Eörsi u. a., Das ungarische Zivilgesetzbuch in fünf Studien, Budapest 1963, S. 289 ff.

Die konzeptionelle Einheit der Vertragshaftung wird auch nicht dadurch berührt, daß die einzelnen Arten von Vertragsverletzungen in den Zivilgesetzen teilweise getrennt geregelt sind. Die Regelungen über Unmöglichkeit der Erfüllung sowie über Verzug und Nichterfüllung sind in allen Zivilgesetzen im Allgemeinen Teil der schuldrechtlichen Bestimmungen enthalten. Die Regeln über die Schlechterfüllung dagegen sind überall, außer im ungarischen Recht – in dem sie ebenfalls in die allgemeinen schuldrechtlichen Bestimmungen eingereiht sind (§§ 305–308 ZGB) – in den Normenkomplexen der einzelnen Vertragstypen (z. B. Kaufvertrag, Werkvertrag) zu finden. Damit hat jedoch der jeweilige Gesetzgeber nur zum

Ausdruck bringen wollen, daß die Schlechterfüllung, als eine in qualitativer Hinsicht nichtgehörige Erfüllung, typischerweise nur bei Verträgen vorkommt, bei denen die Hauptleistung eine bestimmte physische Beschaffenheit aufweist. Die Besonderheiten dieser Schuldverhältnisse führen freilich zu bestimmten Modalitäten auch der betreffenden Haftungsregelungen (zusätzliche Ansprüche wie Gewährleistungsansprüche bei Kaufverträgen, Ausschlußfristen für die Mängelrügen u. a.), denaturieren jedoch die Haftung für Schlechterfüllung nicht, sondern lassen sie vielmehr als eine Spielart der grundsätzlich einheitlichen Vertragshaftung erscheinen.

Dies wird noch deutlicher im Bereich der Wirtschaftsverträge. Hier sind die Regelungen über die Schlechterfüllung zusammen mit denen über Verzug und gänzliche Nichterfüllung in einem Normenkomplex gefaßt (z. B. § 86 ff. Vertragsgesetz der DDR; § 133 ff. WGB der ČSSR).

Es sei auch darauf hingewiesen, daß im sozialistischen Zivilrecht der vertraglichen und der deliktischen Haftung gemeinsame Grundsätze zugrundeliegen.

Vgl. *G. Eörsi,* Die zivilrechtliche Verantwortlichkeit im ungarischen Zivilgesetzbuch in: G. Eörsi u. a., Das ungarische Zivilgesetzbuch in fünf Studien, Budapest 1963, S. 286 ff.; *T. Ionasco,* La responsabilité civile en droit socialiste, in: V. Knapp/I. Szabo u. a., Introduction aux Droits socialistes, Budapest 1971, S. 460, 461.

2. *Schlechterfüllung. Sachmängelhaftung bei Kauf- und Lieferverträgen*

a) Von Schlechterfüllung bei Kauf- und Lieferverträgen (also Kaufverträgen zwischen staatlichen sozialistischen Wirtschaftsorganisationen) sprechen wir dann, wenn die Kaufsache Mängel in ihrer physischen Beschaffenheit aufweist. Der Begriff des *Sachmangels,* der die entsprechende Haftung des Verkäufers auslöst, bedarf einer näheren Bestimmung. Manche Gesetze geben dafür konkrete Hinweise (z. B. Art. 556 § 1 polnisches ZGB; Art. 193 Abs. 1 bulgarisches GVV).

Maßgeblich ist demnach ein solcher Mangel der Kaufsache, der ihren *Wert* (konkreter, ihren Handelspreis) mindert oder ihre *Gebrauchsfähigkeit* beeinträchtigt. Bei letzterer geht es in erster Linie um die übliche, bestimmungsmäßige Verwendbarkeit einer Sache.

Vgl. A. *Kožucharov,* Obligacionno pravo. Otdelni vidove obligacionni otnošenija (Schuldrecht. Einzelnen Schuldverhältnisse), 3. Aufl., Sofia 1965, S. 70 und die dort angeführte Rechtsprechung der staatlichen Wirtschaftsarbitrage; auch Art. 245 Abs. 1 ZGB RSFSR und Art. 193 Abs. 1 bulgarisches GVV.

Wenn jedoch die Parteien eine besondere Verwendbarkeit der Kaufsache vereinbart haben, muß die Sache, um als mangelfrei zu gelten, den vereinbarten Anforderungen genügen. Hierher gehören auch die sog. *zugesicherten Eigenschaften* einer Kaufsache, d. h. diejenigen, für die der Verkäufer verbindlich erklärt hat, daß sie der Sache eigen sind. Er haftet daher für Mängel, wenn die Sache die zugesicherten Eigenschaften nicht aufweist (ausdrücklich Art. 556 § 1 polnisches ZGB). Das gleiche gilt, wenn die Parteien zwar nicht ausdrücklich vereinbart, jedoch stillschweigend vorausgesetzt haben, daß die Sache zu einer bestimmten Verwendung dienen soll. Wie bei der ausdrücklichen Vereinbarung ist es gleichgültig, ob die Sache sonst fehlerfrei ist – schon die andere Beschaffenheit ist als Mangel zu werten.

In einer Entscheidung vom 11. 11. 1968 hat die polnische Wirtschaftsarbitrage (Hauptarbitragekommission) die Haftung des Verkäufers für Sachmängel bejaht, weil das gelieferte Holz zwar mangelfrei war, jedoch nicht die Beschaffenheit aufgewiesen hat, die in der Spezifikation des Verkäufers angegeben war, in: Orzecznictwo Sądów Polskich i Komisiji Arbitrażowych 1969 Nr. 140.

In der Lehre wird darauf hingewiesen, daß ein relevanter Sachmangel vorliegen kann, auch wenn die Sache nicht in ihrer physischen Beschaffenheit, sondern durch andere Umstände in ihrer jeweiligen Verwendbarkeit beeinträchtigt ist. Es geht hier um solche Fälle, in denen durch rechtliche Hindernisse die Sache nicht entsprechend benutzt werden kann, so z. B. wenn der Wagen nicht zugelassen wird, weil seine Motornummer nicht derjenigen entspricht, die im Kraftfahrzeugbrief vermerkt ist; oder bei Nichterteilung der Baugenehmigung für ein Grundstück, das zu Bauzwecken gekauft worden ist; vgl. A. *Kožucharov,* Obligacionno pravo. Otdelni vidove obligacionni otnošenija (Schuldrecht. Einzelne Schuldverhältnisse), 3. Aufl., Sofia 1965, S. 70.

Wie groß muß die Abweichung in der jeweiligen Beschaffenheit der Kaufsache sein, damit der Mangel als relevant gilt? Die Gesetze enthalten hierüber selten ausdrückliche Bestimmungen. Wenn man jedoch davon ausgeht, daß die Sache jeweils einer bestimmten Verwendung dienen soll, muß man annehmen, daß jede Abweichung in ihrer jeweiligen Beschaffenheit, die dies verhindert, einen Mangel darstellt. Sicherlich meinen auch diejenigen Gesetze nichts anderes, die hier von einer wesentlichen oder erheblichen Minderung der Gebrauchsfähigkeit oder des Wertes der Sache sprechen (Art. 193 Abs. 1 bulgarisches GVV; für das DDR-Recht § 459 Abs. 1 S. 2 BGB). Wenn für bestimmte Artikel staatliche Gütenormen (Standards, technische Bedingungen, Muster u. a.)aufgestellt sind, so muß hier jede Abweichung, die nicht in den genannten Normen vorgesehen ist, als erheblich angesehen werden. Denn diese Normen stellen auf eine Qualität ab, die eine angemessene Verwendung, bzw. Funktionstüchtigkeit des betreffenden Gegenstandes sichern soll.

b) Um die Sachmängelhaftung zu realisieren, muß ein Mangel der Kaufsache im bereits dargelegten Sinne (siehe oben 2, a) vorhanden sein und festgestellt werden. Der Mangel muß der Sache bereits zu dem *Zeitpunkt* anhaften, zu dem der Verkäufer seine Verpflichtung, eine Sache frei von Mängeln und Rechten Dritter zu übertragen, erfüllt. Dies ist der Zeitpunkt der Eigentumsübertragung, der bekanntlich in den einzelnen sozialistischen Rechten entweder mit dem Zeitpunkt der Übergabe der Kaufsache oder schon mit dem des Vertragsabschlusses zusammenfällt (siehe oben Kapitel II, A, IV, 2). Der Verkäufer haftet also für bereits vorhandene Mängel der Sache. Dazu werden ebenfalls Mängel gezählt, die sich zwar später gezeigt haben, deren Ursachen jedoch bereits in der Sache angelegt waren (ausdrücklich Art. 559 polnisches ZGB). Im Rahmen der Garantiehaftung hat dagegen der Verkäufer (oder der Produzent) für alle Mängel einzustehen, die später, aber während der Garantiefrist bzw. einer bestimmten Betriebsdauer entstanden und nicht auf unsachgemäße Behandlung der Sache seitens des Käufers zurückzuführen sind.

Nach den sozialistischen Rechten haftet der Verkäufer sowohl für *verborgene* (nicht leicht erkennbare) Mängel der Sache wie auch für diejenigen, die bei einer Qualitätsprüfung gleich oder ziemlich *leicht festgestellt* werden können (erkennbare Mängel). Es wird hier davon ausgegangen, daß unter den Bedingungen des modernen Marktes der Käufer nicht ohne weiteres im Stande ist, sich in der Vielfalt der angebotenen, mitunter kompliziert konstruierten Artikel so zurechtzufinden, daß er bestimmte Mängel, die angeblich offenkundig sind, auf Anhieb feststellt. Die sozialistischen Rechte lehnen daher in solchen Fällen die Ansicht ab, der Käufer verletze seine Sorgfaltspflicht, wenn er auf erkennbare Mängel nicht gleich reagiert und verliere deshalb seine Gewährleistungsrechte. Im Gegenteil, sie geben dem Käufer die Möglichkeit, die Sache in angemessenen Fristen zu prüfen und ihre Mängel, wie sie auch geartet sein mögen, zu rügen.

A. *Kožucharov,* Obligacionno pravo. Otdelni vidove obligacionni otnošenija (Schuldrecht. Einzelnen Schuldverhältnisse), 3. Aufl., Sofia 1965, S. 73 ff.; *K. Plank,* Les obligations entre les citoyens, in: S. Luby u. a., Le droit civil tchécoslovaque, Bratislava 1969, S. 142.

Wenn die Gesetze mitunter dennoch zwischen erkennbaren und verborgenen Mängeln unterscheiden, so nur deshalb, um für die ersteren eine kürzere Frist zu bestimmen, in der sie festgestellt werden müssen (§ 306 Abs. 1 und 2 ungarisches ZGB; Art. 194 Abs. 1 bulgarisches GVV). Darüber hinaus wird in manchen Rechten z. B. zwischen Produktions- und Konstruktionsfehlern der Sache unterschieden (z. B. im sowjetischen Recht bei Wirtschaftsverträgen), in anderen zwischen Mängeln, die behoben, bzw. nicht behoben werden können (z. B. im bulgarischen Recht bei Wirtschaftsverträgen). Die verschiedenen Kategorien von Mängeln lösen unterschiedliche Rechtsfolgen aus: Nach sowjetischem Recht, in dem das Rücktrittsrecht bei Lieferverträgen sehr eingeschränkt ist, wird dem Käufer ein solches zugebilligt, wenn die gelieferten Sachen mit sogenannten Konstruktionsfehlern behaftet sind; nach bulgarischem Recht bleibt bei Lieferverträgen dem Käufer das Rücktrittsrecht versagt, wenn die Mängel der Sache behoben werden können.

Der Käufer prüft in der Regel die ihm übergebene Kaufsache, um festzustellen, ob sie qualitativ einwandfrei ist, bzw. ob sie bestimmte Eigenschaften aufweist, auf die es dem Käufer ankommt. Der *Zeitpunkt dieser Prüfung* ist jedoch unterschiedlich und hängt bisweilen von Besonderheiten des konkreten Kaufvertrages ab (z. B. wenn die Übergabe durch eine Transportorganisation erfolgt). Mitunter kann der Zeitpunkt der Prüfung der Kaufsache der Wahl des Käufers überlassen oder vom Gesetz selbst festgelegt sein. Die diesbezüglichen Bestimmungen divergieren in den einzelnen sozialistischen Rechten. Es bestehen auch Unterschiede zwischen den Regeln für allgemeine Kaufverträge einerseits und Lieferverträge der staatlichen Unternehmen andererseits.

Für die ersteren sieht z. B. das sowjetische Recht keine Pflicht des Käufers vor, die Sache zu einem bestimmten Zeitpunkt zu prüfen (Argument aus Art. 247 Abs. 1 ZGB RSFSR). Nach polnischem Recht besteht ebenfalls keine generelle Pflicht zur Prüfung der Kaufsache innerhalb einer bestimmten Frist (Argument aus Art. 563 § 1 ZGB). Das bulgarische Gesetz verfügt dagegen, daß der Käufer die Sache „innerhalb einer Zeit, die in solchen Fällen allgemein üblich ist", auf Mängel prüfen muß (Art. 194 Abs. 1 GVV). Dies gilt für die sofort erkennbaren Mängel. Für verborgene Mängel stellt das Gesetz keinen zeitlichen Rahmen auf, in dem sie festgestellt werden müssen. Das ungarische Gesetz unterscheidet ebenfalls zwischen erkennbaren und verborgenen Mängeln und schließt sich, was die letzteren anbetrifft, der bulgarischen Lösung an. Für die erkennbaren Mängel geht das Gesetz davon aus, daß sie bereits bei der Übergabe der Kaufsache festzustellen sind.

§ 306 Abs. 1 ungarisches ZGB, der die Mängelrügefrist für erkennbare Mängel bestimmt, gibt als Anfangsmoment die „Beendigung der Prüfung der Leistung" an. Wenn man diese Bestimmung im Zusammenhang mit Abs. 2 desselben Textes liest, in dem es für die verborgenen Mängel heißt, daß sie „nach einer längeren Zeit zum Vorschein" kommen – und natürlich erst dann entdeckt werden können –, daß sie allerdings nicht später als innerhalb sechs Monate von der „Prüfung der Leistung" an gerechnet angezeigt werden müssen, ergibt sich – da das Gesetz keine weiteren Zeitangaben macht – daß die sog. Prüfung der Leistung zeitlich mit der

Übergabe der Kaufsache zusammenfällt; vgl. in diesem Sinne *G. Eörsi*, The Legal Consequences of the Breach of Contract and the Anticipatory Breach, in: Z. Péteri u. a., Essays in Comparative Law, Budapest 1963, S. 292, Anm. 32.

Nach tschechoslowakischem Recht müssen die Sachmängel innerhalb der Garantiefristen festgestellt und angezeigt werden. Garantiefristen bestehen wiederum für alle vollwertigen Artikel, die in einem staatlichen oder genossenschaftlichen Handelsgeschäft gekauft werden. Sie betragen in der Regel sechs Monate von der Übergabe der Kaufsache (§ 254 i. V. m. § 236 ZGB). Wenn der Kaufvertrag außerhalb eines Handelsgeschäfts geschlossen worden ist, d. h. zwischen Privatpersonen, müssen eventuelle Mängel der Kaufsache ebenfalls in der Regel binnen sechs Monaten nach Übergabe der Sache festgestellt und dem Verkäufer angezeigt werden (§ 403 Abs. 1 ZGB).

Festgestellte Sachmängel müssen dem Verkäufer *angezeigt* werden. Die Fristen, in denen der Käufer verpflichtet ist, dies zu tun, sind in den einzelnen Rechten verschieden. Sie reichen von der Forderung einer unverzüglichen Mängelrüge im bulgarischen Recht (Art. 194 Abs. 1 GVV) über eine einwöchige Frist nach ungarischem Recht (§ 306 Abs. 1 und 2 ZGB) bis zu einem Monat (z. B. nach polnischem Recht, Art. 563 § 1 ZGB). In den Fällen, in denen die Mängelrügefristen nicht vom Zeitpunkt der Feststellung der Mängel an gerechnet werden, sondern bereits ab Übergabe der Kaufsache – z. B. bei Garantiekäufen nach tschechoslowakischem Recht (§ 254 Abs. 2 ZGB) – beläuft sich die Frist auf sechs Monate. Für bestimmte Warenarten (z. B. Nahrungsmittel oder bei Immobilien) gelten spezielle verkürzte bzw. längere Mängelrügefristen.

Der Käufer verliert seine Rechte (Gewährleistungsansprüche: auf Nachbesserung der Kaufsache, Ersatzleistung, Minderung des Kaufpreises und Wandlung des Vertrages), wenn er Mängel an der Kaufsache festgestellt und sie in den oben angegebenen Fristen dem Käufer nicht angezeigt hat. Es handelt sich hier also um *Ausschlußfristen*. Die Gesetze weisen meistens ausdrücklich darauf hin. Zum sowjetischen Recht sei hier hervorgehoben, daß die *Mängelrügefristen* nach Art. 247 Abs. 1 und

Art. 248 Abs. 1 ZGB RSFSR keine Ausschlußwirkung haben. Der Käufer kann unabhängig von der Mängelanzeige seine Rechte geltend machen. Die Bedeutung der Mängelrügefristen erschöpft sich, wie unten noch zu zeigen ist, in der Berechnung der Verjährungsfristen bei der Geltendmachung der Gewährleistungsansprüche des Käufers (Art. 249 ZGB RSFSR).

Vgl. *P. E. Orlovskij/S. M. Korneev u. a.*, Graždanskoe pravo (Zivilrecht), Bd. II, Moskau 1970, S. 17 Anm. 1; *G. Eörsi*, Die zivilrechtliche Verantwortlichkeit im ungarischen Zivilgesetzbuch, in: G. Eörsi u. a., Das ungarische Zivilgesetzbuch in fünf Studien, Budapest 1963, S. 292; *A. Kožucharov*, Obligacionno pravo. Otdelni vidove obligacionni otnošenija (Schuldrecht. Einzelne Schuldverhältnisse), 3. Aufl. Sofia 1965, S. 77; *K. Plank*, Les obligations entre les citoyens et les organisations socialistes, in: S. Luby u. a., Le droit civil tchécoslovaque, Bratislava 1969, S. 143; *W. Czachórski*, Prawo zobowiązań w zarysie (Schuldrecht im Grundriß), Warschau 1970, S. 444.

Die speziellen Bestimmungen, die für Lieferverträge der staatlichen Unternehmen gelten, verpflichten Käufer und Verkäufer zu Vereinbarungen hinsichtlich der Prüfung, Feststellung und Anzeige von Mängeln der gelieferten Ware. Die Praxis der wirtschaftlichen Arbitrageorgane zeigt, daß die Unternehmen in der Regel detaillierte *Mängelrügeverfahren* vereinbaren. Sie legen im einzelnen die Qualitätskontrolle, die Art und Weise, in der entdeckte Mängel festgehalten werden, sowie die Ordnung der Auseinandersetzungen fest. Sie sind bemüht, eventuell aufgetretene Mängel rasch festzustellen und Beweismaterial zu sichern, und versuchen andererseits, die aufgetretenen Schwierigkeiten einverständlich zu beheben. Wenn die Parteien nichts vereinbart oder sich ihre Festlegungen als lückenhaft erwiesen haben, greifen die gesetzlichen Regeln über Qualitätskontrolle und Mängelrügeverfahren ein.

Vgl. z. B. § 192 ff. tschechoslowakisches WGB; Art. 40 ff. bulgarisches Gesetz über die Verträge zwischen den sozialistischen Organisationen; § 48 ff. der polnischen Verordnung über die allgemeinen Bedingungen der Kauf- und Lieferverträge im Verkehr zwischen Einheiten der vergesellschaften Wirtschaft vom 3. 8. 1973.

Die Mängelrügefristen bei Lieferverträgen haben Ausschlußwirkung, sofern die gesetzlichen Bestimmungen einen Hinweis darauf enthalten, daß der Käufer seine Gewährleistungsrechte verliert, wenn er vorher im Rahmen dieser Mängelrügefristen keine entsprechenden Reklamationen vorgebracht hat. Dies ist z. B. im polnischen Recht (Art. 563 § 2 ZGB), im Recht der DDR (§ 89 Vertragsgesetz) und im tschechoslowakischen Recht, soweit es hier um Lieferungen mit Garantie geht (§ 136 Abs. 1 WGB), der Fall.

c) Die *Ansprüche des Käufers* bei nicht qualitätsgerechter Erfüllung von Kauf- und Lieferverträgen sind folgende: 1. Anspruch auf Minderung des Kaufpreises; 2. Anspruch auf Rücktritt vom Vertrag (Wandlung); 3. Anspruch auf Nachbesserung der mangelhaften Kaufsache (durch den Verkäufer oder durch den Käufer selbst); 4. Anspruch auf Lieferung mangelfreier Sachen. Der Käufer kann darüber hinaus den Ersatz des ihm durch die Schlechterfüllung entstandenen Schadens verlangen. Bei Lieferverträgen steht dem Käufer regelmäßig auch eine Vertragsstrafe zu.

Nach manchen Rechten hat der Käufer bei einfachen Kaufverträgen die Möglichkeit, nach eigenem Ermessen unter den vier Gewährleistungsansprüchen zu wählen. Dies ist z. B. nach sowjetischem (Art. 246 ZGB RSFSR) und bulgarischem Recht (Art. 195 GVV) der Fall, wobei naturgemäß der Anspruch auf Lieferung mangelfreier Sachen nur bei Kaufverträgen in Frage kommt, die sich auf vertretbare Sachen beziehen. Dagegen kann der Käufer nach anderen Rechten bei bestimmten Arten von Kaufverträgen nur einige der oben genannten Gewährleistungsansprüche geltend machen. So sind z. B. im tschechoslowakischen Recht bei Kaufverträgen zwischen Privatpersonen – also nicht bei solchen, die in staatlichen oder genossenschaftlichen Handelsgeschäften geschlossen werden – allein der Minderungs- und der Wandlungsanspruch gegeben, und letzterer wiederum nur insofern, als die Kaufsache untauglich für die vorausgesetzte Verwendung geworden ist (§ 401 ZGB). Das ungarische Recht statuiert wiederum eine Reihenfolge, in der die einzelnen Gewährleistungsansprüche geltend gemacht werden sollen (§ 305 Abs. 1 „a“–„d“ ZGB). Der Käufer kann allgemein die Gewährleistungsansprüche nicht geltend machen, wenn er die Mängel der Sache kennt. Diese Ansprüche sind andererseits unabhängig vom Verschulden des Verkäufers hinsichtlich der Sachmängel. Bei Lieferverträgen zwischen den sozialistischen Wirtschaftsorganisationen steht die Wahl der Gewährleistungsansprüche dem Käufer nicht frei. Hier fällt auf, daß der Wandlungsanspruch nur in Ausnahmefällen gegeben ist. Im übrigen sind die Käuferrechte an bestimmte Voraussetzungen gebunden, die auch eine gewisse Reihenfolge für ihre Geltendmachung ergeben.

aa) Der *Anspruch auf Minderung* des Kaufpreises ist bei mangelhaften Kaufverträgen zwischen Privatpersonen immer gegeben. Der Käufer wird diesen Anspruch wählen, wenn er der Auffassung ist, daß die mit Mängeln behaftete Kaufsache von ihm dennoch verwendet werden kann.

Vgl. Art. 246 ZGB RSFSR; Art. 560 polnisches ZGB; Art. 195 bulgarisches GVV; § 401 tschechoslowakisches ZGB; § 305 ungarisches ZGB.

Der Zweck des Minderungsanspruches ist, die Äquivalenz der Leistungen von Käufer und Verkäufer, die durch die Schlechterfüllung gestört ist, wieder herzustellen (Argument aus Art. 560 § 3 polnisches ZGB). Demnach kann man sagen, daß die Kriterien, nach denen die Preisminderung vorgenommen wird, objektiv sind. Der Verkäufer muß die entsprechende Preisminderung akzeptieren, weil er seiner Pflicht, mangelfrei zu leisten, nicht nachgekommen ist, es sei denn, er bietet an, die (vertretbare) Sache ohne Verzug auszutauschen (siehe § 305 Abs. 1 „c“ ungarisches ZGB).

Der Minderungsanspruch sollte dem Käufer grundsätzlich auch dann zustehen, wenn der Kauf in einem staatlichen oder genossenschaftlichen *Handelsgeschäft* getätigt worden ist, soweit spezielle Gesetzesbestimmungen ihn nicht ausdrücklich ausschließen. Besondere Bestimmungen enthält das tschechoslowakische Recht. Bei Mängeln der Kaufsache kann der Käufer in einem Handelsgeschäft nur dann Preisminderung fordern, wenn die Mängel der Sache nicht behoben werden können, und letztere dennoch nicht untauglich für ihren gewöhnlichen Gebrauch geworden ist (§ 251 Abs. 2 ZGB). Ebenso entfällt der Minderungsanspruch, wenn es sich um gebrauchte Gegenstände oder um Artikel mit herabgesetztem Preis handelt (§ 252 ZGB), soweit in solchen Fällen die Handelsorganisation überhaupt haftet. Und sie haftet gemäß § 247 desselben Gesetzes nur, wenn im ersteren Falle die Mängel nicht auf „Gebrauch oder Abnutzung der Sache" zurückzuführen sind, und im letzteren, wenn sie nicht als Grund für die ursprüngliche Herabsetzung des Preises gedient haben. Für die anderen Rechte, die solche speziellen Regeln hinsichtlich des Minderungsanspruches bei Mängeln in Handelsgeschäften nicht kennen, muß angenommen werden, daß der Minderungsanspruch entfällt, wenn für die Kaufsache bindende staatliche Preisbestimmungen bestehen, die nicht ausdrücklich Handelsspannen zulassen.

Im Bereich der *Lieferverträge* erkennen das polnische, das tschechoslowakische und das Recht der DDR den Anspruch auf Minderung des Kaufpreises allgemein an.

Vgl. § 52 Abs. 1 der Verordnung über die allgemeinen Bedingungen der Kauf- und Lieferverträge zwischen Einheiten der vergesellschafteten Wirtschaft vom 3. 8. 1973; § 201 Abs. 1 tschechoslowakisches WGB; § 91 Vertragsgesetz der DDR.

Im sowjetischen Recht hat der Käufer bei Lieferverträgen keine Möglichkeit, Minderung des Kaufpreises zu fordern (Argument aus Art. 261 Abs. 2 ZGB RSFSR). Das bulgarische Recht wiederum bindet diesen Anspruch an bestimmte Voraussetzungen. Gemäß Art. 44 Abs. 2 des Gesetzes über die Verträge der sozialistischen Organisationen kann der Käufer Minderung des Kaufpreises verlangen, wenn es sich um Mängel der Ware handelt, die beseitigt werden können, oder – im umgekehrten Falle – wenn die Mängel die Ware für ihre vorausgesetzte Verwendung nicht unbrauchbar machen.

bb) Dem Käufer einer mangelhaften Sache steht auch das Recht zu, vom Vertrag *zurückzutreten* (Wandlungsanspruch). Die Regelung des Wandlungsanspruches ist in den einzelnen Rechtsordnungen nicht einheitlich.

Bei allgemeinen Kaufverträgen kann der Käufer nach sowjetischem (Art. 246 ZGB RSFSR) und bulgarischem Recht (Art. 195 GVV) zwischen den einzelnen Gewährleistungsansprüchen wählen, kann sich also auch ohne weiteres für die Wandlung des Vertrages entschließen. Auch nach polnischem Recht hat der Käufer diese Möglichkeit, nur kann hier sein Wandlungsanspruch vom Verkäufer pariert werden, wenn letzterer sofort Nachbesserung oder Umtausch der Kaufsache anbietet (Art. 560 § 1 ZGB). Demgegenüber ist nach tschechoslowakischem Recht ein Rücktritt vom Kaufvertrag zwischen Privatpersonen nur möglich, wenn die Mängel der Kaufsache diese unbrauchbar machen (§ 401 Abs. 1 ZGB) oder wenn ihr zugesicherte Eigenschaften fehlen oder, letztlich, wenn der Verkäufer das ausdrückliche Versprechen, daß die Kaufsache fehlerfrei ist, gebrochen hat (§ 401 Abs. 2 ZGB). Bei Käufen in Handelsgeschäften wiederum steht das Recht der Wandlung dem Käufer zu, wenn die Mängel nicht behoben werden können und dadurch der normale Gebrauch der Sache behindert wird oder wenn nach Behebung der Mängel die Sache dennoch für ihre vorausgesetzte Verwendung nicht tauglich ist (§ 251 Abs. 1 ZGB). Zuletzt noch ein Beispiel aus dem ungarischen Recht: Hier kann der Käufer im Falle einer individuell bestimmten Sache, die wegen ihrer Mängel sich als ungeeignet für den bestimmungsgemäßen Gebrauch erweist, vom Vertrag zurücktreten, wenn die Mängel nicht behoben werden können; desgleichen, wenn dies möglich ist und der Verkäufer dennoch eine Ausbesserung ablehnt, bzw. wenn diese allzu lange dauern würde (§ 305 Abs. 1 „b“ ZGB).

Für die Lieferverträge galt früher uneingeschränkt der Grundsatz, daß deren Auflösung nicht zur Disposition der Vertragspartner steht. Dieser Grundsatz fand seine Begründung in der engen Plangebundenheit der Wirtschaftsverträge überhaupt und der Lieferverträge im besonderen. Mit der Einführung des neuen Planungs- und Leitungsmodells in die sozialistische Wirtschaft wurde dieser Grundsatz aufgelockert. Es ist nunmehr möglich, die Lieferverträge u. a. auch aus Gründen der Sachmängelhaftung aufzulösen. Der Wandlungsanspruch der Vertragsparteien ist jedoch in den einzelnen Rechten an verschiedene Voraussetzungen gebunden. So kann z. B. gemäß Art. 44 Abs. 1 des bulgarischen Gesetzes über die Verträge zwischen den sozialistischen Organisationen der Käufer vom

Vertrag zurücktreten, wenn die Mängel der gelieferten Ware nicht behoben werden können und der Vertrag nicht auf Grund einer zweiseitigen Planaufgabe entstanden ist. Nach anderen Rechten wiederum muß der Käufer zunächst Nachbesserung oder Lieferung mangelfreier Ware verlangen und mitunter nachweisen, daß er an der Erfüllung kein Interesse mehr hat.

Vgl. z. B. § 201 Abs. 1 „a“ tschechoslowakisches WGB; § 93 Abs. 1 Vertragsgesetz der DDR; § 52 Abs. 2 polnische Verordnung über die allgemeinen Bedingungen der Kauf- und Lieferverträge vom 3. 8. 1973.

cc) Von den Ansprüchen auf *Nachbesserung* und *Leistung mangelfreier Sachen* (Ersatzlieferung) wird im sozialistischen Rechtskreis regelmäßig Gebrauch gemacht. Breite Anwendung finden diese Ansprüche bei Käufen mit Garantie in staatlichen und genossenschaftlichen Handelsgeschäften. Die Wahl unter ihnen steht jedoch dem Käufer nicht immer frei. Das tschechoslowakische Gesetz z. B. läßt den Umtausch von mangelhaften Artikeln, die in Handelsgeschäften gekauft worden sind, nur zu, solange diese Artikel nicht benutzt worden sind (§ 250 ZGB). Die Einschränkung andererseits, die das bulgarische Recht hier vorsieht, hängt mit der Art der Mängel zusammen. Können die Mängel beseitigt werden, muß der Käufer zunächst Nachbesserung verlangen.

Entsprechend der Anordnung des Ministers für Binnenhandel Nr. 120 vom 22. 2. 1965 sind die Handelsorganisationen bei Garantiekäufen verpflichtet, auf Reklamationen innerhalb von fünf Tagen zu antworten. Wenn sie dies nicht tun, gilt die Vermutung, daß die Mängel der Kaufsache nicht beseitigt werden können und somit der Käufer berechtigt ist, Ersatzlieferung zu fordern; vgl. *Č. Goleminov*, Garancionni srokove za stoki-predmet na dogovora za pokupko-prodažba (Garantiefristen für Waren, die Gegenstand von Kaufverträgen sind), Socialističesko Pravo 1965, 7, S. 27 ff.

Wie bereits erwähnt, kommen die Ansprüche auf Minderung des Kaufpreises und auf Wandlung bei Lieferverträgen nur unter strengen Voraussetzungen in Betracht. Dagegen wird regelmäßig Nachlieferung mangelfreier Ware verlangt. Um diesen Anspruch geht es immer, wenn in den Gesetzen (z. B. Art. 261 Abs. 2 ZGB RSFSR; Art. 44 Abs. 1 bulgarisches Gesetz über die Verträge zwischen den sozialistischen Organisationen) auf die Pflicht des Käufers hingewiesen wird, die ihm gelieferte mangelhafte (den Standards oder anderen staatlichen Gütenormen nicht entsprechende) Ware abzulehnen. Demgegenüber kommt immer dann der Nachbesserungsanspruch zum Tragen, wenn die Ware Mängel aufweist, die beseitigt werden können.

Vgl. *A. Kožucharov*, Obligacionno pravo. Otdelni vidove obligacionni otnošenija (Schuldrecht. Einzelne Schuldverhältnisse), 3. Aufl., Sofia 1965, S. 174; *S. Stuna*, Hospodářské právo (Wirtschaftsrecht), Prag 1966, S. 275–279.

Die Nachbesserung kann durch den Verkäufer erfolgen oder aber vom Käufer selbst auf Kosten des letzteren vorgenommen werden. Dies ist ein allgemeiner Grundsatz, auf den manche Gesetze auch ausdrücklich hinweisen.

dd) Neben den dargestellten vier Gewährleistungsansprüchen kann der Käufer einer mit Mängeln behafteten Sache auch *Schadensersatz* verlangen, wenn ihm durch die Schlechterfüllung ein Schaden erwachsen ist. Darauf weisen die Gesetze übereinstimmend hin.

Vgl. z. B. Art. 566 polnisches ZGB; § 404 und 402 tschechoslowakisches ZGB; Art. 195 Abs. 2 bulgarisches GVV; § 307 Abs. 1 ungarisches ZGB; Art. 246 ZGB RSFSR. Letzterer erwähnt den Schadensersatzanspruch allerdings nur in Verbindung mit dem Anspruch auf Wandlung des Kaufvertrages. Dies ist als Hinweis darauf zu verstehen, daß in solchen Fällen am häufigsten ein Schadensersatz geltend gemacht wird, und nicht daß der Anspruch auf Schadensersatz nur dann gegeben ist.

Der Schadensersatzanspruch richtet sich nach den allgemeinen Haftungsgrundsätzen. Im Gegensatz zu den Gewährleistungsansprüchen ist der Schadensersatzanspruch an das Verschulden des Verkäufers gebunden. Er richtet sich auf volle Entschädigung des Käufers. Unabhängig von dem zu ersetzenden Schaden können aber auch alle Kosten geltend gemacht werden, die dem Käufer im Zusammenhang mit der Schlechterfüllung entstanden sind, wie z. B. Kosten für die Begutachtung der mangelhaften Ware, Aufbewahrungskosten, Transportkosten oder Gerichtskosten für die Geltendmachung der Käuferrechte

– und all dies unabhängig vom Verschulden des Verkäufers (Argument aus Art. 566 § 1 polnisches ZGB).

d) Die Gewährleistungsansprüche können vom Käufer gerichtlich geltend gemacht werden, wenn der Verkäufer von sich aus diese Ansprüche nicht befriedigt hat, obwohl ihm die Mängel der Kaufsache rechtzeitig angezeigt worden waren. Dies muß in bestimmten Fristen geschehen, die in den meisten Rechten als Verjährungs-, im polnischen und tschechoslowakischen Recht jedoch als Ausschlußfristen ausgestaltet sind. Diese Fristen sind in allen Rechten ziemlich kurz, da sich im Bereich der Sachmängelhaftung eine rasche Abwicklung der Käuferansprüche aus Gründen der Beweissicherung sowie im wohlverstandenen Geschäftsinteresse der beiden Partner empfiehlt. Gemäß ihrer Natur paralysiert der Ablauf der Verjährungsfrist sowohl die Klage als auch die Einrede, mit der der Käufer in einem gegen ihn geführten Prozeß seinen verjährten Gewährleistungsanspruch vorbringen könnte. Diese theoretisch einwandfreie Lösung wird jedoch vom Gesetzgeber nicht immer befolgt. Das polnische und das ungarische Gesetz lassen eine solche Einrede, z. B. gegen den Anspruch des Verkäufers auf Zahlung des Kaufpreises auch dann zu, wenn die Frist für die Geltendmachung des betreffenden Gewährleistungsanspruchs des Käufers verstrichen ist. Die bulgarische und die sowjetische Rechtsprechung gehen – obwohl entsprechende gesetzliche Bestimmungen fehlen – praktisch den gleichen Weg.

Vgl. Art. 568 § 3 polnisches ZGB; § 306 Abs. 4 ungarisches ZGB; *A. Kožucharov*, Obligacionno pravo. Otdelni vidove obligacionni otnošenija (Schuldrecht. Einzelne Schuldverhältnisse), 3. Aufl., Sofia 1965, S. 187; *M. J. Lapirov-Skoblo*, Kačestvo produkcii v praktike Gosarbitraža (Die Qualität der Produktion in der Praxis der Staatlichen Arbitrage), Moskau 1965, S. 78 ff.

Die Verjährungs- bzw. Ausschlußfristen werden, ausgenommen im bulgarischen, tschechoslowakischen und im Recht der DDR, durch das Gericht von Amts wegen beachtet.

Diese Fristen betragen in den meisten Rechtsordnungen sechs Monate, im polnischen Recht jedoch ein Jahr. Für Immobilien gelten z. B. im bulgarischen und sowjetischen Recht Fristen von einem Jahr, im polnischen Recht von drei Jahren. Spezielle, sehr kurze Fristen von einer, drei und sechs Wochen sind bei Nahrungsmitteln, bei Futter- und Viehkauf z. B. im tschechoslowakischen Recht aufgestellt.

Vgl. Art. 249 ZGB RSFSR; Art. 568 § 1 polnisches ZGB; Art. 197 Abs. 1 bulgarisches GVV; § 254 i. V. m. § 248 tschechoslowakisches ZGB; bei Kaufverträgen zwischen Privatpersonen gilt hier die Frist von drei Jahren gemäß § 101 i. V. m. § 403 ZGB; § 306 Abs. 3 ungarisches ZGB.

Wenn der Verkäufer die Mängel arglistig verschwiegen hat, können die Gewährleistungsansprüche im polnischen, ungarischen und bulgarischen Recht (im letzteren nur innerhalb von drei Jahren) auch nach Ablauf der oben genannten Fristen geltend gemacht werden.

Die Verjährungs- bzw. Ausschlußfristen laufen i. d. R. vom Tag der Übergabe der Kaufsache an den Käufer. Dagegen ist nach sowjetischem Recht der Zeitpunkt der Mängelanzeige maßgebend bzw. – wenn eine Mängelrüge nicht erfolgt ist – der Tag, an dem die Mängelrügefrist (gemäß § 247 ZGB RSFSR) abgelaufen ist (§ 249).

Bei Kaufverträgen mit Garantie wird die Verjährungsfrist für die Garantieansprüche nach manchen Rechten (z. B. nach polnischem Recht) vom Tag der Übergabe der Kaufsache gerechnet, nach anderen wiederum (z. B. nach sowjetischem und bulgarischem Recht) beginnt sie mit Beendigung der Garantiezeit bzw. mit der Mängelanzeige innerhalb dieser Zeit.

Vgl. Art. 581 § 3 polnisches ZGB (der die einjährige Frist für die Geltendmachung der Gewährleistungsansprüche um drei Monate verlängert, da sie sonst mit der ebenfalls einjährigen Garantiefrist nach Art. 577 § 2 zusammenfallen wird); Art. 249 ZGB RSFSR i. V. mit Art. 248.

Die Verjährungs- bzw. Ausschlußfristen für die Ansprüche aus Sachmängelhaftung betragen bei Lieferverträgen i. d. R. sechs Monate. Maßgebend für ihre Berechnung ist der Zeitpunkt, zu dem im Rahmen des Reklamationsverfahrens die Mängel der Ware festgestellt (oder bereits angezeigt) worden sind bzw. hätten festgestellt werden sollen. Nach polnischem Recht ist jedoch hier der Zeitpunkt der Übergabe maßgebend.

Vgl. Art. 262 ZGB RSFSR; Art. 49 Abs. 3 bulgarisches Gesetz über die Verträge zwischen den sozialistischen Organisationen; § 109 und 110 Vertragsgesetz der DDR: „der erste Tag des auf den Tag der Mängelanzeige folgenden Monats“; § 131 Abs. 1 „a“ tschechoslowakisches WGB, der alternativ auch den Zeitpunkt der Vereinbarung hinsichtlich der Mängelbeseitigung und den der mangelhaften Erfüllung in Betracht zieht; Art. 568 § 1 polnisches ZGB.

VIERTES KAPITEL

Deliktsrecht

LITERATUR:

O. S. Joffe/Ju. K. Tolstoj, Novyj graždanskij kodeks RSFSR (Das neue Zivilgesetzbuch der RSFSR), Leningrad 1965 (V. Kapitel, § 15); *V. A. Rjasencev u. a.,* Sovetskoe graždanskoe pravo (Sowjetisches Zivilrecht), Bd. II Moskau 1965 (XXI. Kapitel); *P. E. Orlovskij/S. M. Korneev u. a.,* Graždanskoe pravo (Zivilrecht), Bd. II Moskau 1970 (XIX. Kapitel); *W. Czachórski,* Prawo zobowiązań w zarysie (Schuldrecht im Grundriß), Warschau 1970 (VII. Abschnitt); *H. Such u. a.,* Das Zivilrecht der DDR. Schuldrecht. Besonderer Teil, Berlin (Ost) 1956; *J. N. Hazard,* Communists and Their Law, Chicago 1969 (15. Kapitel).

T. Ionasco, La responsabilité civile en droit civil socialiste, in: V. Knapp/I. Szabó u. a., Introduction aux Droits socialistes, Budapest 1971; *O. Ovečková/J. Steiner,* La prévention et la responsabilité en droit civil, in: S. Luby u. a., Le droit civil tchécoslovaque, Bratislava 1969; *G. Eörsi,* Die zivilrechtliche Verantwortlichkeit im ungarischen Zivilgesetzbuch, in: G. Eörsi u. a., Das ungarische Zivilgesetzbuch in fünf Studien, Budapest 1963; *ders.* Correlation between Liability and Insurance, in: Z. Péteri u. a., Hungarian Law – Comparative Law, Budapest 1970; *Ju. S. Samoščenko,* K problemu pričinnosti v oblasti juridičeskoj otvetstvennosti (Zum Kausalitätsproblem im Bereich der rechtlichen Verantwortlichkeit), in: Voprosy obščej teorii sovetskogo prava (Probleme der allgemeinen Theorie des sowjetischen Rechts), Moskau 1960; *V. T. Smirnov,* Obosnovanie deliktnoj otvetstvennosti juridičeskich lic (Die Begründung der Deliktshaftung juristischer Personen), in: Problemy graždanskogo i administrativnogo prava (Probleme des Zivil- und Verwaltungsrechts), Leningrad 1962.

G. K. Matveev, Osnovanija graždanskopravovoj otvetstvennosti (Die Gründe der zivilrechtlichen Haftung), Moskau 1970; *ders.,* Vina v sovetskom graždanskom prave (Verschulden im sowjetischen Zivilrecht), Kiew 1955; *N. S. Malein,* Vozmeščenie vreda pričinennogo ličnosti (Die Ersetzung des der Persönlichkeit zugefügten Schadens),

Moskau 1965; *V. Maslov,* Objazatelstva iz pričinenija vreda (Verpflichtungen aus unerlaubter Handlung), Charkov 1961; *O. S. Joffe,* Otvetstvennost po sovetskomu graždanskomu pravu (Die Verantwortlichkeit nach sowjetischem Zivilrecht), Leningrad 1955; *O. A. Krasavčikov,* Vozmeščenie vreda pričinennogo istočnikom povyšennoj opasnosti (Schadensersatz bei Quellen erhöhter Gefahr), Moskau 1966; *M. Sośniak,* Bezprawność zachowania (Die Rechtswidrigkeit der Handlungen), Krakau 1959; *W. Warkało,* Odpowiedzialność odszkodowawcza (Die Schadenshaftung), Warschau 1962; *S. Luby,* Prevencia a zadpovednost v občianskom práve (Prävention und Verantwortlichkeit im Zivilrecht), Bratislava 1958; *J. Švestka,* Odpovednost za škodu podle občanského zákoniku (Die Schadenshaftung nach dem Zivilgesetzbuch), Prag 1966; *J. Klinkert,* Die Stellung und Bedeutung der Gefährdungshaftung im System der den Schadensersatz regulierenden Vorschriften, Berlin (Ost) 1966; *G. Bley,* Schadensersatz im Zivilrecht, Berlin (Ost) 1963; *R. Schüsseler,* Die Rechtsverletzungen im sozialistischen Staat und ihre Bekämpfung, Berlin (Ost) 1958; *D. Antonov,* Nepozvoleno uvreždane (Unerlaubte Handlungen), Sofia 1965; *A. de Faria e Castro,* Die Merkmale der unerlaubten Handlung im sowjetischen Zivilrecht, Tübingen/Basel 1969.

V. A. Rachmilovič, O protivopravnosti kak osnovanii graždanskoj otvetstvennosti (Über die Rechtswidrigkeit als Voraussetzung der zivilrechtliche Haftung), Sovetskoe Gosudarstvo i Pravo 1964, 3; *V. N. Kudrjavcev,* Protivopravnoe bezdejstvie i pričinnaja svjaz (Rechtswidriges Unterlassen und Kausalzusammenhang), Sovetskoe Gosudarstvo in Pravo 1967, 5; *A. Szpunar,* The Law of Tort in Polish Civil Code, The International and Comparative Law Quarterly 1967, 1; *B. Lewaszkiewicz-Petrykowska,* Wina jako podstawa odpowiedzialności z tytułu czynów niedozwolonych (Verschulden als Grundlage der Haftung aus unerlaubten Handlungen), Studia prawno-ekonomiczne 1969, 2; *A. Kanda,* La nouvelle réglementation de la responsabilité en droit civil tchécoslovaque, Revue internationale de droit comparé 1965, 4; *J. Klapáč,* Moderácia zodpovednosti za sposobenu škodu v občanskom práve (Die Ermäßigung der Schadenshaftung im Zivilrecht), Právny obzor 1973, s; *H. Kietz / M. Mühlmann.* Zur Konzeption des Verschuldens im Zivilrecht, Neue Justiz 1966, 10; *W. Drews,* Zur Neuregelung der zivilrechtlichen Verantwortlichkeit für rechtswidrige Schadensverursachung, Neue Justiz 1960, 1; *H. Hörz,* Zur Anwendung der marxistischen Kausalitätsauffassung in der Rechtspraxis, Neue Justiz 1966, 5; *K. Westen,* Das außervertragliche Schadensersatzrecht der SBZ, Recht in Ost und West 1965, 1; *J. Sipkov,* Problems of

Torts under Bulgarian Law, Osteuroparecht 1962, 4; *B. Bůrov,* Njakoi vůprosi na pričinnata vrůska v graždanskoto pravo (Einige Fragen des Kausalzusammenhanges im Zivilrecht), Socialističesko Pravo 1965, 6; *J. Dimitrescu,* Raspunderea civila delictuala a persoanelor juridice (Die zivilrechtliche Deliktshaftung der juristischen Personen) Studii si cercetari juridice 1968, 4; *T. Ionascu/E. A. Barasch,* Raspunderea civila delictuala (Die zivilrechtliche Deliktshaftung), Studii si cercetari juridice 1970, 1; *G. Eörsi,* Prävention und Verschulden, Acta Juridica 1959, 1; *V. Petev,* Das Kausalitätsproblem im Zivilrecht, Wissenschaftliche Zeitschrift der Friedrich-Schiller-Universität Jena, Gesellschafts- und Sprachwissenschaftliche Reihe 1968, 2.

I. Die Konzeption der Deliktshaftung im sozialistischen Zivilrecht

1. Schutzobjekte. Generalklausel und Enumerationsprinzip

Das sozialistische Zivilrecht faßt die Deliktshaftung als das Einstehenmüssen einer Person für den (grundsätzlich materiellen) Schaden auf, den sie einer anderen (natürlichen oder juristischen) Person zugefügt hat, mit der sie von vornherein keine schuldrechtliche Beziehung verbindet. Diese Haftung besteht in der Ersatzpflicht des Schädigers. Ihr korrespondiert auf der Seite des Geschädigten ein Schadenersatzanspruch. Nach der Konzeption der sozialistischen Zivilgesetze wird durch die deliktische Haftungsregelung einerseits das Vermögen von Bürgern und sozialistischen Organisationen geschützt. Zu den Schutzobjekten gehören andererseits die Persönlichkeitsrechte, soweit durch deren Verletzung ein materieller Schaden entstanden ist. Darüber hinaus gewähren die meisten sozialistischen Rechtsordnungen materiellen Ausgleich in unterschiedlichem Ausmaß für sog. immaterielle Schäden (siehe unten 2).

Bei der Beschreibung des deliktischen Grundtatbestandes bedienen sich die Zivilgesetze einer Generalklausel. Sie besagt allgemein, daß für alle Schäden gehaftet wird, die rechtswidrig und schuldhaft verursacht worden sind (z. B. Art. 444 ZGB RSFSR; Art. 415 polnisches ZGB; § 339 ungarisches ZGB). Der sozialistische Gesetzgeber bringt dadurch zum Ausdruck, daß er natürlichen und juristischen Personen einen umfassenden deliktischen Schutz angedeihen läßt: nicht nur bestimmte

Rechtsgüter, wie Eigentum, Leben, Gesundheit, Ehre, Freiheit u. a. werden – einem Enumerationsprinzip folgend – deliktisch geschützt, sondern alle Rechtsgüter, soweit sie durch unerlaubte Handlungen beeinträchtigt werden. Darüber hinaus enthalten manche Gesetze spezielle Tatbestände, in den nur bestimmte Rechtsgüter, wie z. B. Leben und Gesundheit, geschützt werden (vgl. z. B. Art. 459 ff. ZGB RSFSR; Art. 444 ff. polnisches ZGB). Dabei handelt es sich um eine Konkretisierung des Prinzips des umfassenden deliktischen Schutzes, wie es in der Generalklausel verankert ist.

Vor diesem rechtspolitischen Hintergrund wird in der Rechtslehre der DDR die Auffassung vertreten, daß unter sozialistischen Gesellschaftsbedingungen § 823 Abs. 1 BGB das gesamte Vermögen und somit auch Forderungsrechte schützt; vgl. *M. Posch,* § 823 Abs. 1 BGB schützt auch Forderungsrechte, Neue Justiz 1954, S. 12 ff.; *G. Görner* (in: H. Such u. a., Das Zivilrecht der DDR. Schuldrecht. Besonderer Teil, Berlin (Ost) 1956, S. 514–516) will hier die Haftung auf Fälle vorsätzlicher Verletzung von Forderungsrechten beschränkt wissen. Die frühere Rechtsprechung lehnte den Schutz von Forderungsrechten über § 823 Abs. 1 BGB ab: OGZ, 1, S. 230; Bezirksgericht Erfurt (v. 20. 1. 1953), Neue Justiz 1954, S. 31; befürwortend dagegen die neuere Rechtsprechung: OG DDR (v. 27. 9. 1962), Neue Justiz 1963, S. 189 ff.

2. *Ersatz immaterieller Schäden*

Obwohl im sozialistischen Rechtskreis nach wie vor an der Auffassung festgehalten wird, daß – angeblich im Gegensatz zu bürgerlichen Lehren – Schäden, die nicht das Vermögen, sondern die Persönlichkeitsrechte betreffen, nicht adäquat durch Geld zu ersetzen sind, gewähren die meisten sozialistischen Rechte deliktischen Schutz für immaterielle Schäden. Nur das sowjetische Recht enthält darüber keine Bestimmungen. Die Lehre lehnt den Ersatzanspruch in Geld für einen nicht materiellen Schaden grundsätzlich ab. Das ungarische Recht steht ebenfalls einem allgemeinen Schadensersatzanspruch für immaterielle Schäden ablehnend gegenüber und sieht daher keine Geldentschädigung vor, z. B. für körperliche oder seelische Schmerzen. Nur dann, wenn immaterielle Schäden Mehraufwendungen nach sich ziehen, ist es nach dem Gesetz zulässig, Ersatz in Geld zu verlangen (§ 358 Abs. 1 ZGB).

Die ungarischen Gerichte haben entschieden, daß einer durch Unfall verunstalteten Frau Ersatz der Mehraufwendungen für eine Schönheitsoperation bzw. für Kosmetik zusteht; vgl. *G. Eörsi,* Die zivilrechtliche Verantwortlichkeit im ungarischen Zivilgesetzbuch, in: G. Eörsi u. a., Das ungarische Zivilgesetzbuch in fünf Studien, Budapest 1963, S. 277, 278.

Das polnische Recht läßt nur in bestimmten Fällen den Ersatzanspruch für immaterielle Schäden zu. So kann Geldentschädigung gefordert werden, wenn z. B. jemandem eine Beleidigung zugefügt worden ist, allerdings im Zusammenhang mit Körperverletzungen oder anderen Gesundheitsschädigungen (Art. 445 § 1 ZGB), bei Freiheitsentzug, oder wenn eine Frau durch Betrug, Zwang oder Ausnutzung ihrer Abhängigkeit zu „unwürdigen Handlungen" bestimmt worden ist (Art. 445 § 2 ZGB).

Vgl. *W. Czachórski,* Prawo zobowiązań w zarysie (Schuldrecht im Grundriß) Warschau 1970, S. 144 ff.; nach Art. 448 ZGB kann wiederum derjenige, der ein Persönlichkeitsrecht vorsätzlich verletzt hat, verurteilt werden, einen bestimmten Geldbetrag zugunsten des Polnischen Roten Kreuzes zu entrichten.

Das tschechoslowakische Recht erkennt einerseits Geldentschädigung für physische Schmerzen bei Gesundheitsschädigungen an (§ 444 ZGB). Andererseits enthält dieselbe Bestimmung eine breite Formel, nach der ebenfalls bei Gesundheitsschädigungen Schadensersatz „für die Erschwerung der Teilnahme am gesellschaftlichen Leben" zugesprochen werden kann. Damit sind Fälle gemeint, in denen kein materieller Schaden entstanden ist – der über Heilungskostenansprüche und eventuelle Rentenansprüche zu ersetzen wäre –, sondern andere Nachteile eintreten wie z. B. der Verlust einer Führungsposition, die Ausübung eines minderqualifizierten Berufes oder ein Gebrechen, das den Kontakt zu den Mitbürgern erschwert. Diese Nachteile sind sicher nicht adäquat in Geld auszudrücken, und ein Schadensersatz vermag sie nicht zu beseitigen. Dennoch hat es der tschechoslowakische Gesetzgeber für richtig gehalten, durch einen Geldbetrag dem Geschädigten einen gewissen Ausgleich zu verschaffen. Am weitesten geht in dieser Materie das bulgarische Recht. Art. 52 des Gesetzes über die Verpflichtungen und die Verträge schränkt den Ersatzanspruch wegen immaterieller Schäden nicht ein, sondern verfügt allgemein, daß die Gerichte eine entsprechende Entschädigung nach Billigkeit bestimmen können.

3. Präventivfunktion der gesetzlichen Regelung

In der sozialistischen Rechtslehre wird mit Nachdruck darauf hingewiesen, daß der deliktischen Haftungsregelung wesentlich eine Präventivfunktion zukommt. Durch diese Regelung sollen Bürger wie juristische Personen motiviert werden, sich schädigender Handlungen zu enthalten. Allein eine solche Verhaltensweise entspreche den Maximen des sozialistischen gesellschaftlichen Zusammenlebens.

Wenn man davon absieht, daß ein gesellschaftskonformes Verhalten nur einem entsprechend hohen Bewußtseinsstand, der nicht allein mit rechtlichen Mitteln zu erreichen ist, entspringen kann, muß man sich fragen, ob und in welchem Maße die Deliktshaftung, so wie sie gegenwärtig in den sozialistischen Rechten ausgestaltet ist, eine solche Präventivfunktion zu erfüllen vermag. Die Tatbestände der deliktischen Haftung weisen nicht ausdrücklich auf die Rechtspflicht hin, anderen keinen Schaden zuzufügen (neminem laedere), implizieren sie jedoch, da die Schadenshaftung allgemein eine Sanktionsfolge der Verletzung eben dieser Pflicht darstellt. Am deutlichsten erscheint dies beim Grundtatbestand der deliktischen Haftung. Er besagt bekanntlich, daß derjenige, der einem anderen rechtswidrig und schuldhaft einen Schaden zufügt, zum Schadensersatz verpflichtet ist – also dann, wenn er seine Pflicht, sich schädigender Handlungen zu enthalten, verletzt hat. Nun ist die Ausgestaltung des deliktischen Grundtatbestandes durch eine Generalklausel kein Spezifikum des sozialistischen Rechts. In anderen Rechten, in denen die gesetzliche Regelung genauso ausgestaltet ist, konnte nicht festgestellt werden, daß sie eine rechtsspezifische Präventivwirkung hat. Auch im sozialistischen Rechtskreis kann man, nachdem die neuen Gesetze erlassen wurden, von einer durchschlagenden Änderung des schadensstiftenden Verhaltens kaum sprechen.

Vor diesem Hintergrund hat der *tschechoslowakische Gesetzgeber* eine Bestimmung statuiert, in der die Pflicht, andere nicht zu schädigen, ihren ausdrücklichen Niederschlag gefunden hat. § 415 des tschechoslowakischen Zivilgesetzbuches besagt, daß jeder verpflichtet ist, sich so zu verhalten, daß der Gesellschaft oder dem einzelnen keine Schäden entstehen. Als Schutzobjekte sind „das Vermögen und die Gesundheit" angegeben. Das Gesetz enthält darüber hinaus eine weitergehende Pflicht: alle Personen sind angehalten, drohende Schäden bestimmten staatlichen Organen zu melden. Wenn unverzügliche Maßnahmen zur Vorbeugung des Schadens erforderlich sind, ist die betreffende Person verpflichtet, sie zu ergreifen, allerdings soweit keine ernsthaften Hindernisse dem entgegenstünden. Die Pflicht greift auch dann nicht ein, wenn durch die Schadensvorbeugung eine ernsthafte Gefahr für die Person oder ihre Angehörigen entstehen würde (§ 416 ZGB). Die *Sanktion* dieser Pflicht findet sich im § 425 des Gesetzes. Demnach sind die Gerichte ermächtigt, Personen, die unter den genannten Umständen einem Schadensereignis hätten vorbeugen können und es nicht getan haben, zum *teilweisen Schadensersatz* zu verpflichten. Dabei sollen jedoch die konkreten, die Pflichterfüllung hindernden Umstände, „die gesellschaftliche Bedeutung des Schadens" sowie die persönlichen und Vermögensbeziehungen der in Rede stehenden Person berücksichtigt werden.

Vgl. O. *Openková/J. Steiner,* La prévention et la responsabilité en droit civil, in: S. Luby u. a., Le droit civil tchécoslovaque, Bratislava 1969, S. 215, 216.

Nach § 417 Abs. 1 des tschechoslowakischen Zivilgesetzbuches ist derjenige, dem eine Schadensgefahr droht, verpflichtet, entsprechende Vorbeugungsmaßnahmen zu treffen. Wenn die Gefahr ernsthaft ist, kann er auch vom Gericht verlangen, die für die Gefahr verantwortlichen Personen zu entsprechenden vorbeugenden Maßnahmen zu verpflichten (Abs. 2). Eine ähnliche Bestimmung enthält § 341 des ungarischen Zivilgesetzbuches.

II. Das System der gesetzlichen Regelung der Deliktshaftung

1. *Allgemeine Voraussetzungen der Deliktshaftung*

Diese Voraussetzungen sind im deliktischen Grundtatbestand festgelegt. Demnach ist die Haftung für (materielle) Schäden begründet, wenn ein relevant-kausales, rechtswidriges und schuldhaftes Verhalten vorliegt. Im folgenden soll auf die einzelnen Haftungsvoraussetzungen eingegangen werden.

a) Die sozialistische Rechtstheorie gründet ihre Handlungslehre fast ausschließlich auf die Erkenntnisse der marxistischen Individualpsychologie und Philosophie. Eine geschlossene, spezifisch *juristische Handlungslehre* ist, abgesehen von einigen Ansätzen im Strafrecht, bislang noch nicht erarbeitet worden. Scheinbar hält man eine solche Lehre für entbehrlich. Es ist jedoch eher zu vermuten, daß die Rechtslehre sich fertiger philosophisch-ideologischer Kategorien bedient, um nicht auf wichtigen theoretischen Gebieten durch eigene Untersuchungen Grundmaximen der marxistischen Ideologie möglicherweise in Frage zu stellen.

Nach herrschender Lehre stellt das menschliche Verhalten nach außen hin *wahrnehmbare Akte* dar, die sich nicht in Körperbewegungen erschöpfen. Vielmehr sind sie durch die *Änderungen von Kausalabläufen,* die sie bewirken, allgemein zu kennzeichnen. Durch diese Akte wird eine bewußtseinsmäßige Tätigkeit des Menschen objektiviert, die an bestimmten Vorstellungen orientiert und vom Willen gesteuert oder steuerbar ist. Auf tiefenpsychologische, unterbewußte Vorgänge nimmt die Lehre keinen Bezug. Andererseits schließt sie ohne begriffliche Bedenken *Tun* und *Unterlassen* in die allgemeine Kategorie „menschliche Handlung" ein. Bei der Unterlassung jedoch scheint die oben dargelegte ontologische Beschreibung der inneren und äußeren Vorgänge nicht auszureichen. Deshalb wird ein normatives Moment herangezogen: Unterlassung ist danach nicht das Nicht-Tun schlechthin, sondern das Versäumnis, dasjenige zu tun, was rechtlich angeordnet und daher in einer bestimmten Situation erwartet wird.

Vgl. zum ganzen Komplex *N. G. Aleksandrov u. a.,* Marksistsko-leninskaja obščaja teorija gosudarstva i prava. Socialističeskoe pravo

(Marxistisch-leninistische Allgemeine Staats- und Rechtstheorie. Das sozialistische Recht), Moskau 1973, S. 545–548.

Zur Handlungslehre gehört auch das Problem der *Willensfreiheit* (Handlungsfreiheit). Nach marxistischer Auffassung ist der Mensch durch sein natürliches und gesellschaftliches Sein determiniert. Diese Determiniertheit ist jedoch insofern relativ, als es anerkannt wird, daß dem Individuum in jeder Situation – in der Regel – verschiedene Verhaltensmöglichkeiten zur Wahl stehen: Das Individuum verarbeitet die Impulse der natürlichen und gesellschaftlichen Umwelt entsprechend seiner Persönlichkeitsstruktur und den jeweiligen konkreten Bewußtseinsinhalten, und entscheidet sich für die eine oder andere konkret mögliche Handlungsvariante. Das Problem der Willensfreiheit wird im Zusammenhang mit der Auffassung von den sogenannten objektiven Gesetzmäßigkeiten gesehen, die alle sozialen Abläufe bestimmen sollen. Demnach bedeutet Freiheit in der Gesellschaft nicht, sich für jede beliebige Verhaltensweise entscheiden zu können, sondern für diejenige, die im Trend der erkannten objektiven Gesetze liegt.

Vgl. *G. Mende,* Freiheit und Verantwortung, Berlin (Ost) 1958, S. 43, 48; *H. Hörz,* Der dialektische Determinismus in Natur und Gesellschaft, 2. Aufl., Berlin (Ost) 1966, S. 166.

Die marxistische Lehre ist jedoch bislang des Beweises für das Wirken „objektiver Gesetze" in der Gesellschaft schuldig geblieben. Sie hat auch nur wenige solcher „Gesetze" – vorwiegend auf ökonomischem Gebiet – formuliert (z. B. das sog. Gesetz der Übereinstimmung zwischen dem Entwicklungsstand der Produktivkräfte und dem Typus der gesellschaftlichen Produktionsverhältnisse). Sie erfassen jedoch keineswegs die Vielfalt des sozial relevanten menschlichen Handelns. Davon abgesehen, ist die eventuelle Existenz solcher Gesetze für eine juristische Handlungslehre ohnehin ohne Bedeutung, da es bei letzterer nicht um die Resultante einer unbestimmten Zahl menschlicher Individualakte geht, sondern um einzelne Handlungen an sich genommen, die nach den Prämissen eines „objektiven Gesetzes" zwar richtig oder falsch sein mögen, auf jeden Fall jedoch unter verschiedenen Handlungsvarianten gewählt und insofern frei vorgenommen worden sind.

b) Die *Rechtswidrigkeit* der Verletzungshandlung ist eine unabdingbare Voraussetzung der deliktischen Haftung nach sozialistischem Recht, unabhängig davon, ob die Gesetze sie ausdrücklich erwähnen. Die Rechtswidrigkeitsvoraussetzung ist im Grundtatbestand der deliktischen Haftung z. B im ungarischen Recht (§ 339 Abs. 1 ZGB) enthalten. Für das sowjetische Recht ergibt sich diese Voraussetzung wiederum durch einen Umkehrschluß aus Art. 444 Abs. 2 ZGB RSFSR, in dem es heißt, daß ein durch rechtmäßige Handlungen verursachter Schaden nur in Ausnahmefällen zu ersetzen ist.

Vgl. *G. Eörsi,* Die zivilrechtliche Verantwortlichkeit im ungarischen Zivilgesetzbuch, in: G. Eörsi u. a., Das ungarische Zivilgesetzbuch in fünf Studien, Budapest 1963, S. 267.

Bei der Beurteilung von Verletzungshandlungen indiziert bereits der Schadenserfolg ihre Rechtswidrigkeit. Bekanntlich gibt es aber auch Fälle, in denen ein Schaden entsteht, ohne daß die Handlung, die ihn hervorgerufen hat, als rechtswidrig zu qualifizieren wäre, z. B. bei Notstand, Pflichtenkollision oder bei Zustimmung des Geschädigten zur Verletzungshandlung. Diese sog. Rechtfertigungsgründe zur Vornahme von schadenszufügenden Handlungen schließen die Rechtswidrigkeit aus. Andererseits muß berücksichtigt werden, daß manchmal eine Rechtsnorm anordnet, daß bestimmte wirtschaftliche Risiken von denjenigen Personen zu tragen sind, aus deren Tätigkeit sie typischerweise entstehen. Die Schadensersatzpflicht, die diesen Personen auferlegt wird, stellt jedoch keine rechtliche Haftung dar, weil ihre Tätigkeit durchaus rechtmäßig ist. Vom Schadenserfolg kann man also nicht ohne weiteres auf das Vorliegen einer Rechtsverletzungen schließen. Vielmehr muß die zur Beurteilung stehende Handlung i. d. R. auf ihre Rechtmäßigkeit geprüft werden.

Vgl. V. A. *Rachmilovič,* O protivopravnosti kak osnovanii graždanskoj otvetstvennosti (Über die Rechtswidrigkeit als Voraussetzung der zivilrechtlichen Haftung), Sovetskoe Gosudarstvo i Pravo 1964, 3, S. 54, der in diesem Zusammenhang darauf hinweist, daß die Konstruktion eines generellen Rechtsgebotes zur Schadloshaftung der gesellschaftlichen Realität widerspricht.

Menschliche Handlungen sind nach übereinstimmender Ansicht in der sozialistischen Rechtslehre dann rechtswidrig, wenn sie den Anforderungen der geltenden sozialistischen Rechtsordnung nicht entsprechen.

Vgl. *J. Švestka,* Odpovednost za škodu podle občanského zákoniku (Die Schadenshaftung nach dem Zivilgesetzbuch), Prag 1966, S. 65, 66; *M. Sośniak,* Bezprawność zachowania (Die Rechtswidrigkeit der Handlungen), Krakau 1959, S. 102 ff.

Diese allgemeine Formel muß jedoch dahingehend konkretisiert werden, daß die in Rede stehende Handlung entweder eine Rechtsnorm (allgemeinen Charakters oder mit spezieller Schutzfunktion) oder ein subjektives Recht verletzt oder aber einem allgemeinen Rechtsprinzip zuwiderläuft. Wenn festgestellt wird, daß einer dieser Rechtswidrigkeitsgründe vorliegt, ist eine weitere Prüfung überflüssig.

Manche Autoren wollen eine Handlung als rechtswidrig auch dann qualifizieren, wenn sie den Regeln des sozialistischen gesellschaftlichen Zusammenlebens widerspricht, also wenn sie sittenwidrig ist. Die Richtigkeit dieser Auffassung ist fraglich. Denn die Schadenshaftung ist eine rechtliche Haftung, und als solche wird sie wegen rechtswidrigen Verhaltens und nicht wegen moralwidriger Handlungen schlechthin auferlegt. Wenn die Gesetze ausnahmsweise die Sittenwidrigkeit als Voraussetzung deliktischer Haftung ansehen, heben sie dies ausdrücklich hervor (z. B. § 826 BGB). Die Rechtswidrigkeit als Haftungsvoraussetzung ist also enger gefaßt.

Anders *V. A. Rachmilovič,* O protivopravnosti kak osnovanii graždanskoj otvetstvennosti (Über die Rechtswidrigkeit als Voraussetzung der zivilrechtlichen Haftung), Sovetskoe Gosudarstvo i Pravo 1964, 3, S. 58.

c) Die deliktische Haftung soll einen *Schaden* ausgleichen, der durch rechtswidrige Handlungen einem Dritten zugefügt worden ist. Der geschädigte Dritte muß den Schaden nachweisen. Dies setzt jedoch eine begriffliche Bestimmung dessen voraus, was als Schaden bezeichnet wird.

Auf den Schadensbegriff wird in einem anderen Zusammenhang näher einzugehen sein, nämlich bei den Bestimmungen des Umfangs des Schadensersatzes (siehe unten III, 1, b). Hier sei nur allgemein darauf hingewiesen, daß unter Schaden in der Regel eine Beeinträchtigung des Vermögens der geschädigten Person verstanden wird. Darunter fallen sowohl die Minderung des gegenwärtigen Vermögensstandes wie auch die Nichtrealisierung eines begründeten künftigen Vermögensvorteils.

d) Der Schaden, für den gehaftet wird, entsteht als Folge einer rechtswidrigen Handlung. Zwischen dem Schaden und der Handlung besteht ein *Kausalzusammenhang*. Die Frage, die sich dabei stellt, ist, welcher Art dieser Kausalzusammenhang sein muß oder, anders ausgedrückt, welcher Kausalzusammenhang ist rechtlich relevant.

In der bürgerlichen Rechtslehre sind darüber verschiedene Auffassungen vertreten worden, wie z. B. die in der Rechtsprechung weit verbreitete Auffassung vom sog. adäquaten Kausalzusammenhang (Adäquanztheorie) oder die These von der conditio sine qua non (Äquivalenztheorie) wie auch die in neuerer Zeit entwickelte Normzwecklehre. All diese Auffassungen werden in der sozialistischen Rechtslehre verbal entschieden verworfen. Jegliche *juristische Konstruktionen* bezüglich der Kausalität, so argumentiert man hier andererseits, seinen fehl am Platze, da es sich bei der Rechtsanwendung, wie übrigens auch bei allen sozialen Prozessen, nicht um eine vermeintlich juristische, sondern um eine allgemeine und objektive Kausalität in Natur und Gesellschaft handele. Daher sei allein richtig, sich in der Kausalitätsproblematik der rechtlichen Haftung auf die philosophischen Lehren von der Kausalität und insbesondere auf die des Marxismus zu stützen.

Vgl. *G. K. Matveev,* Osnovanija graždanskopravovoj otvetstvennosti (Die Gründe der zivilrechtlichen Haftung), Moskau 1970, S. 101, 102.

Die herrschende sozialistische Zivilrechtslehre übernimmt die Kategorien „Notwendigkeit“ und „Zufall“ der marxistischen Philosophie und bindet an sie, ohne weiter zu differenzieren, die Antwort auf die Frage nach dem zivilrechtlich relevanten Kausalzusammenhang. So wird als rechtlich erheblich nur derjenige Schadenserfolg angesehen, der ein *„notwendiges“*

Resultat – manche Autoren bezeichnen es auch als gesetzmäßiges Resultat – der Verletzungshandlung darstellt. Demgegenüber sei der *"zufällige" Schadenserfolg* unerheblich und als solcher nicht zu ersetzen. Als notwendig wird hier jene Folge (jener Schaden) bezeichnet, die der sie hervorrufenden Handlung „innerlich angehört". Der notwendige Kausalzusammenhang wird auch als eine „innere, entscheidende und wesentliche" Beziehung zwischen zwei Erscheinungen qualifiziert.

Vgl. *N. G. Aleksandrov u. a.,* Marksistsko-leninskaja obščaja teorija gosudarstva i prava. Socialističeskoe pravo (Marxistisch-leninistische Allgemeine Staats- und Rechtstheorie. Das sozialistische Recht), Moskau 1973, S. 552–554; *A. Kožucharov,* Obligacionno pravo. Obšto učenie (Schuldrecht. Allgemeine Lehre), 3. Aufl., Sofia 1958, S. 331–335; *G. K. Matveev,* Osnovanija graždanskopravovoj otvetstvennosti (Die Gründe der zivilrechtlichen Haftung), Moskau 1970, S. 97 ff.

Die Gerichte können jedoch mit diesen vagen Formeln praktisch wenig anfangen. Sie entscheiden daher allein nach empirischen *Erfahrungskriterien,* wann ein ersatzfähiger Schaden vorliegt. Sie qualifizieren jedoch den so ermittelten, ihnen als normal, üblich oder typisch erscheinenden Schadenserfolg – der kompromißlosen Formel der herrschenden Lehre folgend – schlicht als „notwendig". Eine Stütze im Gesetz können sie nicht finden, da die meisten Zivilgesetze zwar darauf hinweisen, daß der Schaden durch die rechtswidrige Handlung verursacht werden muß, sich jedoch einer näheren Qualifikation dieser Verursachung enthalten.

Vgl. Art. 444 ZGB RSFSR; § 420 tschechoslowakisches ZGB; § 339 ungarisches ZGB; Art. 45 bulgarisches GVV; obwohl Art. 51 des bulgarischen Gesetzes von „direkten und unmittelbaren" Folgen der Verletzung spricht, ist die Lehre einheitlich der Auffassung, daß nicht nur für unmittelbar aus der Verletzungshandlung entstehende Folgen gehaftet wird, sondern für alle, die ein „notwendiges" Resultat dieser Handlung sind.

Allein das polnische Gesetz gibt einen näheren Hinweis hinsichtlich des relevanten Kausalzusammenhanges. Art. 361 § 1 des Zivilgesetzbuches weist ausdrücklich darauf hin, daß die Schadensersatzpflicht auf die „normalen Folgen" der in Frage kommenden Handlungen beschränkt bleibt. Die polnische Lehre stützt sich auf diesen Text und neigt zu Auslegungen, die der Adäquanztheorie sehr nahestehen. Die Theorie vom sog. notwendigen Kausalzusammenhang wird hier nicht geteilt; vgl. darüber W. *Czachórski*, Prawo zobowiązań w zarysie (Schuldrecht im Grundriß), Warschau 1970, S. 131 und 240; *ders.*, La sanction de l'inexécution des contrats d'après le système de droit civil polonais, in: Rapports polonais présentés au VII éme Congrés international de droit comparé, Warschau 1966 S. 72 Anm. 12.

Man kann allgemein festhalten, daß es der sozialistischen Zivilrechtslehre bislang nicht gelungen ist, eine den herkömmlichen und eingestandenermaßen unzulänglichen Kausalitätstheorien überlegene Auffassung vom relevanten Kausalzusammenhang im Zivilrecht zu erarbeiten, die leichter zu handhaben wäre und zu zufriedenstellenden Ergebnissen führen würde.

Die herrschende Auffassung vom sog. notwendigen Kausalzusammenhang ist auch theoretisch nicht ohne weiteres haltbar. Indem die Rechtslehre Kausalitätsbegriffe der marxistischen Naturphilosophie unverändert übernimmt, negiert sie die Spezifik menschlicher Handlungsweisen, die nur zum Teil – soweit z. B. im Bereich der Deliktshaftung bei Beschädigung von Sachen mechanische oder chemische Prozesse ausgelöst werden – durch Kategorien der eigentlichen, naturwissenschaftlichen Kausalität erfaßt werden können. Insbesondere wird nicht berücksichtigt, daß das Gesetz des öfteren bestimmte menschliche Handlungen für kausal erklärt, obwohl sie es in der Beziehung, auf die sich die Haftung erstreckt, überhaupt nicht sind – z. B. in den Fällen der Haftung für Drittpersonen.

Die Argumentation der herrschenden sozialistischen Kausalitätstheorie ruft noch weitere kritische Einwände hervor. So kann man vom Zufall nach dem dialektischen Materialismus nur dann sinnvoll reden, wenn das sog. zufällige Ereignis – in unserem Zusammenhang ein Schaden – auf eine bestimmte Gesetzmäßigkeit bezogen wird: Allein in Ansehung dieser Gesetzmäßigkeit und nicht an sich kann das Ereignis zufällig sein. Wenn wir demnach die Gegenüberstellung von notwendigen und zufälligen Schadensresultaten akzeptieren würden, würde dies bedeuten, daß es objektive Gesetzmäßigkeiten gibt, nach denen Handlungen eines bestimmten Typus immer Schäden einer bestimmten Art verursachen. In bezug auf diese Handlungen wäre dann mancher Schadenserfolg als zufällig zu qualifizieren. Dies ist jedoch nicht der Fall. Zumindest sind solche gesetzmäßigen Beziehungen zwischen Handlungen und Schadensresultaten bislang noch nicht formuliert worden, was unerläßlich wäre, wenn die Existenz einer Gesetzmäßigkeit behauptet wird. Unsere Erkenntnisse im Bereich der Kausalität bei schadenszufügenden Handlungen fußen vielmehr auf empirischen Erfahrungen mit den ihnen eigentümlichen annähernden Werten; vgl. darüber im einzelnen *V. Petev,* Das Kausalitätsproblem im Zivilrecht, Wissenschaftliche Zeitschrift der Friedrich-Schiller-Universität Jena, Gesellschafts- und Sprachwissenschaftliche Reihe 1968, 2, S. 287 ff.

e) Die letzte allgemeine Voraussetzung der deliktischen Haftung ist das *Verschulden* des Schädigers. Sie wird geprüft, soweit es sich nicht um Fälle objektiver Deliktshaftung, d. h. um Haftungsfälle unabhängig von Verschulden handelt. Die Verschuldensvoraussetzung wird jedoch erst dann geprüft, wenn es feststeht, daß eine rechtswidrige Handlung, einen Schaden und einen zwischen ihnen bestehenden relevanten Kausalzusammenhang vorliegen.

Die Zivilrechtslehre hat den strafrechtlichen Verschuldensbegriff übernommen, nach dem das Verschulden die *psychische Beziehung* des Täters zu seiner Handlung und deren Folgen darstellt. Es wird jedoch darauf hingewiesen, daß es sich dabei nicht ausschließlich um einen psychologischen Begriff handelt, sondern um einen „sozial-politischen“. Denn die Handlung, in der Vorstellungen und Willen der tätigen Person objektiviert worden sind, hat *soziale* und *rechtliche Relevanz.*

Vgl. *N. G. Aleksandrov u. a.,* Marksistsko-leninskaja obščaja teorija gosudarstva i prava. Socialističeskoe pravo (Marxistisch-leninistische Allgemeine Staats- und Rechtstheorie. Das sozialistische Recht), Moskau 1973, S. 562–564.

Die Zivilgesetze, außer dem ungarischen, enthalten zwar keine Legaldefinition des Verschuldens, weisen jedoch, zumeist beim deliktischen Grundtatbestand, ausdrücklich auf diese Voraussetzung hin.

Vgl. Art. 45 bulgarisches GVV; § 420 tschechoslowakisches ZGB; Art. 415 polnisches ZGB; Art. 444 Abs. 2 ZGB RSFSR; § 823 Abs. 1 BGB für das DDR-Recht. § 339 Abs. 1 ungarisches ZGB enthält folgende Formel: Schuldhaft handelt, wer sich nicht so verhält, wie „in der gegebenen Lage im allgemeinen erwartet werden konnte.“

Bei der Analyse dieser rechtlich relevanten psychischen Beziehung, die als Verschulden qualifiziert wird, treten zwei Elemente hervor: einmal die *Anforderungen,* die das Gesetz an das Verhalten der jeweiligen Personengruppe stellt (sog. objektiver Verhaltensmaßstab), zum anderen die *psychische Tätigkeit* der Person, die diese Anforderungen bewußtseinsmäßig widerspiegelt und sich dadurch zu einem bestimmten Verhalten motivieren läßt.

Der Verhaltensmaßstab ist deshalb objektiv, weil er nicht auf die Person des konkreten Schädigers ausgerichtet ist. Er stellt vielmehr auf *Verhaltensgruppen* mit ihren typischen Merkmalen ab. Als solche Merkmale werden angesehen: Beruf (Wirkungskreis), Ausübung einer besonders gefährlichen Tätigkeit, Alter, Erfahrung, Geschlecht, physische Konstitution u. a. m. Im konkreten Falle wird gefragt, in welche Verhaltensgruppe der Schädiger einzuordnen ist und welche die Anforderungen sind, die man an diese Personengruppe in der gegebenen Situation stellt. An diesen Anforderungen wird das Verhalten des konkreten Schädigers gemessen.

Vgl. *G. Eörsi,* Die zivilrechtliche Verantwortlichkeit im ungarischen Zivilgesetzbuch, in: G. Eörsi u. a., Das ungarische Zivilgesetzbuch in fünf Studien, Budapest 1963, S. 280, 281; *J. Švestka,* Odpovednost za škodu podle občanského zákoniku (Die Schadenshaftung nach dem Zivilgesetzbuch), Prag 1966, S. 128, 129; *G. K. Matveev,* Osnovanija graždanskopravovoj otvetstvennosti (Die Gründe der zivilrechtlichen Haftung), Moskau 1970, S. 274 ff. und die dort angeführten Fälle aus der Rechtsprechung.

In der *Nichtübereinstimmung* des Verhaltens des Schädigers mit dem objektiven Verhaltensmaßstab erschöpft sich das Verschulden jedoch nicht. Denn dieser Verhaltensmaßstab stellt nichts anderes dar als die detaillierten Anforderungen der Rechtmäßigkeit: Wenn die Handlung diesen Anforderungen widerspricht – und hier wird der Vergleich nach äußeren Merkmalen vorgenommen – ist sie rechtswidrig. Um die Handlung auch als schuldhaft qualifizieren zu können, muß die Frage nach der psychischen Tätigkeit, nach dem Entschluß des Schädigers, so zu handeln, wie er gehandelt hat, gestellt werden. Und erst wenn diese Frage in dem Sinne beantwortet wird, daß der Schädiger so gehandelt hat, obwohl er sich auch anders hätte entschließen und verhalten können, liegt Verschulden vor. Dieses zweite, *subjektive Element* ist für das Verschulden also ebenfalls konstitutiv. Mit ihm wird die (sozial-ethische) Vorwerfbarkeit des Verhaltens der handelnden Person wesentlich verbunden.

Das Verschulden tritt in Form eines (direkten oder indirekten) *Vorsatzes* oder einer (bewußten oder unbewußten) *Fahrlässigkeit* ein. Die beiden Verschuldensformen werden entsprechend dem strafrechtlichen Verschuldensbegriff definiert. Vorsätzlich handelt demnach der Schädiger, wenn er eine genaue Vorstellung von den rechtswidrigen Folgen seiner Handlung hat und deren Eintritt anstrebt (direkter Vorsatz) oder zumindest in Kauf nimmt (indirekter Vorsatz). Bei der bewußten Fahrlässigkeit hat die tätige Person ebenfalls eine konkrete Vorstellung vom Charakter ihrer Handlung und deren rechtswidrigen Folgen (den Schadenserfolg), vertraut jedoch leichtfertig darauf, daß diese Folgen nicht eintreten werden oder vermieden werden können. Für die unbewußte Fahrlässigkeit ist dagegen charakteristisch, daß dem Schädiger die Vorstellungen vom Charakter seiner Handlung und deren Erfolg fehlen. Was ihm dabei vorgeworfen wird, ist, daß er die relevanten Vorstellungen verdrängt und sich von den rechtlichen Anforderungen nicht hat leiten lassen, obwohl er dazu verpflichtet und in der Lage war.

Vgl. *J. Švestka,* Odpovednost za škodu podle občanského zákoniku (Die Schadenshaftung nach dem Zivilgesetzbuch), Prag 1966, S. 124 ff.; *B. Lewaszkiewicz-Petrykowska,* Wina jako podstawa odpowiedzialności z tytułu czynów niedozwolonych (Verschulden als Grundlage der Haftung aus unerlaubten Handlungen), Studia prawno-ekonomiczne 1969, 2, S. 92 ff.; *G. K. Matveev,* Osnovanija graždanskopravovoj otvetstvennosti (Die Gründe der zivilrechtlichen Haftung), Moskau 1970, S. 242 ff.

Die Verpflichtung und die Möglichkeit der Einhaltung der Anforderungen, die an eine bestimmte Verhaltensgruppe und im konkreten Falle an die Person des Schädigers, die zu dieser Gruppe gezählt wird, gestellt werden, sind nicht für die unbewußte Fahrlässigkeit spezifisch. Sie gelten vielmehr für alle Verschuldensformen. All ihnen ist darüber hinaus gemeinsam, daß die handelnde Person sich von den verbindlichen Verhaltensanforderungen nicht hat leiten lassen. Daher kann man das Verschulden einheitlich als einen vorwerfbaren psychischen Zustand der fehlenden rechtmäßigen Motivation des Schädigers bezeichnen, welcher Zustand zur Ausübung einer unerlaubten Handlung geführt hat.

2. *Verschuldenshaftung. Haftung unabhängig von Verschulden, insbesondere für „Quellen erhöhter Gefahr“*

a) Die Verschuldenshaftung bildet die Regel im Bereich des Deliktsrechts. Lehre und Rechtsprechung halten ausdrücklich am Grundsatz des Verschuldens fest. Es ist jedoch hervorzuheben, daß das fahrlässige Verschulden allgemein schon bei Nichteinhaltung des objektiven typisierten Verhaltensmaßstabes, d. h. ohne die Möglichkeiten des Schädigers, ihn einzuhalten, im konkreten Falle zu prüfen, bejaht wird.

Vgl. *G. K. Matveev*, Osnovanija graždanskopravovoj otvetstvennosti (Die Gründe der zivilrechtlichen Haftung), Moskau 1970, S. 283–285; *J. Švestka*, Odpovednost za škodu podle občanského zákoniku (Die Schadenshaftung nach dem Zivilgesetzbuch), Prag 1966, S. 128, 129; W. *Czachórski*, Prawo zobowiązań w zarysie (Schuldrecht im Grundriß), Warschau 1970, S. 243–246; *H. Kietz/M. Mühlmann*, Zur Konzeption des Verschuldens im Zivilrecht, Neue Justiz 1966, 10, S. 312.

Die Nichtbeachtung der persönlichen Möglichkeiten des Schädigers wäre die zwingende Folgerung, wenn das Gesetz, wie z. B. § 276 BGB für das DDR-Recht ausdrücklich bestimmt, daß sich die Fahrlässigkeit in der Nichtanwendung der erforderlichen Sorgfalt erschöpft. Art. 472 polnisches ZGB und Art. 63 Abs. 2 bulgarisches GVV weisen ebenfalls auf die erforderliche Sorgfalt oder – was das gleiche ist – auf die „Sorgfalt des guten Verwalters“ hin, verbinden damit jedoch keine Definition der Fahrlässigkeit. Dennoch legt die Lehre diese Bestimmungen in dem Sinne aus, daß es sich hier um fahrlässiges Verschulden handelt, das allein nach dem objektiven Verhaltenskriterium zu beurteilen ist. So kann man nicht umhin, eine gewisse Diskrepanz zwischen dem allgemeinen Verschuldensbegriff und der Verschuldensform der Fahrlässigkeit festzustellen: Ersterer impliziert sowohl die Verpflichtung wie auch die Möglichkeit der Einhaltung der rechtlichen Anforderungen an das Verhalten der jeweils tätigen Person, während bei der Fahrlässigkeit offensichtlich die zweite Voraussetzung, nämlich die konkrete Möglichkeit der Einhaltung dieser Anforderungen, fallengelassen wird.

Von der Sache her erscheint die Nichtbeachtung der persönlichen Möglichkeiten des Schädigers, den objektiven Verhaltensmaßstab einzuhalten, nur für manche Bereiche des Deliktsrechts gerechtfertigt. Dies sind Bereiche, in denen eine *qualifizierte Tätigkeit* ausgeübt wird, die nach allgemeinen Verkehrsansichten eine größere Sicherheit für die mit ihr in Berührung kommenden Personen bieten muß, weil von dieser Tätigkeit potentiell größere Gefahren der Schadenszufügung ausgehen: z. B. bei Ärzten oder Kraftfahrern. Um beim Verschuldensgrundsatz zu bleiben, darf hier jedoch nicht einfach von den subjektiven Möglichkeiten eines rechtmäßigen Verhaltens abstrahiert, sondern muß vielmehr eine *unwiderlegbare Vermutung* konstruiert werden, nach der in solchen Fällen der Schädiger immer die Möglichkeit hat, den betreffenden Verhaltensanforderungen zu entsprechen. Sonst müßte man diese Haftung als eine objektive qualifizieren.

J. Klinkert, Zu einigen Grundfragen der zivilrechtlichen materiellen Verantwortlichkeit, Neue Justiz 1968, S. 240 vertritt die Ansicht, daß die zivilrechtliche Haftung allgemein vom Verschuldensgrundsatz absehen sollte.

Das Verschulden des Schädigers wird nach den meisten sozialistischen Rechten *vermutet.* Dies bedeutet, daß letzterer, um sich von der Verschuldenshaftung zu befreien, nachweisen muß, daß er nicht schuldhaft (vorsätzlich oder fahrlässig) gehandelt hat. Diese Umkehrung der Beweislast geht aus dem Gesetz hervor (z. B. Art. 444 Abs. 2 ZGB RSFSR; § 420 Abs. 2 tschechoslowakisches ZGB; § 339 Abs. 1 ungarisches ZGB). Nach polnischem, rumänischem und dem Recht der DDR muß wiederum, der allgemeinen Regel folgend, vom Geschädigten nachgewiesen werden, daß diejenige Person, die als Verursacher des Schadens in Betracht kommt, ein Verschulden trifft.

W. *Czachórski,* Prawo zobowiązań w zarysie (Schuldrecht im Grundriß), Warschau 1970, S. 251, 252; *T. Ionasco,* La responsabilité en droit civil socialiste, in: V. Knapp/I. Szabó u. a., Introduction aux Droits socialistes, Budapest 1971, S. 466; *H. Such u. a.,* Das Zivilrecht der DDR. Schuldrecht. Besonderer Teil, Berlin (Ost) 1956, S. 510.

Der Verschuldenshaftung wird allgemein ein *Erziehungseffekt* zugeschrieben. Die Person, der eine solche Haftung auferlegt wird, werde stimuliert, sich schadenszufügender Handlungen zu enthalten. Dies sei jedoch nur dann möglich, wenn die Haftung eben auf Verschulden beruht.

Daß die Verschuldenshaftung einen solchen Erziehungseffekt zeitigt, ist sicherlich richtig. Daß aber nur diese Art Haftung erzieherisch wirken kann, ist zu bezweifeln. Denn sicher zielt auch die objektive Haftung unter anderem auf Schadensverhütung. Die dabei auferlegte Sanktion (Schadensersatzpflicht) wird immer in dieser Richtung stimulierend wirken, solange eine rechtmäßige und schadlose Haftung objektiv möglich ist.

Vgl. allgemein darüber *R. O. Halfina,* Vospitatel'naja rol' graždanskoj otvetstvennosti (Die erzieherische Rolle der zivilrechtlichen Haftung), Sovetskoe Gosudarstvo i Pravo 1963, 6, S. 78; *M. Ch. Farukšin,* Svoboda voli i juridičeskaja otvetstvennost (Willensfreiheit und rechtliche Haftung), Vestnik Moskovskogo Universiteta 1965, 1, S. 17, 19; *H. Püschel,* Die Erziehungs- und Wiedergutmachungsfunktion der materiellen Verantwortlichkeit, Neue Justiz 1964, 1, S. 8 ff.

b) Die *juristischen Personen* haften im Bereich des Deliktsrechts in der Regel nach dem *Verschuldensgrundsatz.* Nach den meisten sozialistischen Rechten haften diese Personen sowohl für unerlaubte Handlungen ihrer Organe als auch für solche ihrer Mitarbeiter (Art. 445 ZGB RSFSR; § 421 tschechoslowakisches ZGB; § 348 ungarisches ZGB). Das Verschulden der Organe und der Mitarbeiter, die in Erfüllung von Aufgaben der juristischen Person tätig sind, wird als *eigenes Verschulden* der letzteren gewertet.

Vgl. OG UdSSR (v. 18. 8. 1971), WGO 1972, 2, S. 113.

Nach polnischem und rumänischem Recht, nach denen die juristische Person allein für Handlungen ihrer Organe deliktisch haftet (Art. 416 polnisches ZGB; Art. 35 rumänisches Dekret über die natürlichen und die juristischen Personen), wird die Haftung für Mitarbeiter als solche für Beauftragte (bzw. Verrichtungsgehilfen) qualifiziert (vgl. Art. 429 und 430 polnisches ZGB; Art. 1000 Abs. 3 rumänisches ZGB).

Vgl. OG Polen (v. 16. 5. 1964), WGO 1960, 4, S. 237.

Dem Geschädigten gegenüber haftet die juristische Person in jedem Falle uneingeschränkt, während sich der Schädiger im *Innenverhältnis* zur juristischen Person nur nach Maßgabe der speziellen arbeitsrechtlichen oder genossenschaftsrechtlichen Bestimmungen, die eine *beschränkte Haftung* vorsehen, verantworten muß.

Das Verschulden der juristischen Person ist naturgemäß bei der jeweils handelnden physischen Person festzustellen, wobei der objektive Verhaltensmaßstab, nach dem sich diese Person richten muß, nach Aufgaben und Möglichkeiten der betreffenden Art juristischer Person aufgestellt wird. Die konkreten Möglichkeiten der handelnden physischen Person, diesen Maßstab einzuhalten, müssen im Interesse der Drittpersonen, die in Berührung mit der Tätigkeit der juristischen Person kommen, unberücksichtigt bleiben. Diese Verhaltensmöglichkeiten müssen unwiderlegbar vermutet werden.

Wenn die Haftung der juristischen Person als solche für Beauftragte (Verrichtungsgehilfen) qualifiziert wird, richtet sich die Möglichkeit der Haftungsbefreiung nach den jeweiligen Spezialbestimmungen, die mitunter vorsehen, daß die juristische Person nicht haftet, wenn sie nachweist, daß sie ihre Auswahl- und Aufsichtspflicht in bezug auf den Beauftragten (Verrichtungsgehilfen) erfüllt hat.

Vgl. allgemein *G. K. Matveev,* Vina v sovetskom graždanskom prave (Verschulden im sowjetischen Zivilrecht), Kiev 1955, S. 201 ff.; *ders.,* Osnovanija graždanskopravovoj otvetstvennosti (Die Gründe der zivilrechtlichen Haftung), Moskau 1970, S. 209 ff.; *V. T. Smirnov,* Obosnovanie deliktnoj otvetstvennosti juridičeskich lic (Die Begründung der Deliktshaftung der juristischen Personen), in: Problemy graždanskogo i administrativnogo prava (Probleme des Zivil- und Verwaltungsrechts), Leningrad 1962, S. 266; *G. Eörsi,* Die zivilrechtliche Verantwortlichkeit im ungarischen Zivilgesetzbuch, in: G. Eörsi u. a., Das ungarische Zivilgesetzbuch in fünf Studien, Budapest 1963, S. 295–297; *T. Ionasco,* La responsabilité contractuelle et délictuelle des organisations économiques socialistes, personnes juridiques, in: V. Knapp/I. Szabó u. a., Introduction aux Droits socialistes, Budapest 1971, S. 486–491.

c) Dem sozialistischen Deliktsrecht ist auch die Haftung unabhängig von Verschulden (sog. objektive Haftung) bekannt. Dazu werden verschiedene Fallgruppen gerechnet. Die vielleicht bedeutsamste stellen die Haftungsfälle für *„Quellen erhöhter Gefahr"* dar.

Es sei darauf hingewiesen, daß bei der objektiven deliktischen Haftung ein Verschulden nicht immer fehlt. Das Spezifische dieser Haftung ist vielmehr, daß die Frage nach dem Verschulden der Person (bzw. Organisation), die den Schaden verursacht hat, überhaupt nicht gestellt wird. Diese Person haftet, weil sie den Schaden verursacht hat. Ihr Verhalten ist schädigend und rechtswidrig.

Mit dem Begriff „Quellen erhöhter Gefahr", der dem frühen sowjetischen Recht entnommen worden ist, werden verschiedene Tätigkeiten bezeichnet, von denen beständig und mit hoher Wahrscheinlichkeit Schadensgefahren für Drittpersonen ausgehen. Für solche Quellen erhöhter Gefahr geben die Zivilgesetzbücher, soweit sie darüber spezielle Bestimmungen enthalten, folgende Beispiele: Anlagen und Einrichtungen, die mit Dampf, Gas, Elektrizität oder flüssigen Brennstoffen betrieben werden; Betriebe, die Explosivstoffe herstellen; Bauanlagen; Kraftfahrzeuge.

Vgl. Art. 435 und 436 polnisches ZGB; Art. 454 ZGB RSFSR; im tschechoslowakischen Zivilgesetzbuch (§ 427 ff.) ist im einzelnen die Haftung für den Betrieb von Transportmitteln geregelt; darüber hinaus enthält § 432 eine allgemeine Bestimmung für alle anderen Tätigkeiten, die mit erhöhter Schadensgefahr verbunden sind; das bulgarische Gesetz über die Verpflichtungen und die Verträge kennt keine spezielle Bestimmung in dieser Materie; soweit andere Gesetze keine einschlägigen Regelungen enthalten, muß hier die allgemeine (objektive) Haftung für Sachen eingreifen (Art. 50 S. 1 GVV); für das Recht der DDR gelten die vom früheren Recht übernommenen Bestimmungen des Haftpflichtgesetzes vom 7. 6. 1871, des Gesetzes über die Haftpflicht der Eisenbahn und Straßenbahn für Sachschäden vom 29. 4. 1940, des Gesetzes zur Änderung des Reichs-Haftpflicht-Gesetzes vom 15. 8. 1943 und des Gesetzes über den Verkehr mit Kraftfahrzeugen vom 3. 5. 1909.

Bei den Tätigkeiten, die Quellen erhöhter Gefahr darstellen, handelt es sich, allgemein gesprochen, um die Ausnutzung des jeweils erreichten Standes technischer Entwicklung. Ihm sind Schadensgefahren immanent, soweit bestimmte technische Prozesse noch nicht unter die Kontrolle des Menschen gebracht worden sind. Diese Gefahren sind sicher nicht immer unabwendbar. Sonst hätte man deren Herbeiführung nicht als rechtswidrig qualifizieren können. Würde es sich bei dem gegebenen technischen Entwicklungsstand um unabwendbare Schadensgefahren handeln, würde man die Ersatzpflicht nur als bloße Risikotragung qualifizieren müssen, die vom Gesetzgeber nach Gesichtspunkten wirtschaftlicher Zweckmäßigkeit verteilt worden ist. Hingegen stellt jede rechtliche Haftung eine Sanktion für *rechtswidriges Verhalten* dar, die die Möglichkeit rechtmäßigen Handelns impliziert. Dies ist auch bei der Haftung für Quellen erhöhter Gefahr der Fall. Dabei wird berücksichtigt, daß diejenigen Subjekte, die die gefährdende Tätigkeit ausüben, eher im Stande sind, *vorbeugende Maßnahmen* zu entwickeln, als die von der Schadensgefahr betroffenen Drittpersonen. Auch deshalb wird ersteren die Schadensersatzpflicht auferlegt. Die Frage nach dem Verschulden des Schädigers wird überhaupt nicht gestellt – die Haftung ist eine „objektive".

OG RSFSR (v. 22. 5. 1969), WGO 1971, 1, S. 42: keine Haftung, wenn ein Kausalzusammenhang zwischen der gefährdenden Tätigkeit und dem Schaden nicht nachgewiesen werden kann.

Die Haftung für Quellen erhöhter Gefahr, soweit sie in den Zivilgesetzbüchern geregelt ist, deckt Personenschäden wie Sachschäden. Beschränkungen auf eine bestimmte Schadenshöhe sind hier nicht vorgesehen.

Von der Haftung werden die in Frage kommenden Personen (Organisationen) generell befreit, wenn sie nachweisen, daß der Schaden durch *unabwendbare Gewalt* – und zwar eine solche, die ihren Ursprung nicht in der gefährdenden Tätigkeit hat – eingetreten ist. Die Haftung entfällt, weil hier eine andere Kausalrelation eingreift. Als unabwendbare Gewalt gelten in erster Linie Naturereignisse wie Überschwemmungen, Blitzschlag u. a. m. (sog. vis major). Dazu müssen aber auch Eingriffe von Drittpersonen oder Tieren, soweit sie im konkreten Fall unabwendbar gewesen sind, gerechnet werden. Nach polnischem Recht stellen Handlungen Dritter nur dann einen Befreiungsgrund dar, wenn sie als schuldhaft qualifiziert werden können und der Halter der gefährlichen Anlage für sie nicht einstehen muß (Art. 435 § 1 ZGB).

Vgl. OG RSFSR (v. 10. 3. 1969) WGO 1971, 1, S. 41: Haftungsbefreiung bei unabwendbarer Gewalt.

Die „Quelle erhöhter Gefahr“ ist durch (in diesen Fällen schuldhafte) Handlungen Dritter „aus dem Herrschaftsbereich des Besitzers“ geraten: OG RSFSR (v. 31. 1. 1964) WGO 1965, 2, S. 114; OG Rumänien (v. 4. 11. 1964) WGO 1967, 1, S. 56.

Auch Handlungen des Geschädigten selbst, wie unten (III, 3) noch zu zeigen ist, können zur vollen oder teilweisen Befreiung von der Haftung führen. Sie müssen schuldhaft begangen sein. In Betracht kommt grundsätzlich jede Verschuldensform. Das sowjetische Recht erkennt jedoch nur grobe Fahrlässigkeit und Vorsatz des Geschädigten an (Argument aus Art. 458 Abs. 1 ZGB RSFSR). Die Haftung kann entfallen, nur wenn Vorsatz des Geschädigten vorliegt (Art. 454).

Vgl. *G. Eörsi,* Die zivilrechtliche Verantwortlichkeit im ungarischen Zivilgesetzbuch, in: G. Eörsi u. a., Das ungarische Zivilgesetzbuch in fünf Studien, Budapest 1963, S. 293–295; *J. Švestka,* Odpovednost za škodu podle občanského zákoniku (Die Schadenshaftung nach dem Zivilgesetzbuch), Prag 1966, S. 287 ff.; *H. Such u. a.,* Das Zivilrecht der DDR. Schuldrecht. Besonderer Teil, Berlin (Ost) 1956, S. 524 ff.; *S. N. Bratuś,* Spornye voprosy teorii juridičeskoj otvetstvennosti (Strittige Fragen der Theorie der rechtlichen Haftung) Sovetskoe Gosudarstvo i Pravo 1973, 4, S. 29, 33 und 34.

3. *Andere Haftungstatbestände*

Neben dem Grundtatbestand der deliktischen Haftung regeln die sozialistischen Zivilgesetze auch eine Reihe von Spezialtatbeständen. Es geht dabei um deliktische Haftung für eigene Handlungen, für Handlungen Dritter oder für Sachen. Manche Tatbestände beruhen auf dem Verschuldensprinzip, andere sind wiederum unabhängig davon aufgebaut. Schon beim ersten Einblick in die Gesetze stellt man fest, daß diese Haftungstatbestände die traditionellen sind, denen man in der deliktischen Materie immer begegnet. Die Gesetze widmen ihnen unterschiedlich detaillierte Regelungen. So enthalten das sowjetische Recht (Art. 459 ff. ZGB RSFSR) und das polnische Recht (Art. 444 ff. ZGB) z. B. eingehende Haftungsbestimmungen über Körperverletzungen, Gesundheitsschädigungen und Tod der verletzten Person, während im bulgarischen Gesetz solche Bestimmungen fehlen. In allen Rechten ist andererseits die Haftung von Eltern und anderen Personen für Handlungen der unter ihrer Aufsicht stehenden geschäftsunfähigen und beschränkt geschäftsfähigen Personen verankert (z. B. § 352 ungarisches ZGB; § 422 tschechoslowakisches ZGB; Art. 450 ff. ZGB RSFSR; § 832 BGB für das DDR-Recht). In den meisten sozialistischen Rechten finden sich ebenfalls Bestimmungen über die Haftung für Beauftragte bzw. Verrichtungsgehilfen (siehe z. B. § 350 ungarisches ZGB; Art. 429 und 430 polnisches ZGB; Art. 49 bulgarisches GVV; § 831 BGB für das DDR-Recht). Es sei zuletzt darauf hingewiesen, daß die sozialistischen Zivilgesetze auch Tatbestände für Gebäude-, Tierhaftung und Haftung für andere Sachen enthalten, die in herkömmlicher Weise, jedoch nicht einheitlich geregelt sind. Im Rahmen dieser Darstellung kann auf all diese Fälle nicht weiter eingegangen werden.

III. Umfang der Deliktshaftung

1. *Schadensbegriff. Der Grundsatz der Vollentschädigung*

a) Die meisten sozialistischen Zivilgesetze haben in der Materie der Deliktshaftung den Grundsatz der sog. *Naturalrestitution* aufgestellt. Nach diesem Grundsatz hat der Verletzer die Pflicht, den Stand der Dinge vor dem Schadensereignis wieder herzustellen: z. B. die zerstörte vertretbare Sache durch eine neue gleicher Qualität zu ersetzen oder die beschädigte Sache zu reparieren. Diese Pflicht ist in den einzelnen Rechten unterschiedlich ausgestaltet. Nach ungarischem Recht z. B. (§ 356 ZGB) wird der Schädiger von der Pflicht, den ursprünglichen Stand wieder herzustellen, frei, wenn dies nicht möglich ist, oder wenn der Geschädigte aus einem triftigen Grunde die Wiederherstellung nicht wünscht. Das polnische Gesetz gibt dem Geschädigten grundsätzlich die Möglichkeit zwischen Naturalrestitution und Schadensersatz in Geld zu wählen (Art. 363 § 1 S. 1 ZGB). Demgegenüber obliegt es nach sowjetischem Recht (Art. 457 ZGB RSFSR) dem Gericht zu bestimmen, ob der Schadensersatz in natura oder in Geld zu leisten ist.

Vgl. auch § 442 tschechoslowakisches ZGB; für das DDR-Recht § 249 und 251 BGB; das bulgarische Recht enthält keine ausdrückliche Bestimmung.

In der Praxis wird meistens *Schadensersatz in Geld* verlangt. Dies macht eine nähere Bestimmung des Schadensbegriffes erforderlich.

b) Was ist ein *materieller Schaden* (Vermögensschaden)? Die Gesetze enthalten hierüber keine Definition, weisen jedoch übereinstimmend darauf hin, daß sowohl der „tatsächliche Schaden“ als auch der „entgangene Gewinn“ zur Kategorie des zu ersetzenden Schadens gehören. § 358 des ungarischen Zivilgesetzbuches gibt darüber hinaus den Hinweis, daß es sich bei ersterem um eine Wertminderung handelt, die im Vermögen des Geschädigten infolge des Schadensereignisses eintritt. Die Gerichte wiederum sprechen Entschädigung in Geld zu, wenn der Wert (Preis) einer beschädigten Sache gemindert worden ist, wenn verschiedene Arten von Kosten im Zusammenhang mit Gesundheitsverletzungen entstanden sind oder wenn durch das Schadensereignis ein Verdienstausfall beim Geschädigten festgestellt wird.

In der Lehre wird vorwiegend die Auffassung vertreten, nach der der materielle Schaden eine *Wertdifferenz* im Vermögen des Geschädigten vor und nach der Verletzungshandlung darstellt. Der Schaden bildet, anders ausgedrückt, eine Minderung der Aktiva bzw. Steigerung der Passiva in diesem Vermögen. Als Berechnungsgrundlage wird dabei eine objektive Größe, nämlich der Marktpreis des beschädigten Gutes genommen.

Vgl. über die Entwicklung des Schadensbegriffes in der sowjetischen Lehre O. *S. Joffe,* Otvetstvennost po sovetskomu graždanskomu pravu (Die Verantwortlichkeit nach sowjetischem Zivilrecht), Leningrad 1955, S. 203, 204; W. *Czachórski,* Prawo zobowiązań w zarysie (Schuldrecht im Grundriß), Warschau 1970, S. 120, 121; G. *Eörsi,* Die zivilrechtliche Verantwortlichkeit im ungarischen Zivilgesetzbuch, in: G. Eörsi u. a., Das ungarische Zivilgesetzbuch in fünf Studien, Budapest 1963, S. 305.

Der zu ersetzende Schaden umfaßt nach allen Rechten auch den „entgangenen Gewinn“. Das tschechoslowakische Recht macht allerdings den Ersatz des entgangenen Gewinns, wenn es sich um Vermögensschädigungen (nicht um Gesundheitsschädigungen) handelt, von zwei Bedingungen abhängig: der Schädiger muß vorsätzlich gehandelt haben; die Nichtersetzung des Schadens muß im konkreten Falle den Regeln des sozialistischen gesellschaftlichen Zusammenlebens widersprechen (§ 442 Abs. 2 tschechoslowakisches ZGB verwendet die Bezeichnung „entgangener Gewinn" nicht, sondern spricht hier von einem „anderen Schaden").

Vgl. Art. 457 i. V. m. Art. 219 ZGB RSFSR; Art. 361 § 2 polnisches ZGB; § 358 Abs. 1 ungarisches ZGB; § 252 BGB für das DDR-Recht.

Der entgangene Gewinn stellt einen künftigen Vermögensvorteil dar, den der Geschädigte mit ziemlicher Sicherheit hätte erhalten können, wäre das Schadensereignis nicht eingetreten. Es wird hier also ein hypothetisches Geschehen vorausgesetzt, dessen Wahrscheinlichkeit der Geschädigte nachweisen muß. Dabei wird sich letzterer auf den „gewöhnlichen Lauf der Dinge" oder auf die im konkreten Falle getroffenen „Anstalten und Vorkehrungen" berufen müssen, wie ihm § 252 BGB dies nahelegt. In den anderen Rechten fehlen solche Hinweise.

Der entgangene Gewinn präsentiert sich unter den gegenwärtigen gesellschaftlichen Bedingungen in den sozialistischen Ländern typischerweise als Lohn- und Gehaltsverlust. Denn die arbeitsfähigen Bürger stehen dort fast ausschließlich in einem Arbeitsverhältnis mit staatlichen oder gesellschaftlichen Organisationen bzw. sind Mitglieder einer Genossenschaft. Sie üben also keine unternehmerische Tätigkeit aus. In dieser Form entsteht der entgangene Gewinn zumeist durch Unfälle im Arbeitsbereich. Er kann aber auch in anderer Weise eintreten. Dem Geschädigten (bzw. im Todesfalle den unterhaltsberechtigten Hinterbliebenen) ist der Einkommensverlust in voller Höhe zu ersetzen, d. h. auch in dem Teil, der durch eventuelle Sozialversicherungsansprüche nicht gedeckt wird. Wenn bei dauernder oder vorübergehender Erwerbsunfähigkeit eine Rente gesetzt wird, werden auch die im Normalfall zu erwartenden Einkommensverbesserungen berücksichtigt (z. B. eine Lohnerhöhung, die durch eine wegen des Unfalls unterbrochene berufliche Weiterbildung erreicht worden wäre), nicht dagegen solche Umstände, die später zur Verminderung des Einkommens geführt hätten. Vom Geschädigten wird andererseits erwartet, daß er seinen Verlust (den entgangenen Gewinn) möglichst niedrig hält, zu außergewöhnlichen Anstrengungen in dieser Richtung ist er jedoch nicht verpflichtet.

Vgl. in diesem Sinne die Rechtsprechung des Obersten Gerichts Ungarns bei *G. Eörsi,* Die zivilrechtliche Verantwortlichkeit im ungarischen Zivilgesetzbuch in fünf Studien, Budapest 1963, S. 307; W. *Czachórski,* Prawo zobowiązań w zarysie (Schuldrecht im Grundriß), Warschau 1970, S. 120; *J. Švestka,* Odpovednost za škodu podle občanského zákoniku (Die Schadenshaftung nach dem Zivilgesetzbuch), Prag 1966, S. 173 ff.

c) Im sozialistischen Deliktsrecht gilt der *Grundsatz der vollen Entschädigung.* Nach diesem Grundsatz müssen dem Geschädigten in der Regel alle Schäden ersetzt werden, d. h. sowohl der tatsächlich entstandene Schaden als auch der entgangene Gewinn (siehe z. B. Art. 457 ZGB RSFSR; § 358 Abs. 2 ungarisches ZGB). Freilich bedeutet Vollentschädigung nicht, daß die betreffende Person für alle im kausalen Zusammenhang mit der Verletzungshandlung stehenden Schäden, sondern nur für den Schadenserfolg haftet, den sie relevant verursacht (und in der Regel verschuldet) hat. Einen Hinweis darauf gibt Art. 361 § 2 des polnischen Zivilgesetzbuches. Auf weitere Beschränkungen des Schadensersatzes innerhalb dieser Grenzen wird noch einzugehen sein (siehe unten 4).

Der Geschädigte muß die Schadensposten nachweisen, die den Inhalt seines Ersatzanspruches ausmachen. Von dieser – materiellrechtlich wie prozeßrechtlich – selbstverständlichen Regel weicht das ungarische Gesetz im gewissen Sinne ab. § 358 Abs. 2 gibt dem Gericht die Möglichkeit, „die für die Schadensstiftung verantwortliche Person zur Zahlung eines solchen allgemeinen Schadensersatzbetrages (zu verpflichten), der zur vollen materiellen Entschädigung des Beschäftigten geeignet ist", wenn der Schaden rechnerisch nicht genau festgesetzt werden kann.

Die Lehre spricht hier vom Grundsatz der Allgemeinentschädigung, bei der zwar der Schaden dem Grunde nach nachgewiesen werden muß, vom Beweis der Schadenshöhe jedoch Abstand genommen werden kann; siehe G. *Eörsi,* Die zivilrechtliche Verantwortlichkeit im ungarischen Zivilgesetzbuch, in: G. Eörsi u. a., Das ungarische Zivilgesetzbuch in fünf Studien, Budapest 1963, S. 305, 306.

2. *Schadensberechnung*

Bei der Berechnung des Schadens können zwei Wege beschritten werden: einmal kann man als Basis den (objektiven) Marktwert des beschädigten oder zerstörten Gutes nehmen, zum anderen kann vom (relativen, subjektiven) Wert, den dieses Gut gerade für den konkreten Geschädigten hat, ausgegangen werden. Dies gilt naturgemäß für Sachschäden und nicht für Gesundheitsschädigungen.

In der Lehre werden beide Auffassungen vertreten. Den Vorzug sollte man der These vom (objektiven) Marktwert als Berechnungsgrundlage des Schadens geben und den Besonderheiten des Falles jeweils über den entgangenen Gewinn Rechnung zu tragen versuchen.

In dem von A. *Kožucharov,* Obligacionno pravo. Obšto učenie (Schuldrecht. Allgemeine Lehre), 3. Aufl., Sofia 1958, S. 343 gegebenen Beispiel entstehe durch die Tötung eines Zuchtpferdes für eine Pferdezuchtfarm ein größerer Schaden als im gleichen Falle für einen Schlachthof. Dieser Unterschied könne allein durch die subjektive Berechnungsmethode berücksichtigt werden. Dem wäre jedoch entgegenzuhalten, daß der Preis des Zuchtpferdes in jedem Falle gleich ist. Wenn durch seine Tötung die Farm einen höheren Schaden erleidet, so hat er seinen Ursprung in internen Vorgängen dieses Betriebes und läßt sich durchaus als entgangener Gewinn berechnen. Vgl. für die objektive Berechnungsmethode W. *Czachórski,* Prawo zobowiązań w zarysie (Schuldrecht im Grundriß), Warschau 1970, S. 121.

Den Schaden kann man zu verschiedenen Zeitpunkten bewerten: wenn er entstanden ist, zu einem späteren Zeitpunkt oder zum Zeitpunkt seiner gerichtlichen oder außergerichtlichen Feststellung. In der Lehre überwiegt die erstere Auffassung. Sie wird in manchen Rechten auch durch ausdrückliche Gesetzesbestimmungen gestützt (siehe z. B. §§ 443 und 445 tschechoslowakisches ZGB; § 359 Abs. 1 ungarisches ZGB). Man solle danach den Zeitpunkt der Schadensentstehung als maßgebend ansehen, nicht zuletzt deshalb, weil er konstitutiv für den Schadensersatzanspruch sei. In den Fällen, in denen das Ausmaß des Schadens sich später ausgeweitet hat, wie z. B. wenn die Reparaturkosten für den beschädigten Pkw kurzfristig gestiegen sind, wird jedoch vertreten, daß die zusätzlichen Schadensposten berücksichtigt werden müssen, es sei denn, daß der Geschädigte sie schuldhaft nicht vermieden hat. Die Fälle, in denen Gesundheitsschädigungen eingetreten sind, sind insofern unproblematisch, als ausdrückliche Bestimmungen in allen Rechten die Anpassung des Schadensersatzes an die sich geänderten Umstände (an die Erwerbsfähigkeit) vorsehen (z. B. Art. 466 ZGB RSFSR; Art. 51 Abs. 3 bulgarisches GVV; § 358 Abs. 3 ungarisches ZGB). Die polnische Lehre wiederum folgt der Bestimmung des Art. 363 § 2 des Zivilgesetzbuches, nach der die Höhe des Schadens grundsätzlich zum Zeitpunkt der Festsetzung des Schadensersatzes bestimmt werden muß.

3. Mehrere Schädiger. Mitverschulden des Geschädigten

Wenn mehrere Personen einen Schaden verursacht haben, haften sie als *Gesamtschuldner*. Dies ist der Grundsatz in der deliktischen Materie, dem fast alle sozialistischen Rechte folgen (vgl. Art. 455 ZGB RSFSR; Art. 441 § 1 polnisches ZGB; § 344 Abs. 1 ungarisches ZGB). Das tschechoslowakische Recht wiederum geht von der Regel der *anteilmäßigen Haftung* der Schädiger nach Maßgabe der Verursachung aus, stellt es dem Gericht jedoch frei, in besonderen Fällen auf gesamtschuldnerische Haftung zu erkennen (§ 438 ZGB). Das Verursachungskriterium erscheint auf den ersten Blick geeignet, eine gerechtere Verteilung der Schadensersatzpflicht zu sichern. Nur dürfte in der Praxis sehr schwierig, wenn nicht unmöglich sein, die Beteiligung der einzelnen Person am nicht immer durchschaubaren Ursachenkomplex eines Schadensablaufes genau abzugrenzen.

Im Innenverhältnis haften die Schädiger grundsätzlich nach Maßgabe des Verschuldens. Das bedeutet, daß bei gleicher Verschuldensform (z. B. bei leichter Fahrlässigkeit) die Schadensersatzpflicht zu gleichen Teilen getragen werden muß, während die Haftung desjenigen verschärft wird, der grob fahrlässig oder vorsätzlich gehandelt hat. Nach polnischem

Recht jedoch soll unter Umständen neben dem Verschulden berücksichtigt werden, in welchem Grade die einzelnen Personen bei der Schadensentstehung mitgewirkt haben (Art. 441 § 2 ZGB). Soweit nach tschechoslowakischem Recht die Schädiger als Gesamtschuldner haften, gilt gemäß § 439 des Zivilgesetzbuches für die Verteilung der Schadensersatzpflicht unter ihnen ausschließlich das Verursachungsprinzip.

Die Mitwirkung des Geschädigten bei der Schadensentstehung wird in allen sozialistischen Rechten berücksichtigt (z. B. Art. 51 Abs. 1 bulgarisches GVV; § 441 tschechoslowakisches ZGB). Die Haftung des Schädigers wird, je nachdem wie schwer die Verfehlung der geschädigten Person ist, eingeschränkt. Da die Gesetze keine konkreteren Maßstäbe hierüber enthalten, wird das Gericht die Höhe des Schadensersatzes nach eigenem Ermessen festlegen müssen. Nach sowjetischem Recht kann die deliktische Haftung eingeschränkt werden, erst wenn grobe Fahrlässigkeit des Geschädigten vorliegt – eine Bedingung, die die anderen Rechte nicht kennen. Die einschlägige Bestimmung des Art. 458 Abs. 1 des Zivilgesetzbuches der RSFSR sieht darüber hinaus die Möglichkeit vor, den Schädiger von der Haftung gänzlich zu befreien.

Vgl. OG UdSSR (v. 18. 5. 1964), WGO 1965, 2, S. 113. Plenum des OG UdSSR (v. 22. 2. 1966), WGO 1967, 6, S. 306. *O. S. Joffe/Ju. K. Tolstoj,* Novyj graždanskij kodeks RSFSR (Das neue Zivilgesetzbuch der RSFSR), Leningrad 1965, S. 373 und die dort zitierte Richtlinie des Obersten Gerichts der UdSSR vom 23. 10. 1963.

4. *Einschränkung der Deliktshaftung*

Die Deliktshaftung kann grundsätzlich durch vertragliche Abrede eingeschränkt oder ausgeschlossen werden. In der Praxis dürften jedoch solche Abmachungen ziemlich selten vorkommen (z. B. zwischen Nachbarn), da Schädiger und Geschädigter sich meistens als fremde Personen begegnen. Dort wiederum, wo dauernde Beziehungen zwischen potentiellen Schädigern und Geschädigten bestehen, wie z. B. zwischen Betriebsleitung und Arbeitnehmern oder zwischen Vorstandsmitgliedern einer Genossenschaft und der Genossenschaft selbst, verbietet das Gesetz die Einschränkung der Haftung.

Für Vorsatz und grobe Fahrlässigkeit kann die deliktische Haftung weder eingeschränkt noch ausgeschlossen werden (so ausdrücklich Art. 342 Abs. 1 ungarisches ZGB; Argument aus § 450 letzter Satz tschechoslowakisches ZGB).

Andererseits kann das Gericht den Schadensersatz ermäßigen. Dieser Grundsatz ist in allen sozialistischen Rechten verankert (siehe z. B. Art. 458 Abs. 2 ZGB RSFSR; Art. 440 polnisches ZGB; § 450 tschechoslowakisches ZGB). Er findet Anwendung, wenn Bürger und nicht wenn sozialistische Organisationen von der Verletzungshandlung betroffen sind. § 339 Abs. 2 des ungarischen Zivilgesetzbuches macht diese Einschränkung jedoch nicht. Bei der Entscheidung zieht das Gericht verschiedene Momente, insbesondere die Vermögensverhältnisse vom Schädiger und Geschädigten sowie Natur und Ausmaß des Schadens, in Betracht. Wenn das Gesetz nicht ausdrücklich anordnet, wie § 450 des tschechoslowakischen Zivilgesetzbuches, daß bei vorsätzlichen Verletzungshandlungen eine Ermäßigung des Schadensersatzes nicht in Frage kommt, dürfte diese Ermäßigung bei jeder Verschuldensform je nach konkreten Umständen des Falles angewandt werden können.

Stichwortverzeichnis

FSC
www.fsc.org
MIX
Papier | Fördert
gute Waldnutzung
FSC® C083411

Kolibri 360 GmbH
Ferdinand-Jühlke-Straße 7
99095 Erfurt, Deutschland
produktsicherheit@kolibri360.de